学校教育理论的创新与实践丛书　靳玉乐　总主编

探寻语文课程之"道"
——语文课程知识的道德价值论

TANXUN YUWEN KECHENG ZHI DAO

张铭凯　著

图书在版编目(CIP)数据

探寻语文课程之"道":语文课程知识的道德价值论 / 张铭凯著. — 重庆:西南大学出版社,2023.1
(学校教育理论的创新与实践丛书)
ISBN 978-7-5621-9832-1

Ⅰ.①探… Ⅱ.①张… Ⅲ.①语文教学－教学研究 Ⅳ.①H19

中国版本图书馆 CIP 数据核字(2019)第 106290 号

探寻语文课程之"道"
——语文课程知识的道德价值论

张铭凯 著

责任编辑	唐　倩
装帧设计	北京天元晟然文化发展有限公司
排　　版	张　祥
出版发行	西南大学出版社(原西南师范大学出版社)
	网址:http://www.xdcbs.com
	地址:重庆市北碚区天生路 2 号
	市场营销部电话:023-68868624
	邮编:400715
印　　刷	印通天下网络科技有限公司
幅面尺寸	170mm×240mm
印　　张	12
字　　数	256 千字
版　　次	2023 年 1 月　第 1 版
印　　次	2023 年 1 月　第 1 次印刷
书　　号	ISBN 978-7-5621-9832-1
定　　价	48.00 元

前　言

　　立德树人是教育的根本任务也是学校教育的终极旨趣,而课程是这一任务落实和旨趣实现的重要依托。在学校教育场域中,立什么德,树什么人在很大程度上是由课程所决定的,更直接地讲是由课程知识决定的,这是课程知识与立德树人旨趣之间深层逻辑关联。正因此,不断挖掘课程知识的立德树人价值不仅是课程知识价值自觉的本体诉求,还是课程知识价值实现的内在要求。语文课程蕴藉重要的育德价值,这是基于语文课程进行道德教化和德性涵化的根本前提,也是语文课程视界中文道关系矛盾运动的动力之源。

　　然而,由于主体的蒙蔽、理论的惰性和实践的盲从"共冶一炉",诱发了语文课程视界中文道关系的价值悖论、语文课程发展中文道关系的学理困境和语文课程改进中文道关系的运行偏误,久而久之不仅酿成了文道关系的"钟摆"尴尬,而且阻滞了语文学科育人价值的实现。重塑语文学科的育德价值,有必要在文道关系的深层诠释中重构合理的文道关系逻辑。基于这样的考量,在语文课程视域中,将文诠释为语文课程知识,将道诠释为道德价值,文道关系命题转化成语文课程知识的道德价值这一具体议题。

　　回眸历史,文道关系是一个老生常谈的话题,但何以喋喋不休却又语焉不详,这是当前文道关系探讨必然要思考和回应的问题。正所谓历史研究的题中之义在于正本清源,从文道关系的历史探讨中廓清其原有论域和具体指称,进而将探讨的视域拉回到语文学科视域中,一方面具体回视20世纪语文学科视界中的文道关系论争,另一方面基于学校教育的立德树人旨趣探讨其与语文课程担当的内在关联。据此展开反思,揭示文道关系与语文课程知识的道德价值间的关系逻辑。

　　当然,深入理解语文课程知识视界中的文道关系,离不开对语文课程知识的道德价值本身的探究。由是,从特征、类型和内容三个维度建立解析框架,系统解码语文课程知识的道德价值系统。继而,着眼于选文维度、内容维度和理解维度对实践场域中的语文课程知识道德价值进行全面审理,以期不只是探明语文课程知识道德价值的实践理路,而且是探寻语文课程知识道德价值实践的更好进路。

　　实际上,语文课程知识的道德价值实现并不是一个简单的技术问题,希冀通过道德元素的一味植入达到道德价值的实现最终只能虚构道德价值实践的表面繁荣而无济于道德价值旨趣的实质提升。同样,试图遮掩语文课程知识的道德价值高扬潜移默化的意义终将导致语文实践的干瘪而无益于育德目标的实现。因而,语文课程知识的道德价值探讨仍需慎思尺度问题,并由此探寻促成语文课程知识道德价值更好实现的路向。

总而言之,语文课程知识负载丰富的道德价值,理应发挥立德树人的独特作用。遗憾的是,由于文道关系的迷思致使语文课程知识的道德价值这个看似不言自明的问题深陷无休止的争辩之中。那么,究竟如何审视语文课程知识的道德价值以及语文学科视界中长期争论不断的文道关系,关键是要探明此二者的内在关联,并建构起文道关系优化与语文课程知识道德价值实现的双重互动逻辑,以此,在语文课程知识的道德价值研判中优化文道关系,同时以文道关系的优化助推语文课程知识的道德价值实现。正是基于这样的思考,本书在语文课程知识的视界中重解文道关系,其意义并不在于终结文道关系的论争,而是希冀探寻一种新的文道关系研判逻辑,这或将对文道关系论域的聚焦和理解的深化一些启迪。概言之,语文课程知识的道德价值探究,其初心不仅在于探明语文课程知识道德价值的理论图式,而且在于探索新时代语文课程何以立德树人的实践方略。

CONTENTS 目录

导　论 ……………………………………………………………… 1
　　一、问题提出 …………………………………………………… 1
　　二、文献述评 …………………………………………………… 5
　　三、核心概念界定 ……………………………………………… 19
　　四、研究目的与意义 …………………………………………… 20
　　五、研究思路与方法 …………………………………………… 23

第一章　文道关系的历史及其语文学科视域 ………………… 27
　　一、历程回眸：文道关系的历史演绎 ………………………… 27
　　二、当下观照：文道关系的时代诉求 ………………………… 32
　　三、视点聚焦：文道关系探讨的语文课程视界 ……………… 39
　　本章小结 ………………………………………………………… 46

第二章　语文课程知识视界中的文道关系诠释 ……………… 49
　　一、关系之基：语文课程知识的道德价值功能 ……………… 49
　　二、关系之实：语文课程知识的道德价值负载 ……………… 55
　　三、关系之行：语文课程知识的道德价值运作 ……………… 61
　　本章小结 ………………………………………………………… 69

第三章　语文课程知识的道德价值系统 ……………………… 71
　　一、语文课程知识的道德价值特征 …………………………… 72
　　二、语文课程知识的道德价值类型 …………………………… 78
　　三、语文课程知识的道德价值内容 …………………………… 84
　　本章小结 ………………………………………………………… 91

第四章　语文课程知识的道德价值实践 ……………………… 95
一、本土审视:我国语文课程知识的道德价值实践 ………… 95
二、域外扫描:国外母语课程知识的道德价值实践 ………… 107
三、比较反思:中外母语课程知识的道德价值检视 ………… 116
本章小结 …………………………………………………… 122

第五章　语文课程知识的道德价值重证 ……………………… 125
一、语文课程知识的道德价值尺度 ………………………… 126
二、语文课程知识的道德价值重证之理论逻辑 …………… 132
三、语文课程知识的道德价值重证之实践逻辑 …………… 139
本章小结 …………………………………………………… 146

第六章　语文课程知识的道德价值实现 ……………………… 149
一、理念:文以载道的语文课程知识选择 ………………… 150
二、实体:文以传道的语文课程知识组织 ………………… 154
三、实施:文以明道的语文课程知识运作 ………………… 158
四、评价:文以鉴道的语文课程知识评价 ………………… 163
五、旨趣:文道相依的语文课程知识确证 ………………… 167
本章小结 …………………………………………………… 171

结束语 ………………………………………………………… 173
参考文献 ……………………………………………………… 175
后　　记 ……………………………………………………… 183

导 论

一、问题提出

学校教育的根本旨趣在于育人,这一亘古不变的命题使得育什么样的人和如何育人成为探讨一切学校教育问题的根本。课程历来被视为实现学校教育目标的重要依托,"总体上说,课程作为学校教育的主要途径,以向下一代传播和发展人类文化知识体系为主要目的,从而使他们具备未来步入社会所必需的基础知识、基本技能,获得终身学习的方法,形成正确的价值观和生活态度等"[①]。况且,"一个现实的人离不开道德,一个有健全人格的人更不能缺少道德的驯化和培育"[②]。综观古今中外,通过教育培养人的德性几乎成为学校教育共通的价值追求,而道德教育成为这一价值目标实现的重要途径,课程成为这一价值目标实现的重要载体。然则,什么是道德教育,我们为什么必须进行道德教育,道德教育在什么意义上讲是可能的;学生正在接受的道德教育对他们来说为什么是必须的,正在成长的一代应该接受什么样的道德,他们能够接受什么样的道德说理;究竟要教给学生什么内容的道德知识才能使其成为一个有道德的人,或一个有道德的人应当拥有哪些品质;教师应当采取什么样的方法来实现道德教化的最理想的目的,哪些道德知识是最有价值的道德知识,什么样的方法才是最有效的道德教育方法。[③] 对这些基本问题的持久求解和众说纷纭使得道德教育的成效大打折扣,进而消解甚至遮蔽了学校育人目标的实现。就语文学科而言,从"树人"的角度看,基础教育阶段的语文课程在帮助学生正确地认识自然、认识社会、认识人生等方面的价值是无可比拟的。[④] 语文把人从小就往德性的方向引领,把人带向一种真、善、美的未来,语文通过德性的养料,可以滋润人生,人生可以通过语文教育获得德性的滋养,获得人生飞翔的翅膀。[⑤] 这表明,语文课程本身蕴含着重要的育德价值,但长期以来,对这种价值"犹抱琵琶半遮面"的朦胧认知使得语文课程的育德功能渐趋祛魅,从而造成了语文课程视界中文道关系"钟摆"的尴尬状态。缘

[①] 靳玉乐主编:《课程论》(第二版),人民教育出版社2015年版,第87页。
[②] 李德顺、孙伟平著:《道德价值论》,云南人民出版社2005年版,第64页。
[③] 鲁洁、王逢贤主编:《德育新论》,江苏教育出版社2002年版,第3页。
[④] 倪文锦、欧阳汝颖主编:《语文教育展望》,华东师范大学出版社2002年版,第1页。
[⑤] 胡绪阳:《语文德性论》,博士学位论文,湖南师范大学,2006年,第69页。

此,在语文课程论域中重新审视文道关系问题,具体到语文课程知识的道德价值这一视点,发现其成为一个需要在理论与实践双重观照中进行破解的议题。

(一)主体的蒙蔽:语文课程视界中文道关系的价值悖论

文道关系问题是一个典型的历久弥新却价值永续的话题。历时地看,不同时期的具体研究拉伸了其生命的长度;现实地看,基于不同学科视点的探讨延展了其生命的宽度;立体地看,对人的发展诉求及其时空坐标定位丰盈了其生命的厚度。正因此,文道关系具有了生命的温度和常谈常新的意义。赋予文和道的不同意义构成了说文论道的基本逻辑起点,而这种意义的赋予深受时代背景的影响,具有鲜明的时代印痕,"特别是文化知识的创造、发展和积累,深刻地影响和作用着人性、人的本质的存在和发展"①。在这个意义上,文道关系的发展与人本身的存在及其价值诉求相伴相行。然而,人总是处于一定的时代环境中并且是特定时代图景绘制的最主要执笔者,人如何认识自身在时代中的角色与地位将深刻影响时代的发展。况且,文道关系最终是不可能超越时代境遇而存在的,在一定程度上,有什么样的时代境况就可能有什么样的文道关系。因此,探讨文道关系的问题人这一关键因素不可或缺,人才是文道关系生成的价值主体。然而,"语文教育在历经多次选择和多元转换的过程中,其直接对象或者说教育活动的主体——'人'渐渐地被淹没了"②。这样一来,在语文课程视界中,长期以来对于文道关系重要价值的认识和在文道关系探讨中人的缺位,只是铸造了文道关系行尸走肉般的躯壳。这一价值悖论形成的严重误区在于:在文之于道的意义层面,只注重文何以载道和传道而忽略了为谁载道和传道;在道之于文的意义层面,只注重道何以统文和饰文而忽略了道以何文负载和传承;在文道互动的意义层面,只注重了文道关系表层的客观表征而忽略了文道关系深层的主观建构。

总而言之,对文道关系本身重要价值的认知与在文道关系探讨中人这一关键主体的疏离,形成了语文课程视界中文道关系价值鲜明的悖论,这直接致使文道关系成了高玄的空谈,而难以成为实践的指南。"道德本质上是人存在的一种方式,道德的本体论承诺以及对其价值根据的考察,不应离开这一基本事实"③。而且,"语文教育作为人文教育实践的基础形式,也是最重要的形式,不仅事关民族身份认同与个性彰显,更重要的是,事关我们每个人的生命品质"④。这说明,只有人的在场才是审视语文课程视界中文道关系从理论到实践的天眼。一方面,学校教育以育人为终极旨趣,

---

① 司马云杰著:《价值实现论:关于人的文化主体性及其价值实现的研究》,陕西人民出版社2003年版,第338页。
② 杨道麟:《人学视阈中的语文教育研究》,《教育研究与实验》2009年第6期。
③ 杨国荣著:《伦理与存在:道德哲学研究》,华东师范大学出版社2009年版,第71页。
④ 刘铁芳:《重申语文教育的立人使命》,《高等教育研究》2015年第4期。

培养什么样的人离不开课程,而语文课程在培养人成为一个什么样的国民进而成为一个什么样的公民目标实现中具有独特的意义。另一方面,学校育人的重要实质载体是课程知识,语文课程知识承载着语文课程育人的重要使命。因此,以学校为场域,以课程知识为视点,具体探讨语文课程知识的道德价值问题,不仅有助于文道关系探讨中人的复位,也有助于文道关系价值的匡正和实践品格的生成。

(二)理论的惰性:语文课程发展中文道关系的学理困境

长期以来,文道统一几乎成了文道关系探讨中无可辩驳的真理性回答。然则,正是因为这种看似已经不需要质疑的答案在不知不觉中孕育了理论的莫衷一是。在课程论视域中,文道关系问题更是不以为然甚至刻意回避。这种惰性使得文道关系总是以"在场的缺席"状态存在于研究者的视野中,失落与边缘成为其现实境遇。在语文课程的相关研究中,既少有从课程的旨趣对文道关系进行的探讨,也少有从文道关系的实质对课程价值进行的反思。具体到语文课程知识的相关研究中,既少有从知识的价值论角度探讨文道关系的研究,也鲜见从文道关系的视角探讨语文课程知识价值的研究。可以说,在文道关系视域中审视语文课程知识的道德价值,同时从语文课程知识的道德价值研判中重解文道关系,这是一个亟待突破的理论问题。

一则,语文课程为何要践履道德使命呼唤语文课程知识的道德价值自觉。自古以来,语文就担负着重要的道德使命,而道德本身既有为了满足社会的需要而设立的功用价值,又有保持人的尊严而存在的内在价值。语文所担负的道德使命正是在功用价值与内在价值的权衡中具体践行的,道德的这两种价值的效能成为语文道德使命实现的重要影响因素。作为母语,传承中华优秀传统文化、发扬中华民族优良道德传统、负载社会主义核心价值观,这是其义不容辞的责任。特别是在不同文化相互碰撞交融的当前,这是关系到能不能把每一个中国人培养成为具有民族气节和脊梁,具有民族自信心和自豪感的国民的重大问题,而语文的这一重要使命具体要由语文课程知识去实践。因此,选择什么样的语文课程知识,为什么选择这样的语文课程知识,怎样选择并组织这些语文课程知识首先需要进行学理的清思。二则,语文课程的道德价值何以实践需要语文课程知识的道德价值运作。语文课程知识具有重要的道德价值,这是通过课程知识进行国人德性培育的重要假设。那么,语文课程知识到底蕴含着什么样的道德价值?语文课程知识是如何实现这些道德价值的?语文课程知识的道德价值尺度又是怎样的?这些问题依然有必要从课程论的角度进行深入的学理分析。三则,文道关系的长期"钟摆"需要基于相关学理的探讨进行反思。在语文课程论域中,文道关系问题几乎成了一个心知肚明的盲区,除了重文轻道和重道轻文之外,就是文道统一的天下。然而,文道关系究竟是一种什么样的关系,如何认识这种关系的生成机理、运行逻辑及其合理状态,如何辩证审视并有效重建这种关系,等等,这些都是悬而未决的问题。由此论之,对文道关系简单机械的认识和似是而非的判读,使其陷入理论困境而裹足不前。因此,从语文课程知识的道德价值探究中,重新揭示、反思、优化并确证文道关系,将是文道关系理论自觉的应然之思。

(三)实践的盲从:语文课程改进中文道关系的运行偏误

文道关系在实践中长期处于盲从和游弋状态。在语文教育发展中,文道关系的迷思直接影响了语文学科的价值实现。在语文课程发展中,文道关系的偏失明显阻滞了语文课程的改革创新。具体到语文课程知识而言,文道关系的偏倚,使得语文课程知识的道德价值在被遮蔽或被放大的迷茫中扭曲了。这种实践的迷失显而易见,比如因鲁迅作品在语文教科书中的删减而引发的广泛争议,语文课程标准和教科书每一次变化后引起的热烈讨论等,表面看是语文课程目标要求或教科书内容的变化,而在道德这一维度上恰恰折射出语文课程知识道德价值负载及其实现过程中的迷思与困惑。作为语文课程知识的最重要载体,语文课程文件应该在何种程度上承载并实现语文课程知识的道德价值,这是关系课程文件编制的重要问题,更是关系语文教育旨趣实现的核心问题。在实践中,我们如何认识语文课程知识的道德价值,也意味着我们试图通过什么样的语文课程知识培养具有什么样德性的人。着眼现实,语文课程标准或教科书的每一次修订,几乎都会引起全社会的关注,这一方面是由于语文作为母语承担着特殊的价值,另一方面也反射出语文课程知识选择的不确定性。从文道关系的视角反思,语文课程知识选择势必要明确道德价值的承载和实现方式及其限度,道德价值植入语文课程知识也必然要观照课程知识本身的特点与运作逻辑。

从当前看,文道关系的现实偏误,使得语文课程在文与道、工具与人文、形式与实质等离散关系中迷失了方向,语文异化成"伪圣化"的"布道的语文"和"技术化""机械化"的"操练的语文"。① 此外,来自实践中的比如"语文课越来越没有语文味""语文课越来越像政治课"等论调此起彼伏,这固然应该引起我们反思语文课程到底该如何实施的问题,但恐怕更需要反思的是我们在凭借什么让语文课失味了和应然的语文课是什么味的问题。这就需要在文道关系的视域中重新审视语文课程,重新探讨语文课到底该形成什么样的语文味,即语文的内在品性。进一步讲,就是要基于文道关系的重新研判深入探讨语文课程知识的道德价值问题,明确负载道德价值的语文课程知识形态和语文课程知识蕴含的道德价值特征,如此探寻语文课何以具有语文味的本源。与时俱进地看,当前在把社会主义核心价值观融入语文课程的过程中出现的诸如怎么融合的现实难题,其并不是一个简单的课程编制技术问题,而恰恰是语文课程如何彰显内在意义的价值问题,而这在本质上是文道关系的时代演绎。正因此,在动态的发展中把握文道关系问题,是深化这一命题认识的必然要求,也是彰显这一

---

① 于龙著:《现代语文课程话语考论:以"性质之争"和"文白之争"为例》,上海书店出版社 2011 年版,第 241 页。

命题意义的现实诉求。现实的迷失和实践的呼唤,都需要文道关系的重新确证,这是矫正当前语文课程改进中文道关系运行偏误的理性选择。

二、文献述评

立德树人是教育的终极旨趣,知识对于这一旨趣的实现不可或缺。就学校教育而言,课程知识是育人目标实现的最重要依托,育人的成效在这个意义上有赖于课程知识的价值发挥。那么,知识与人到底是何种关系?知识蕴含何种价值?这是探讨学校教育场域中知识问题的前提之思。而就作为母语的语文学科而言,语文课程知识具有什么样的特殊价值?其指向于培养一个什么样的语文人或者社会公民,这自然是探讨语文课程知识的基本视点。"语文作为一个德性宝库,藉其丰厚的德性内涵,成为学生德性生成的重要源泉,是学校道德教育的重要课程资源和实现途径,具有其他学科不可比拟的价值和魅力。"① 具体而言,语文课程知识具有的显著道德价值集中表现在要通过语文课程知识使人首先成为德性国民。就此而论,如何通过语文课程立德树人,进一步讲,语文课程知识应发挥何种价值及如何发挥这种价值以使人具有理想的道德境界和德性精神,这是语文课程知识价值研究的应有视野。鉴于此,从知识与人的关系、课程知识的价值、知识与道德的关系、语文课程知识、文道关系等五个方面对与本书相关的已有研究进行述评,旨在一方面廓清本书的逻辑起点,另一方面奠定本书的学理基础。

(一)知识与人的关系研究

知识与人的关系性存在是知识何以可能的前提,也是人之为人者的必要条件。正是在这个意义上,"知识论的思考,是没有离开本体论和价值论的,是包含着人生理想的价值思维肯定的。如果它没有这种价值思维肯定,是不能用来指导人生的价值和意义的,也是不能给人生带来美好的理想、坚定的信念和充实的道德精神生活的"②。同时,生命本身要求理性与意志的统一,亦即要求知识与价值的统一。就知识对价值的重要性而言,知识能够增益对价值的把握和了解,而价值也需要不断地诠释与不断地认识,因此知识是价值实现的条件与基础。③ 在现实中,知识是被人所发现、认识、理解、选择、组织与评价的,知识的这一过程即知识的生命历程,因此,没有人的存在,知识是没有生命意义的。在知识的存在形态维度,显性知识与缄默知识都是以人为测度标准的。缄默知识是还未被人准确认知的、潜在的、间接的知识,由此,

---

① 胡绪阳:《语文德性论》,博士学位论文,湖南师范大学,2006年,第14页。
② 司马云杰著:《价值实现论:关于人的文化主体性及其价值实现的研究》,陕西人民出版社2003年版,第368页。
③ 唐凯麟、王泽应著:《20世纪中国伦理思潮》,高等教育出版社2003年版,第215页。

是人使得知识获得了生命,显性知识是那些能被人准确把握的、外显的、直观的知识。从缄默到显性的形态渐进,是知识的生命不断充盈的过程,也是知识之于人的意义不断强化和关系不断密切的过程。在知识的普适性维度,个体知识与公共知识都是以人的参与程度为尺度的。个体知识以个人的体验、认识、理解为前提,具有鲜明的个体差异性,公共知识以群体的共识、协商、交流为前提,具有普遍的公共聚合性。缘于此,是人的参与及其作用发挥使得知识具有的个体与公共性维度的差异。在知识的生成场域维度,本土知识与外来知识都是以人的存在场为界限厘定的。人是处于一定的场域中的,本土知识是处于本土场域的人们所发现、传承和创新的知识,外来知识是人们在以知识为纽带的互动过程中借鉴、吸收和转化的知识,这说明,是具体场中的人推进了知识基于特定场的生成与转化。总而言之,在人与知识关系的这层理解中,应该肯定人之于知识的先在性和能动性。先在性指的是人是知识之所以为知识的前提,是知识生命获得及其延展的基础;能动性指的是人可以发现、传承、改造并创新知识,是知识本身得以不断发展的动力之源。因此,先在性和能动性是人之于知识的意义及其价值。

知识与人的关系的另一层理解在于知识之于人的意义性上。知识本身之于人的价值和意义是知识得以存在的根本性前提,在这个意义上,探讨知识的意义性或者价值性,就是探讨其之于人的重要性。无论是"知识就是力量"的宣扬,还是"知识改变命运"的断言,都无可辩驳地说明,知识能给人力量,知识可以改变人的命运。那么,知识何以成为人的力量?知识又何以改变人的命运?这就成为自然而然需要探讨的问题。纵观人类社会发展的历程,知识型经历了四大发展阶段,依次为"原始知识型(神话知识型)""古代知识型(形而上学知识型)""现代知识型(科学知识型)"和"后现代知识型(文化知识型)",[1]每一次知识转型和新的知识型的形成都是人们认识提升的客观结果,但是,这一客观结果也与知识之于人的价值重新被定义不无关系。正因此,教育成为"年长的一代对尚未为社会生活做好准备的一代人所施加的影响。教育的目的就是在儿童身上唤起和培养一定数量的身体、智识和道德状态,以便适应整个政治社会的要求,以及他将来注定所处的特定环境的要求"[2]。实际上,伴随着知识客观、中立、普遍的面纱被逐渐揭开,人们越来越倾向于探寻隐匿在知识背后的政治、经济、社会、文化等对于个体的意义,进一步讲,人们已经在从静态的知识显像到动态的知识运行维度,重新考量知识之于人的意义,这种意义深刻地体现在权力、文化、身份、地位、控制等层面上。知识被"暗箱"地揭开,使得知识对人的意义和价值被重新发掘。与此同时,传统认识域中关于知识的客观性、普遍性和中立性彻底瓦解。因

---

[1] 石中英著:《知识转型与教育改革》,教育科学出版社2001年版,第46页。
[2] [法]爱弥儿·涂尔干著:《道德教育》,陈光金,等译,上海人民出版社2001年版,第309页。

此,到底是人造就了知识还是知识造就了人的追问比以往任何时候都显得迫切。为什么是这些知识而不是那些知识,人在知识的形成中发挥了什么作用,知识如何实现了对人的价值,为什么要实现知识对人的这种价值而非其他,等等。对这些问题深究中的迷思,引起人们开始质疑知识对人的价值这个看似不是问题的问题。换言之,人们已经从"知识就是力量"和"知识改变命运"的迷糊中慢慢苏醒,开始反思知识是谁的力量、知识又将给谁力量、知识改变谁的命运、知识改变了怎样的命运等深层次的问题。这些问题都围绕着一个中心,那就是知识对人而言,到底意味着什么?简言之,通过知识,终究要让人成为一个什么样的人,这成为探讨知识之于人的意义的中心议题。

总之,知识与人的关系问题,是一个老生常谈的话题,几乎没有人否定知识对于人的价值和人之知识的意义。然而,在科技飞速发展,技术理性甚嚣尘上的今天,知识的"双刃剑"功能被刻写得淋漓尽致,知识的当前境遇生动地说明知识与人的关系的某种异化和失范。因此,重塑知识与人的良性关系,关键在于思考如何通过知识使人向善达德,换言之,重新建立知识之于人的意义特别是道德意义的认知,使人可以通过知识通达道德理想和德性境界的彼岸。因为"在道德领域中,知善与行善之间存在着互动的关系。作为道德知识与价值信念的统一,道德认识在确认何者为善(何者具有正面或肯定的价值)的同时,也要求将这种确认化为行动;从这一角度上说,道德认识内含着实践的意向"[①]。由此,需要在重新审视人之于知识的意义和知识之于人的价值的双重关系中不断确认道德认识并实践道德意向。具体而言,就是要探寻人如何更好地认识、理解、选择知识,充分发挥人之于知识建构的主动性和能动性,同时更好地发挥知识之于人的品格、德性、成长的重要价值,彰显知识的道德价值。从这个意义上讲,检讨知识与人的关系,就要从"占有知识"和"发现知识"的阶段向探寻和构建知识与人的意义、生成、交互关系跃升。基于知识的道德价值视角,重构知识与人的关系显得迫切且可能。毕竟,"人类活动的目的不是休息,而是更丰富、更好的人类活动。我们应该认为,所谓人类的进步,就是使人类有可能做更多有趣的事情,变成更加有趣的人,而不是走向一个仿佛事先已为我们准备好的地方"[②]。

(二)课程知识的价值研究

"就形式而言,课程表现为一种知识体系,课程研制的核心内容也就主要表现为对知识的选择与组织。"[③]正因如此,"知识是课程的最直接的一级制约因素,而其他因素诸如社会或学生是通过赋予知识以某种价值取向及方法的方式来影响、制约课

---

① 杨国荣著:《伦理与存在:道德哲学研究》,华东师范大学出版社2009年版,第18页。
② [美]理查德·罗蒂著:《后哲学文化》,黄勇,编译,上海译文出版社2004年版,第82页。
③ 靳玉乐主编:《课程论》(第二版),人民教育出版社2015年版,第203页。

程的,是以知识为中介的二级制约因素,抛脱了知识,课程就成了无源之水、无本之木"①。在学校场域中,知识的价值转由课程知识表征和诠释。实际上,长期以来人们对于知识价值的求索就未曾停止,特别是自18世纪斯宾塞旗帜鲜明地提出"什么知识最有价值"的命题之后,知识的价值问题成为一个特定的研究域,但这一时期关于课程知识价值的研究还处于普遍性、客观性、中立性价值的共识达成上。随着研究的深入,特别是人们主体意识的不断自觉,到20世纪七八十年代,知识的价值问题逐渐深入进"谁的知识最有价值"这一核心层,课程知识的境遇性、文化性、权力性价值的深层差异被挖掘。从对"什么知识最有价值"的知识价值的客观寻求到对"谁的知识最有价值"的知识价值的主体反思,恰恰表明了知识价值的逐渐觉醒——人作为主体之于知识这一客体究竟意味着什么,这正是课程知识价值研究的重大转向。纵观实用主义、要素主义、结构主义和后现代主义四大教育流派的课程知识价值研究,大致都是从社会发展、个体成长和文化进步的维度探讨课程知识的价值。

在社会发展层面,实用主义流派明确指出课程知识的外在价值在于"作为达到目的的手段",这种"目的"包含着为民主社会服务的价值。由此,学科知识和教材的选择应当采取一个"社会价值"的标准。② 要素主义流派强调课程知识在对社会文化"精化"和"编制"中,传承"人类积累的知识中具有永久不朽价值的部分"③,使得教育成为"社会生活的再现过程"④,从而实现课程知识的社会进步和社会"遗传"的主导价值。结构主义流派注重知识的工具价值和意识形态属性,通过课程知识的选择推动社会的进步与民主社会的进程是课程知识的重要价值,在这里,课程知识成为鲜明的"训练民主社会公民的手段"⑤。后现代主义流派郑重质疑课程知识的中立价值,是发觉了其与政治、文化、权力的"联姻",掀开了课程知识价值研究的新大幕。由此,课程知识具有了鲜明的社会批判和社会重建价值。如鲍尔斯和金蒂斯所揭示的资本主义社会学校与其经济、社会结构之间的对应关系,⑥为理解课程知识打开了另一扇窗。

在个体成长层面,实用主义流派特别强调课程知识之于学生的经验价值,就知识对个人的目的而言,"儿童的出发点是生活生长"⑦,儿童在"学校中求知识的真正目

---

① 郝德永著:《课程研制方法论》,教育科学出版社2000年版,第76页。
② [美]杜威著:《民主主义与教育》,王承绪,译,人民教育出版社2001年版,第258页。
③ [美]巴格莱著:《教育与新人》,袁桂林,译,人民教育出版社1996年版,第3页。
④ [美]巴格莱著:《教育与新人》,袁桂林,译,人民教育出版社1996年版,第147页。
⑤ [美]布鲁纳著:《布鲁纳教育论著选》,邵瑞珍,等译,人民教育出版社1989年版,第417页。
⑥ 黄济著:《教育哲学通论》,山西教育出版社2004年版,第274页。
⑦ [美]杜威著:《民主主义与教育》,王承绪,译,人民教育出版社2001年版,第28页。

的,不在知识本身,而在学得制造知识以应需求的方法"①。因此,课程知识应该充分体现其之于儿童生活和成长的价值,发挥好养料、水分和阳光的作用。要素主义流派特别注重课程知识的智力训练价值,"知识的功能不仅仅是知识获得者学习过程功能的副产品,已经有人明确地论证了某些类型的学习为智力训练创造了可能"②。因而,提高整个民族的智慧水平,"意味着沿着智能训练的道路,把能力一般的学生带到他们力所能及的境地"③。这是课程知识的个体价值所在。结构主义流派强调以结构的方式,使课程知识得以简约、便于迁移、有利生成,最终促进学习者的学习。这实际上为通过课程知识实现学生智能训练和文化提升提供了新思路,正如布鲁纳所言,"文化实际上是向具有适当技能的人类提供他们自己能与之联系的增进系统,来协助它的成员心智效能的发展"④。后现代主义流派强调课程知识对于学习者的解放功能,使得学习主体的主动性、能动性、反思性、批判性充分彰显。课程知识学习在对话、解构和建构中成为典型的"互文性回归","每一个终点就是一个新的起点,每一个起点来自前一个终点"。⑤ 因此,对于学习者而言,后现代所主张的课程知识价值便在于提供主体展示自我、反思自我,进而重构自我认知的平台,使得学习者通往"自我解放"的道路具有更加坚实的基础。

在文化进步的层面,实用主义流派将课程知识价值的绝对性与相对性、客观性与主体性、基础性与生长性有机结合起来,使得课程知识的价值探讨跳出了神话知识和形而上学知识的玄幻与缥缈,走向知识生长的儿童逻辑的寻求。这为基于课程知识的文化发展找到了支点,文化得以在课程知识的可传承、可生成的儿童经验的过程中实现发展。要素主义流派注重对社会既有文化的承继,这在一定程度上是对实用主义的反叛。课程知识对于共同文化要素的继承和传播是文化得以发展的基础,文化的沿袭和生长根植于已有文化,文化的改造与创生亦依赖于文化传统,因此,正规教育的一个最重要功能,特别是在民主社会里,是尽可能使文化中的共同性因素部分提高。⑥ 结构主义流派强调课程知识的结构性,因此,课程知识的文化价值实现便在于寻求文化何以切合儿童学习方式的结构。对于结构的重视,是这一流派在课程知识的文化发展价值层面不同于实用主义和要素主义的最显著特征。后现代主义流派明确强调课程知识的文化重建价值。无论是解构主义、女权主义,还是解释学理论、社

---

① [美]杜威著:《民主主义与教育》,王承绪,译,人民教育出版社2001年版,第136页。
② [美]巴格莱著:《教育与新人》,袁桂林,译,人民教育出版社1996年版,第79页。
③ 瞿葆奎主编:《教育学文集·美国教育改革》,人民教育出版社1990年版,第108页。
④ [美]布鲁纳著:《布鲁纳教育论著选》,邵瑞珍,等译,人民教育出版社1989年版,第323页。
⑤ [美]小威廉姆·E.多尔著:《后现代课程观》,王红宇,译,教育科学出版社2000年版,第253页。
⑥ [美]巴格莱著:《教育与新人》,袁桂林,译,人民教育出版社1996年版,第121页。

会交往理论,抑或是批判理论、知识—权力理论,无不都关注了课程知识对于文化再认、文化反思和文化重建的价值。对多元的、共生的、生态的、对话的、建构的课程知识价值的诉求,赋予课程知识的文化价值以全新的内涵。

总的来讲,价值研究是课程知识研究的核心议题,长期以来,人们在寻求"什么知识最有价值"和"谁的知识最有价值"的解释中不断推进课程知识价值研究的深化。实际上,"学校课程总是离不开社会文化的。作为社会文化的一个重要组成部分,课程既传递和复制社会文化,同时也受到社会文化尤其是意识形态的规范制约。纯粹客观的、价值中立的知识是不存在的"[①]。在这个意义上,审视20世纪四大教育流派对于课程知识价值的立场,其虽然关注和强调的重心有所差异,但都肯定了课程知识在儿童、社会和文化层面的重要价值,这为后来分析课程知识的价值提供了可供借鉴的理论范式。然而,着眼于学校场域,重新审视教育的育人这一终极旨趣,还有必要深入探讨学校教育把人培养成为什么样的人的根本问题,而课程知识作为育人实践无可替代的载体,其还会有什么样的价值影响着我们对这个根本问题的认识和解释,这是思考课程知识价值的新的重要维度。伴随着对课程知识客观、普遍、中立等传统认知的解构,课程知识的境遇、文化和意识形态等认识的觉醒,特别是后现代关于课程知识与政治、权力、身份等关系的挖掘,一些关于课程知识的深层价值问题已经从幕后走向前台。周遭这种"命运"的课程知识,将何去何从?这是一个需要在反思中检讨的问题。而着眼于课程知识的价值这一视角,无疑是必然之思。对学校教育培养"经济人""工具人"功利主义的诟病和对培养"文化人""社会人"单向度的隐忧,使得学校教育最终培养何种人的价值迷失了。"总之,课程知识与人和社会发生关联的地方就是其功能栖息之地。"[②]鉴于此,对于课程知识的什么价值培养什么样的人的问题的探讨和回应就显得格外迫切。实际上,对于通达善美和德馨的德性人的培养,是任何形态的教育一贯的追求,课程知识在这一追求实现的过程中应该担负重要的价值。为此,如何理解课程知识的道德价值就成为一个亟须探究的重要问题。

(三)知识与道德的关系研究

知识与道德的关系问题是知识论视域中的基本问题,也是道德哲学和伦理学的基本论题。早在古希腊苏格拉底那里,他就提出了"美德即知识"的经典命题,柏拉图理想国中的"哲学王"实际上是知与德的"双冠王",至此,美德与知识几乎可以等同,美德的发展在认知的道路上长驱直入,使得德性的形成化约为知识的获得。亚里士多德反思了把美德直接归结为知识的认识论误区,提出了理智德性和道德德性,并指出道德德性形成中的"习惯性"特点,以此揭示了把道德直接等同于知识的片面与局

---

① 施良方著:《课程理论:课程的基础、原理与问题》,教育科学出版社1996年版,第56页。
② 李红亚著:《教育意义的寻觅:知识、道德与课程》,知识产权出版社2007年版,第59页。

限。此外,休谟和康德的论述也说明了知识与道德之间的某种"裂隙"和"鸿沟"。休谟认为道德判断不是单纯依靠理性就可做出的,"理性和判断由于推动或指导一种情感,确是能够成为一种行为的间接原因;不过我们不会妄说,这一类判断的真伪会伴有德或恶"①。在我国,"儒家肯定道德的价值,也肯定人的价值,强调人应有对于自身价值的自觉"②。孔子明确提出"仁者安仁,知者利仁"(《论语·里仁》),"未知,焉得仁?"(《论语·公冶长》),同时,他也强调"欲诚其意者,先致其知。致知在格物"(《礼记·大学》),这说明了知识与道德的内在统一性。在知识与道德的关系上,"儒家表现的道德(德性),是以知识(理性、理、知、学)为前提的,而知识(理性)却是以道德(良知、本心、本性)为依归的。只有在道德与知识相互的支持及彼此推动下,知识才成为更深沉的知识,而道德也才成为更落实的道德"③。在孔子那里,知识价值与道德价值内外相成而趋于统一,即以道德价值作为知识价值之正当性获得的依据,知识价值与道德价值是一种共存的关系。④ 这些研究反映了在知识与道德关系上存在的分野,"事实上,将道德与知识截然两分,把道德实践和科学理论人为地规定并对立起来,不仅对于理解儒家传统中的'体知'之学,即便对于中西文化的各自发展及其会通也是无裨益甚至危害甚深的"⑤。正因此,知识与道德的关系几乎成了一种"孪生",无论如何,知识都应该是为人通达求真、向善、至美的征途中实现价值。实际上,"知识与道德的结合问题,说穿了就是在知识世界中,人们如何通过习惯养成、身心修炼、人格培养、待人接物等实践过程来进行道德建设过程的问题。易言之,知识与道德的结合,就是人在面对知识世界的时候如何确保或重建自身道德价值的问题。"⑥

在确认知识与道德的内在关系的前提下,具体反思知识与道德的关系,表征在三个层面:一是知识之于道德的意义;二是道德之于知识的意义;三是知识与道德的互动意义。在第一个层面,有研究者提出,知识是形成道德认知的基础和依据并有助于形成明智的道德选择能力。⑦ 也有研究者指出"知识对于提升个人的道德境界,构成良性的社会制度,形成共同的道德价值规范和标准起着举足轻重的作用"⑧。还有研

---

① [英]休谟著:《人性论》,关文运,译,商务印书馆1996年版,第502—503页。
② 张岱年著:《思想·文化·道德》,巴蜀书社1992年版,第115页。
③ 李翔海、邓克武著:《成中英文集(卷2):儒学与新儒学》,湖北人民出版社2006年版,第13页。
④ 陈继红:《知识与道德的安顿——〈论语〉论"学"的内在逻辑线索探微》,《中国人民大学学报》2011年第4期。
⑤ 奚刘琴著:《第三代新儒家的儒学诠释与创新——以成中英、杜维明、刘述先、蔡仁厚为例》,中国社会科学出版社2011年版,第94—95页。
⑥ 方朝晖著:《知识、道德与传统儒学的现代方向》,《中国社会科学》2005年第3期。
⑦ 周晓静、朱小蔓:《知识与道德教育》,《全球教育展望》2006年第6期。
⑧ 何杨勇:《知识与道德关系的探讨》,《浙江学刊》2008年第3期。

究者从知识的内在结构分解中,指出知识的道德价值存在于道德是知识的一个内在深层结构,"知识的存在与完备,最终是为建构人的丰富的精神世界,为人更好地存在于这个世界上服务的。这个更好,不是指物质世界的极大丰富,更多指人精神世界的自主、丰盈与安宁"①。在第二个层面,有研究者指出道德对于知识渗透和促进的四种作用:首先,道德具有认识功能,是人们获得知识的特殊方法;其次,高尚的道德能使人的知识才能得到充分的发挥和合理的使用;再者,崇高的道德理想是人们追求知识的力量源泉;最后,炽热的道德情感是人类智力发展的催化剂。② 也有研究者指出道德是获取知识的内在动力之一,道德影响和制约着人对科学知识的判断吸取和应用。③ 还有研究者指出"道德促使知识进一步发展,使知识更具备实现自身效用的能力"④。在第三个层面,有研究者提出,道德是灵魂、是方向、居于首位,知识是道德形成的重要条件,是道德构成的不可缺少的组成部分。二者互相依存、互相渗透、相互促进。⑤ 也有研究者指出通过知识的德性教化,使知识与道德相联结,因为"终归没有知识审查的德行是肤浅的,绝非借由情感体认、日常躬行和理性升华后"应然"的美德。⑥ 知识与道德的这三层关系的确立为探寻道德的知识学习和知识的道德价值指明了立论之基。

由上论之,知识与道德的关系问题是一个具有久远历史的话题,尽管不同时期人们对于这一问题进行着不同的解读,但都无法绕开知识的育人性这一主轴,实际上,知识之于人的意义与价值也是探讨知识与道德关系存在的逻辑基础。在知识与道德关系的论域中,知识的主体是人,道德的主体也是人,因此,正是人这一特殊的存在架起了知识与道德关系的桥梁。"知识与道德的关系实质上是知识与人的德性之间的关系。因为,外在的道德规范只有内化为人内在的德性才能成为人的德性的动力,德性的形成体现为道的内化过程(凝道成德),即得的过程。"⑦在这个意义上,知识与道德关系的三层表征就变为人所具有的知识对人的道德价值,人的道德修养对人的知识发展以及人的知识与人的道德的交互。因为人的介入,知识与道德的关系内含着动态变化性,这种认识的意义使得从发展的、实践的角度重新审视知识与道德的关系成为可能。一方面,人总是处于一定的政治、经济、文化、社会等"环境场"中,这种"环

---

① 孙彩平:《知识·道德·生活——道德教育的知识论基础》,《教育研究与实验》2012 年第 3 期。
② 李兰芬:《试论知识与道德的交互作用》,《苏州大学学报》(哲学社会科学版)1983 年第 3 期。
③ 肖群忠:《浅论知识与道德的统一》,《求索》1984 年第 6 期。
④ 陈徽:《"知识道德"新论》,《社会科学》2000 年第 5 期。
⑤ 李兰芬:《试论知识与道德的交互作用》,《苏州大学学报》(哲学社会科学版)1983 年第 3 期。
⑥ 高盼望、于洪波:《知识与美德之间——西方道德的理性追求及其反版》,《国家教育行政学院学报》2014 年第 5 期。
⑦ 冷天吉著:《知识与道德:对儒家格物致知思想的考察》,中国社会科学出版社 2009 年版,第 4 页。

境场"客观上要求知识的不断生产与更新,这种变化给人的道德发展新的基础;另一方面,人的道德发展与其说是以人本身为尺度的,倒不如说是与周遭的境遇为尺度的,在社会发生深刻变革的今天,如何以道德的方式知情意行是一个极具挑战的话题。那么,现阶段重新思考知识与道德的关系问题,就不能只停留在知识何以推进道德升华和道德何以推动知识深化的基础性问题的探讨,还应该关注用什么知识、谁的知识以及如何组织和呈现的知识发挥其道德价值,同时关注什么道德、谁的道德以及如何承载的道德将发挥知识增值的作用。因此,聚焦于学校场域,就要探讨什么课程知识具有何种道德价值,这种道德价值何以实现,课程知识与道德价值实现的互动逻辑如何生成等问题上。基于这样的思考,探讨课程知识的道德价值问题就具有了特殊的意义。

(四)语文课程知识的研究

课程知识是课程存在并得以发展的基础,没有知识意义的课程将形同行尸走肉。梳理语文课程知识的研究,主要集中在三个方面:一是语文课程知识本体论,即语文课程知识"是什么"的研究;二是语文课程知识价值论,即语文课程知识"为什么"的研究;三是语文课程知识方法论,即语文课程知识"何以此"的研究。在本体论方面,1904年"癸卯学制"的颁布,标志着语文独立设科的开始,从理论上讲,学科独立自然有特定的课程知识体系,然而,严格意义上的语文课程知识并没有被定义和概念化,这是语文学科被诟病没有科学性的重要原因。语文知识、语文教学知识、语文课程知识这几个概念在相当大的程度上都是混淆使用的,它们既没有各自特定的内涵和明确的外延,也没有彼此之间清晰的边界。在法定课程文件中,1978年颁布的《全日制十年制学校中学语文教学大纲(试行草案)》指出:语文知识,包括语法、逻辑、修辞、写作知识和文学常识等。这是对语文知识外延的界说。新世纪以来,一批以"语文课程知识"命名的论文出现,如《课本对语文课程知识的建构》(方武,2004)、《试论语文课程知识》(张科杰,2006)、《从口语交际教学的失误中追索语文课程知识的构建》(王宗海,2006)、《我看中学语文课程知识与学习——从阐释知识理念出发》(侯星海、王伟,2006)、《从语文课程知识视角论语文课程目标达成》(屠锦红,2006)、《反思与前瞻:2002—2006年语文课程知识研究述评》(陈枫,2006)、《拉近知识与人的距离—浅谈语文课程知识重构的策略》(徐辉、周双,2010)等,这些研究虽然已经旗帜鲜明地提出了"语文课程知识"这一概念,但都没有对"语文课程知识"进行有效的界定。换言之,"语文课程知识"到底是什么?其内涵和外延如何理解等实质性问题还处于尴尬状态。何以如此?恐怕与人们对于语文课程知识长期以来的某种"心知肚明"的共识有关,即语文课程知识就是"字、词、句、篇、语、修、逻、文"的知识,似乎没有什么可探讨的。然而,正是这种模糊的理所当然式的认知,才使得语文课程知识既难以超脱陈旧的窠臼又无法进入全新的领地。那么,语文课程知识到底是什么?这就成了一个典型的不是问题的大问题。反思之,语文课程知识的课程论视野的虚无是现有缺憾的重要原因。基于此,有研究者提出"语文课程知识就是为培养学生语文素养而需要教与学的基本概念、原理、技能、策略、态度、价值观等,包含以间接经验方式存在的语文学科课程知识和以直接经验方式存在的语文研究型课程知识,既可以是体系化、系统化的语文学科知识,也可以是学生通过探究体验而获得的非系统化的体验性知识"①。也有研究者从与语文学科知识和语文教学知识的比较中,指出"语文课程知识不仅包含着语文学科知识,而且包含着'做什么''怎么做''做得怎么样'的知识,即'教学什么''怎么教学''教学到什么程度'的知识"②。这些研究从课程的角度对语文课程知识进行的界定,使得语文课程知识在课程论领域中获得了新的生命,具有重要的意义。即便如此,对语文课程知识包含什么的范围指涉式界定在客观上也使得语文课程知识到底是什么的内涵厘定显得模棱两可,因此,语文课程知识是什么的内涵探讨依然需要深化。

在价值论方面,有研究者从语文课程知识的四种存在形态分别论及其价值,具体而言,语文课程标准或教学大纲中的知识对教材编订和教学过程同时具有指令和开放的价值;教材知识应该具有与学生展开对话的潜在品质;教学过程中的知识在具体的教学对话过程中具有动态的价值;作为学生学习结果的课程知识具有与学生个体的语言生存体验融合在一起的价值等。③ 这一研究指出了语文课程知识之于教材、教学和学生的价值,可以被认为是语文课程知识价值研究的宏观视野。也有研究者从存在论的角度探讨了语文课程知识的生成价值,在于对学习者精神生命的关照、滋养和护持,帮助学习者体验到生活的充实性与意义性,促进学习者自我建构的完成。④ 此外,语文课程知识还具有鲜明的道德价值,这也是课程论视野中文道关系的理论根源。语文作为国语,通过语文课程知识的理解、选择、组织及体认,不仅要使学习者具备基本的语文能力与语文素养,更为重要的是要促成学习者形成对民族文化的认同,社会主义核心价值观的体悟和德性精神的信念。简言之,语文课程知识不仅仅要使学习者成为一个语文知识人,更要成为一个语文德性人,这正是语文课程知识的道德价值所在。

在方法论方面,语文课程知识主要通过课程标准(教学大纲)和教科书呈现,而这种呈现方式使得语文课程知识方法论层面的意义更加具体。在课程标准或教学大纲中,课程知识代表了一种方针或者指令,确立了应该教什么的指导思想。具体来看,

---

① 邱福明:《语文课程知识的存在论研究》,博士学位论文,山东师范大学,2013年,第25页。
② 黄伟:《语文知识刍论及吁求》,《课程·教材·教法》2014年第5期。
③ 韩雪屏著:《语文课程知识初论》,江苏教育出版社2011年版,第6页。
④ 邱福明:《语文课程知识的存在论研究》,博士学位论文,山东师范大学,2013年,第33—34页。

课程标准或者教学大纲中的课程知识内容呈现有三种方式:一是用文字和表格清单式呈现语文课程知识内容;二是用解释的方法论述式说明语文课程知识边界;三是把语文课程知识蕴含在课程目标和教学建议等项目中进行表述。在语文教科书中,课程知识负载了用什么去教的使命,课程知识的呈现以范例式教科书为主。[1] 此外,有研究者从定篇、例文、样本、用件四个类型阐述了语文教科书课程知识内容的呈现方式。[2] 也有研究者引入"动姿化"这一理念,试图在关注知识的演化历程和知识内在价值的生命力张扬的动态过程中,重构语文课程知识。[3] 还有研究者从语文课程知识是某种"是什么"的知识和"怎么办"的知识的分类角度,提出语文课程知识应从言语内容、静态的言语形式和动态的言语活动形式中三个维度进行建构。[4] 这些研究具体分析了语文课程知识的呈现方式或建构路径,为我们继续深入探讨语文课程知识呈现的逻辑机理提供了有益的参照。然而,语文作为母语其知识呈现不是单纯的技术理性就可以实现预期效果的,语文课程知识何以表征成如此这般,必然还有理念、宗旨、价值取向等层面的原因。因此,从方法论的层面审视语文课程知识的研究,其不应该仅仅着眼于具体方法层面的问题,还应该观照具体方法背后的精神指引和价值传递。当然,这也是在方法论层面深化课程知识探讨的路向。

总而言之,语文课程知识的相关研究从本体论、价值论和方法论三个方面展开,大致勾勒了语文课程知识的图景,这为后续研究奠定了基础。然而,由于对语文课程知识到底是什么的认识轻视和结果模糊,本体论层面的语文课程知识依然处于各执一词的凌乱理解中。同时,对于语文课程知识在教材建设、教学开展和学生成长上的价值解读,没有抓住课程知识终究是指向育人的这一终极旨趣,从而使其在面面俱到的价值暧昧中迷失和消解了终极价值。此外,对于语文课程知识方法论层面的探索,大多还停留在语文课程知识如何在课程文件和教科书中呈现的显性方式探讨上,对为何以这种方式,这种方式的指导理念和价值支撑又是什么等深层次问题的挖掘还不足。这些既是语文课程知识研究业已生成的图像,也是语文课程知识研究当前所处的境遇。其之于后续研究的启示意义在于:首先,要廓清语文课程知识的内涵和外延,在课程论论域中,将语文课程知识从关于语文课程的知识和关于语文的课程知识中剥离开来,厘定语文课程知识特定的范畴和所指,这是语文课程知识研究本体论深化的路向。其次,要真正着眼于课程知识研究中人的在场,将语文课程知识研究的旨趣落实在育人这一核心维度上,把学生的成长和发展作为语文课程知识研究的起点

---

[1] 韩雪屏著:《语文课程知识初论》,江苏教育出版社2011年版,第239—289页。
[2] 王荣生著:《语文科课程论基础》,教育科学出版社2014年版,第295—346页。
[3] 周敏:《语文课程"动姿化"知识研究》,博士学位论文,湖南师范大学,2010年,第5页。
[4] 张心科:《语文课程知识类型与建构路径》,《语文建设》2015年第4期。

和归宿,从语文课程知识的文化传承、价值传导、德性育成的角度彰显语文课程知识的独特魅力,这是语文课程知识研究价值论明晰的径向。再次,要从政治、文化、社会大环境中重新思考语文课程知识的选择、组织、呈现等问题,突出语文作为母语的母性特质,从语文课程知识的价值承载特别是道德价值的肩负角度思考语文课程知识选择及其呈现的价值标准,这是语文课程知识研究方法论确证的思路。最后,要在本体论、价值论和方法论的澄明和深化中,建立此三者的互动逻辑,关键是以"道德"这一价值尺度审视语文课程知识的边界、深解语文课程知识的价值和探寻语文课程知识的表征。① 换言之,就是要在课程论的视域中探讨语文课程知识何以载道、何以传道、何以明道的文之于道的意义,也就是要在知识论的视域中探明语文课程知识载何道、传何道、明何道的以道观文的理路。简言之,探寻语文课程知识的道德价值就是要以以文观道和以道观文的互动中,审视文道关系的运行轨迹及其逻辑机理,进而建构更趋合理的文道关系。

(五)文道关系的研究

文道关系问题是中国古代文学和文艺理论的核心议题,不少古代文人就此有过经典的论断。先秦的荀子、汉代的扬雄、南朝的刘勰、唐代的韩愈、宋代的欧阳修等人,都有关于文道关系的见解。在他们看来,道是文的内容,文是道的表现,但他们论域中的道具体是指儒家之道。在文道关系上,古代文学家们大多都秉持重道而不轻文的,即既重视内容,又不忽略形式的作用的观点。比如宋代的欧阳修提出"文与道俱"的主张,坚持文与道不可偏废。与此相对,宋代的理学家们将道与文对立起来,秉持重道轻文的观点,甚至认为"作文害道"。如朱熹则把道比作树之根,文比作枝叶,成为重道轻文的典型例证。② 总的来看,尽管不同时期人们对文与道的关系有着不同的理解,但都强调了文与道各自的重要价值及其在文道关系行程中所发挥的重要作用。作为古代文论的中心论题,文与道在不同时期蕴含着不同的意义,这是文道关系演绎的历史逻辑。文之道,道之文和文道交互是文道关系展开的三重互动逻辑,与之对应的文统、道统和文道统一是文道关系生成的理论支撑。文道关系的历史演绎说明,文不仅仅是文章、文学和文化,道也不仅仅是道理、思想和精神,在宏观上,文就是一切承担某种价值的载体,而道就是特定价值观的集合。这就是说,文道关系围绕价值这一中心展开,价值的博弈是文道关系嬗变和重塑的内在根源。因此,探讨文道关系有必要超出形式与内容、工具与目的的二元简单思维,着眼于文道本身的生成基因及其文道关系的内在价值博弈,重新确证并优化文道关系生成和运行的合理逻辑。

在教育学视野中,文道关系集中反映在语文教育的工具性与人文性和思想性关

---

① 张铭凯:《语文课程知识研究的迷思与反思》,《教育理论与实践》2017年第5期。
② 胡敬署、陈有进、王富仁、程郁缀主编:《文学百科大辞典》,华龄出版社1991年版,第36页。

系的演变中。从1904年语文独立设科以来,文与道的关系问题成为语文教育的本体性问题之一,"文和道、言和志,说的都是语文的形式(文或言)和这种形式所表达的思想内容(道或志)之间的表里关系"①。"五四"新文化运动,揭开了文白之争的序幕,这种以文言形式或是白话形式为文之形的争论,都不约而同地聚焦于同一价值假设,那就是文与道是有关系的,形式与实质是会相互影响的。论争的出现正是不同价值取向的博弈及其作用的结果。因此,文白之争在实质上和根本上依然是文道之争的具体化。这一时期,文言与白话在拉锯中各自求生,文言所承载的封建伦理纲常虽然受到新文化思想的抨击与排斥,但余温尚存;以解放和发现为旗帜的新文化之花开遍大江南北但在深入人心的过程中受到封建礼教残余的重重阻击。

新中国成立后,由于政治意识形态的确立,亟须对封建落后思想进行铲除与清理,教育势必发挥服务政治的作用,对政治性和思想性的一味宣扬使得文道关系出现了严重的失衡,这直接引发了20世纪50年代末的文道关系大讨论。1961年12月,《文汇报》发表社论,对这场讨论进行阶段性小结,指出:"就一篇课文来说,内容和形式、思想和语言原是密切联系,谁也离不开谁。"由此,文与道的关系向着统一的轨道上回转。随后的"文化大革命"使得文道关系再一次出现严重失衡,文成为偏误的道之文,只为政治和思想口号的宣扬而存在,道也具有了鲜明的政治意识形态色彩,成为扭曲的文之道,文与道的关系失去了平衡的基础而越来越偏向一种失衡的危险境地,这是文道关系的深重灾难。

改革开放以来,文道关系重新在平衡状态中发展,大致形成了"循文明道,因道悟文,文道统一,不可偏失"的共识。② 20世纪90年代以后,文道关系在"工具性"与"人文性"的新式话语表达中重新演绎。世纪之交的语文大讨论,重新检视了语文学科的性质,工具性与人文性的统一被越来越广泛地接受和理解,这可以被认为是文道关系的世纪共识。唯有汉语文教育的复合功能才能实现文道统一,而文与道的整合教育也才能真正提高受教育者的整体素质。③ 即便如此,文道关系在具体运行中依然非风平浪静,比如语文教科书改革中对于鲁迅等人作品的留弃问题,近两三年掀起的关于"真语文"的大讨论,这些都可以视为文道关系的实践问题,还有待进一步思考。实际上,关于文道关系的讨论,"无论是重'文',还是重'道',都预设了'文'的'工具性',即是达到'道'的工具。所以,'文''道'问题的另一种形式则是对于语文'人文

---

① 顾黄初:《我国现代语文课程教材建设百年的理论跋涉》,《江苏教育研究》(理论版)2008年第15期。
② 顾黄初:《我国现代语文课程教材建设百年的理论跋涉》,《江苏教育研究》(理论版)2008年第15期。
③ 纪大海:《汉语文教育功能观论略》,《教育研究》1999年第5期。

性'和"工具性'的追问,而这样的讨论则一直延续到今"①。总的来讲,在语文自独立设科至今发展的百余年里,文与道的关系一直在拉扯和颠簸之中艰难发展,使得语文学科总在批判与质疑声中举步维艰,这一方面表明了文道关系理论与实践的疏离,另一方面也揭示出探讨文道关系深层机理的迫切诉求和重要价值。

综上所论,文道关系既是古代文论的重要议题,也是语文教育中一直悬而未决的关键问题。读解文道关系的古代图像,发现语文教育中的文道在一定程度上偏离了文道的固有轨道,这可能是造成文道关系长期飘忽不定和模棱两可的重要原因。在教育学视野中讨论文道关系,必然要把视点定位在教育培养人这一本体使命和终极旨趣上来。换言之,文与道关系的厘清与重建,旨在更好地实现育人目标。对于语文学科是工具性与人文性的统一的学科性质的认识,是文道关系对语文学科的启示,同时也是检视文道关系状态的标尺。关于工具性与人文性的统一,需要厘清三个层面的问题:一是明确工具的所指与范围和人文的内涵与边界;二是探寻工具性与人文性统一的互动关系及其张力;三是优化工具价值与人文价值实现的路径与机理。在文道关系的视域中,就是要明确以什么文为工具和以什么道显人文,也就是要明确工具性质之于文的要求和人文性质之于道的诉求。

实际上,长期以来对于作为工具的文的理解含混和对于作为人文的道的尺度的偏颇,阻滞了语文教育价值的更好实现。在课程论域中审视之,是由于对作为工具的文——语文课程知识和作为人文的道——道德价值的重视不够所致,这也是我们从探讨语文课程知识的道德价值中重新解构进而建构文道关系的现实基础。从课程知识的性质来看,其并非普遍的、客观的和价值中立的,而是已经被植入文化的、境遇的、价值的元素,在这个意义上,语文课程知识的工具价值也就并不是一成不变的了,需要在从工具何为的功能视角转向何以为工具的价值视角重新理解语文课程知识的工具性。同时,语文课程知识的人文性也具有了更加丰盈的内涵,需要从人文是什么的诠释视角转向什么应该进入人文的价值视角重新理解语文课程知识的人文性。特别是在当前国际国内各个领域发生巨大变革的背景中,重新发觉作为母语的语文教育的意义和价值,特别需要关注通过语文学科究竟要培养一个什么样的语文人,进而培养一个什么样的国家公民的问题,这一问题思考的基础在于充分发挥语文课程育人的功能,具体而言,就是要探讨语文课程知识在育人过程中的重要价值。由此,语文课程知识的道德价值探究就成为文道关系演绎的当前诉求,这一诉求的回应既需要基于道德价值的理解重新生成语文课程知识,也需要基于语文课程知识的觉醒重新挖掘其道德价值意蕴,最终为基于文道关系优化的语文课程知识道德价值更好实现探寻合适的坐标。

---

① 杨澄宇:《语文教育中的"文"与"道"》,《华东师范大学学报》(教育科学版)2014年第1期。

三、核心概念界定

(一)语文课程知识

一般认为,课程知识(curriculum knowledge)这一概念至少包括两层含义,即"在一门课程中所教授或所包含的知识(课程内容)和制订课程内容时所应用的知识(课程编制知识)"[①];简言之,课程知识包括"学校范围内向学生传授的知识"和"制订课程时所应用的知识"。[②] 这种理解内含着课程知识的内容维度和技术维度,回答了课程中呈现什么样的知识和如何呈现这种知识的基本问题。本书主要关注的是课程知识的价值论问题,即课程知识有什么价值和具有这样价值的课程知识是如何呈现的两个层面。因此,侧重于选择课程知识的内容要义,将课程知识界定为学校范围内通过某一门课程承载并向学生传授的知识,这一知识存在于课程运作的具体过程中,是一种静态呈现的文本知识和动态运作的情境知识的结合。

具体到本书探讨的语文课程知识,其是指一定的主体认同、编制并审定的,且在学校范围内由语文这一特定课程所承载并用于向学生传授的知识体系,这一知识体系由静态的语文文本知识系统(主要指由课程文件规定和教科书承载呈现的知识表征样态)和动态的运作知识系统(主要指基于理解的选择、组织、实施、评价等知识运作过程)共同构成。这一界定旨在不仅观照语文课程知识的客观表征,即从一定的载体透视语文课程知识是什么的问题,而且剖析语文课程知识的价值属性,即着眼于价值运作过程解释语文课程知识何以是的问题。因此,本书所探讨的语文课程知识是在其显性呈现的知识图像与潜隐渗透的价值属性的统一的认识基础上进行的。

(二)道德价值

道德包含客观和主观两方面的内容。客观方面,指一定的社会关系对社会成员的客观要求,包括道德关系、道德理想、道德标准、道德原则和道德规范等。道德的主观方面,包括道德行为或道德活动主体的道德意识、道德判断、道德信念、道德情感、道德意志、道德修养和道德品质等。[③] 简言之,道德的客观层面表明了道德的客观规约性,道德的主观层面表明了道德的主体发展性。价值同人的需要有关,但它不是由人的需要决定的,价值有其客观基础,这种客观基础就是各种物质的、精神的现象所固有的属性,但价值不单纯是这种属性的反映,而是标志着这种属性对个人、阶级和

[①] 江山野主编译:《简明国际教育百科全书·课程》,教育科学出版社1991年版,第69页。
[②] 顾明远主编:《教育大辞典(增订合编本)》,上海教育出版社1998年版,第902页。
[③] 中国大百科全书总编辑委员会《哲学》编辑委员会、中国大百科全书出版社编辑部编:《中国大百科全书·哲学(I)》,中国大百科全书出版社1987年版,第123页。

社会的一定的积极意义,即能满足人们的某种需要,成为人们的兴趣、目的所追求的对象。① 简言之,价值就是客体属性对主体需要的满足程度,其中,客体的属性是价值可能的基础,而主体的需要是价值实现的前提。基于对道德和价值的分析,可以将道德价值理解为一定的道德属性对相应作用主体实现自我发展的意义与作用。

具体到本书,道德价值就是语文课程知识蕴含的以一定社会关系为基础的道德关系、道德理想、道德标准、道德原则和道德规范等道德属性对主体(学生)的道德意识、道德行为、道德判断、道德情感、道德意志、道德修养和道德品质等形成和发展的作用和意义,即一定的语文课程知识所承载的道德因子这一客体及其属性如何作用并满足于学生这一主体的道德发展的作用和意义,简言之,就是语文课程知识如何负载并发挥立德树人的责任和作用。

(三) 文道关系

文和道构成了文道关系这一概念的基本范畴,但不同学科视域中的文和道有着不同的所指,因此文道关系在不同学科视域中具有不同的内涵。就一般意义而言,"文"可以指文字、文章、文学和文化等实存,"道"可以指道理、道路、道义和道德等意念,因此文道关系就自然而然化成了文字、文章、文学和文化与道理、道路、道义和道德的关系,这在总体上属于文学、政治学或社会学的讨论范畴,在深层次上,这种文道关系揭示的是一种工具与目的、形式与实质或外在与内在的关系问题。

本书着眼于教育学,在课程论域中探讨文道关系,着眼于育人这一教育旨趣,具体剖析语文课程视界中的文道关系问题。为了研究的聚焦,本书将"文"定义为语文课程知识,"道"定义为道德价值,如此,文道关系就转化为语文课程知识及其与道德价值的关系。这一界定将文道关系落实到语文课程知识范畴中进行讨论,以期破除以往文道关系探讨中形式与实质,或外在与内在持久论争的窠臼,而基于语文课程知识的道德价值这一视角进行理解,或将丰富文道关系的内涵,且益于语文课程视界中的文道关系反思。

四、研究目的与意义

(一) 理论维度

"过去,我们几乎不从课程理论的角度去思考语文学科的建设和发展,没有用正确的课程理论指导和规范我们的研究,导致语文教育长期以来左右摇摆,经常用一种倾向掩盖另一种倾向。"②就文道关系问题而言,其由来已久且不同时期勾勒出不同

---

① 中国大百科全书总编辑委员会《哲学》编辑委员会、中国大百科全书出版社编辑部编:《中国大百科全书·哲学(I)》,中国大百科全书出版社1987年版,第345页。
② 倪文锦、欧阳汝颖主编:《语文教育展望》,华东师范大学出版社2002年版,第3页。

的图景,在课程论的视域中探讨文道关系,一方面在于丰富其论域,另一方面在于丰盈其内涵。具体来说,本书着眼于语文课程知识价值论范畴,以文道关系研判语文课程知识的道德价值,同时以语文课程知识的道德价值重建文道关系,在宏观上属于课程知识的价值论这一基本理论问题,在微观上属于语文课程知识的道德价值这一具体理论问题。文道关系问题的深层困境和对待这一问题的莫衷一是,使其陷入一种危险的境地,简言之,认识上的自以为是导致了理论上的纠缠不清。这种含混的状态引发了一系列的问题,文与道到底是一种什么样的关系、这种关系的学理逻辑是什么、文如何作用于道、道又如何作用于文、文与道的关系限度是什么等,这些问题都需要理论层面的厘清。以往关于文道关系的探讨大多圈囿在文学范畴中,将问题的核心聚焦在文学形式与实质或文采与内容的互辩之中,最终形成了文以载道和文道统一的共识,这是关于文道关系的基本认识。

本书之所以在语文课程论的视域中重新审视文道关系问题,其意义体现在三个方面:首先,诠释文道关系与语文课程知识价值的互通机理。把文理解为语文课程知识,把道理解为道德价值,这使得文道关系的所指在课程论范畴中获得了全新的意义。实际上,跳出形式与实质,文采与内容的文道关系传统讨论,把文道关系拉回语文课程论的论域中,有助于建立文道关系与语文课程知识道德价值的关联。进言之,在文道关系的视域中探讨课程知识的道德价值,将为课程知识的选择、确定和评价等课程知识研究的深化提供新的尺度,同时也为道德价值在课程知识中的承载和实现提供新的思路。其次,确证文道关系研究的语文课程论视点。课程知识研究的历程揭示了其从普遍、客观、确定到特定、价值和境遇的嬗变逻辑,由此观之,文道关系在课程论视域中也将被重新理解和定义,除了探讨用什么文载什么道的基本问题之外,特别需要深入探讨为谁载道和载道为谁的问题。无疑,随着潜隐在课程知识价值背后的权力、文化、资本等要素被发掘,文道关系的重新理解和确证势在必行。在这个意义上,课程论的视点为文道关系的探讨打开了另一扇窗。最后,引起基于文道关系的语文课程知识价值研究自觉。课程知识的价值问题是课程论中的核心问题,在课程知识的诸多价值中,育人的价值是最根本的价值。通过特定的课程知识就是要把学校教育中的人培养成为祖国未来的建设者和接班人,而立德树人是这一育人实践的灵魂与精神指引。因此,在文道关系的重新定位中理解课程知识的价值,需要以课程知识的道德价值为参照点,建立以道德价值实现为依归的课程知识标准,同时探寻课程知识的道德价值承载方式,从而基于文道关系唤起课程知识价值研究的自觉。总的来讲,本书从文道关系的视角探究语文课程知识的道德价值,同时在语文课程知识道德价值的解析中重新确证文道关系的合理逻辑,以构建起课程论视域中文道关系的价值坐标,对于文道关系研究论域的扩展和语文课程知识的价值论探索深化都具有一定的理论创新意义。

(二)实践维度

从实践中审视,文道关系深处自言自语的盲目与自恋之中,这使得其既没有生成合理的实践逻辑,也没能建立科学严谨的评判依据,文道关系在被"声讨"中苟且偷生,这表现在对文道关系重要性普遍认同的同时,就文道关系对于具体实践到底具有什么样的价值却又语焉不详。在语文教育的视界中,文道关系成为一个经典性话题,被不断言说和解读,从重道轻文和重文轻道到文道统一,对文道关系的认识逐渐达成一致。然而,文道统一应该是一种什么样的统一,这种统一的基础、原则、标准、限度等,还没有清晰的说明,以致在语文教育实践中到底如何落实文道关系成为一个始终悬而未决的老问题。这直接影响了语文课程实践品格的形成和语文教育育人目标的达成。由此反思,是对文道关系中文与道的宏大理解和含糊其辞,模糊了文道关系的具体指涉,进而遮蔽了文道关系的实践价值。

鉴于此,本书把笼而统之的文道关系转化为语文课程知识的道德价值,将为语文课程知识的建构及其价值实现提供一种新的实践路向:其一,探寻基于文道关系的语文课程知识反思路向。语文课程知识是什么的问题是语文课程知识研究的最基本问题,长期以来关于语文课程知识"字、词、句、篇、语、修、逻、文"的"八字宪法"作祟,使得语文课程知识在确定、普遍、中立的轨道上运行,忽略了语文课程知识的动态性、文化性和价值性,语文课程知识服务于语文工具属性的实现成为其唯一使命,这大大削弱了语文课程知识的本体价值。在文道关系中重新反思语文课程知识本身,就是要在实践中矫正对于语文课程知识的刻板认识,为语文课程知识的确立提供一种反思的突破点。其二,研判语文课程知识道德价值负载的实践逻辑。语文课程知识到底应该负载什么样的道德价值?这种负载的方式和价值实现的机理与限度是什么样的?这些都是语文课程知识论域中的重要现实性问题,对于语文课程知识选择、编排、评价、修正等语文课程实践具有重要的意义。同时,以语文课程知识为实体,也确保了文道关系探讨在语文课程实践中真正"落地"。其三,确立基于语文课程知识视角审视文道关系的分析框架。语文课程总是在文与道的拉扯中迷失自我,这是语文课程广受批判的重要原因。从课程知识的视角探讨文道关系本身是一个有益的尝试,但由于课程论研究在我国起步较晚,加之专门的课程知识研究视野的偏狭,文道关系研究中课程知识的视角在一定程度上被遮蔽了。本书旨在着眼课程知识的本质及其运作逻辑,建立起基于语文课程知识视角的文道关系分析框架,以有助于矫正实践中各种关于文道关系的偏误认识,也有助于确立恰切的文道关系实践理路。总而言之,以文道关系管窥语文课程知识的道德价值,以对语文课程知识道德价值的探究重证文道关系,就是既要匡正文道关系的实践逻辑,也要探明语文课程知识道德价值负载及其实现的有效路径,这正是本书的实践创新意义所在。

五、研究思路与方法

本书着眼于课程论的角度探讨文道关系问题,具体探究语文课程知识的道德价值问题,属于理论研究的范畴。从研究的整体设计来看,本书试图在历史扫描中勾勒语文学科视野中的文道关系图景,进而从学理层面解析语文课程知识视界中的文道关系及其语文课程知识的道德价值系统,据此审视语文课程知识的道德价值实践,继而理性反思并重证语文课程知识的道德价值,最终使得语文课程知识论域中的文道关系得以确证,同时指出基于文道关系确证的语文课程知识道德价值实现路向。总体而言,本书依循"正本清源—关系探寻—理论解析—实践审理—理性反思—进路选择"的思路进行。在这一思路的指引下,本书分三个部分依次展开(如图1所示):

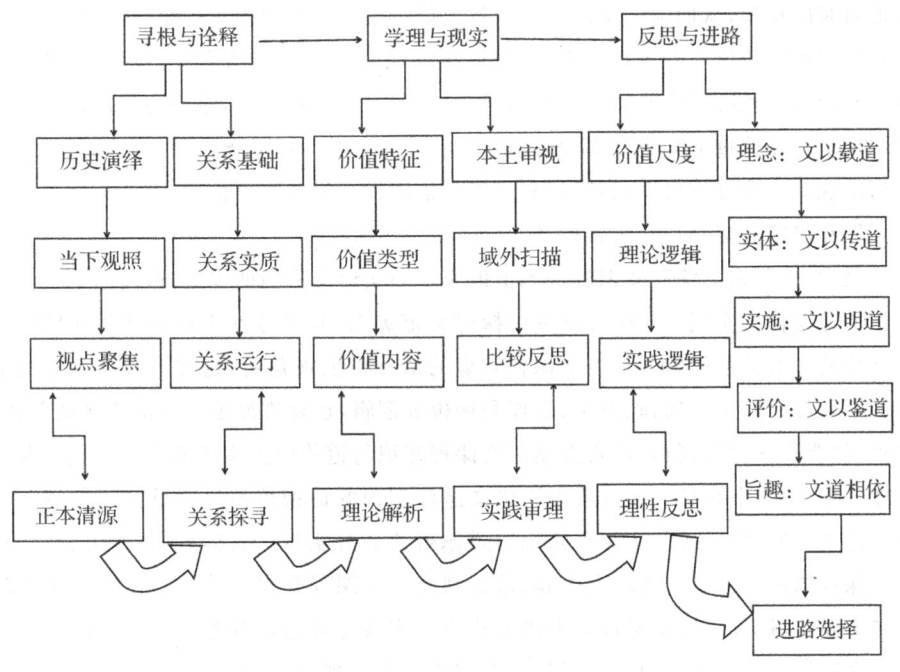

图1 研究思路图

首先,探寻文道关系的历史和语文课程知识的道德价值本质,厘清语文课程知识的道德价值根基。这一层面的探讨主要包括两方面的主要内容:一是在语文学科视域中回眸文道关系的历史图景兼谈时代之于文道关系的新诉求,这主要是为了植厚本书的根基同时回应现实的需要;二是深入解析语文课程知识视界中的文道关系,从语文课程知识的道德价值功能、负载和运行等方面,确立本书的立论之基。总的来看,这一部分主要着眼于语文课程视界中文道关系的本体性问题,旨在回答语文课程知识视界中的文道关系指的是什么、其嬗变轨迹如何、文道关系的历史与现实联结何以可能等问题。同时，在把文道关系转化成语文课程知识的道德价值的过程中，诠释了语文课程知识视界中的文道关系逻辑。以此，使得文道关系在语文课程视野中的图像更加清晰，也使得从语文课程知识的道德价值视角论述文道关系成为一种新思路得以确立。

其次，审视语文课程知识道德价值负载的学理逻辑和实践图景，明确语文课程知识的道德价值脉象。本体论层面的分析廓清了语文课程知识视域中文道关系的应然景象，然而究竟如何审视语文课程知识的道德价值，还需要在理论与实践相关联的整体思维中进行考量。基于此，本部分从两个方面进行具体观照和反思：其一，分析并建构语文课程知识的道德价值系统，具体从语文课程知识的道德价值特点、语文课程知识的道德价值类型和语文课程知识的道德价值内容三方面构建语文课程知识道德价值研判的框架，从而为语文课程知识的道德价值审视觅得理论视角。其二，对语文课程知识道德价值实践进行审视，具体从我国语文课程的道德价值实践和国外母语课程知识的道德价值实践着眼分别探讨，并据此展开比较反思，进而为我国语文课程知识的道德价值重证和更好实现廓清基础。总而言之，本部分从语文课程知识道德价值系统的学理分析出发，客观回眸中外母语课程知识的道德价值实践，为相关反思的开展和出路的探寻觅得实践根基。

最后，重证语文课程知识的道德价值实质和文道关系的课程逻辑，指向语文课程知识的道德价值实现。在课程视域中探讨文道关系，其旨趣在于构建课程实践中更加合理的文道关系逻辑。从语文课程知识的道德价值视角看，这种合理体现在既要遵循语文课程知识的选择、组织、运作和评价等逻辑，也要遵循道德价值实现的基础、过程、效能和优化等逻辑，还要遵循语文课程知识与道德价值实现的互动逻辑。基于这样的思考，本书在这一部分着眼于语文课程知识的道德价值尺度重证语文课程知识的道德价值，以促成语文课程知识的道德价值更好实现。具体而言，一方面，解析语文课程知识的道德价值尺度内涵，重新判读语文课程知识道德价值重证的理论逻辑与实践逻辑，以为语文课程知识道德价值的实现探寻适切的坐标；另一方面，提出基于文道关系系统优化的语文课程知识道德价值实现路向，为语文课程知识更好负载、运行、实践和确立道德价值提供参依。总体而言，本部分在语文课程知识的道德价值尺度反思的基础上，提出了语文课程视界中适切的文道关系系统逻辑，并据此指出文道关系引导下语文课程知识的道德价值更好实现的路径选择，最终确立语文课程知识的道德价值作为语文课程视界中文道关系研判的新视点。

根据本书的目的、内容和思路，在研究中以理论研究的范式为方法论指导，综合运用历史研究法、文本分析法和比较研究法等方法展开研究。其中，历史研究法主要用于分析文道关系探讨的历史以及不同时期中外母语课程知识的道德价值嬗变情况，以廓清本书的起点和历史根基；文本分析法主要是通过对课程标准、教科书等我国语文课程文本和国外母语课程文本进行相关分析,以探明语文课程知识的道德价值的学理脉象和实践图景;比较研究法主要是对中外母语课程知识的道德价值实践进行比较,以探寻国外母语课程知识的道德价值实践可能给予我国语文课程知识道德价值更好实现的启示。总体而言,本书属于理论思辨研究的范畴,研究中所采用的方法主要有上述三种但又不局限于此,而且上述三种方法在研究中并非各自独立而是综合使用的。方法的意义在于解释或解决问题,本书正是基于相应的方法,在学理解释和现实观照的双重逻辑中,敞明基于文道关系的语文课程知识的道德价值这一论题。

第一章 文道关系的历史及其语文学科视域

　　文道关系的探讨生发于古代文论的论域中且由来已久,在文道关系持久的论争中主要形成了文道统一、文道分离和文道对立这样三种核心观点。文道统一观秉持文与道相辅相成,文以显道、道从文出的主张,旨在达到以文更好服务道,同时以道更好规范文的目的;文道分离观秉持文与道各有所指的主张,指出作为文的形式与作为道的内容不可能合而论之,旨在将文与道分开来探讨以突出文是文,道是道的目的;文道对立观秉持文与道不能相提并论的主张,指出文道关系中文的强调会导致道的式微,道的高扬会致使文的暗淡,旨在将文与道视为一种对立存在。可以说,上述三种关于文道关系的论述,都有一定的合理性,也都在一定程度上揭示了文道关系的实质。问题在于,无论我们秉持什么样的文道关系观,都应该先有一个分析文道关系的切入点,即我们在怎样的视域中探讨文道关系,如果忽视了这一点,只会陷入形式与内容、外在与内在、表象与实质的永久性迷思之中。这样一来,文道关系的探讨将可能冲破呆板甚至执拗的文道统一、文道分离抑或文道对立的长期窠臼,转向关于为什么是这种文道关系的诠释逻辑之中。换言之,当前应该关注的问题是文道关系何以如此,其是否还可以改进以及改进的路向在哪里,此外,文道关系的时代诉求是什么以及如何基于历史镜鉴就此进行回应等,这些恐怕是比探讨文道关系是什么更为紧要的问题了。据此而论,文道关系的当前探讨迫切需要在固有历史的清思中,结合时代诉求找寻新的视域,让文道关系从历史尘埃中走出来,走向回应时代之需的新领域。基于这样的思考,从文道关系的历史嬗变梳理和其时代诉求审视中,将其置于语文学科视域中进行具体的、时代的探讨,以期重拾文道关系探讨的历史精华为语文学科视界中的文道关系自觉奠定基础,进而廓清文道关系与语文课程知识的道德价值关联的历史根由。

一、历程回眸：文道关系的历史演绎

(一)古代文道关系的论断及价值

　　自古以来,文道关系的探讨就是中国古代文学和文艺理论的核心议题。学者郭绍虞对古代文道关系的发展进行了系统研究,总结提出"三派四类型"的文道关系说,即以韩愈和柳宗元为代表的"贯道派"、以二程、朱熹和王安石为代表的"载道派"和以三苏为代表的"明道派",这一研究从总体上揭示出了文道关系的深刻意蕴。[①] 具体而言,"从文学意识刚刚萌生的时候开始,论者就已经试图建立文与道的关系,或者说从文道关系的角度来认识与阐述文学。到唐代古文运动兴起,'文以明道''文以贯道'更是成了一个被普遍接受的概念。北宋理学兴起以后,周敦颐也同样有'文以载道'的说法"[②]。在文道关系的认识上,儒家是典型的文道相连论者,有研究者将这种文学观念称为"载道派的文学观"[③]。刘勰的"文以原道"、韩愈的"文以明道"和朱熹的"文道合一"是儒士对文道关系具体理解的代表,在韩愈文道思想中,"文"的内容是"道","道"的核心是"仁义","仁义"存在于世间万物之中,必须以情性去体察。[④] 朱熹反思了文道的地位关系和逻辑关系,提出重道而不轻文,重道而不废文,文道是两在合一,文皆从道中流出,凡文皆道,凡道皆文,文外无道,道外无文。[⑤] 这些理解之间虽也存在差异,但都是以"道"为主旨的,"道"是他们所传承的儒家文化系统的标志性符号,"文"是"道"得以传承的手段,"文"只是因为与"道"有着难以分拆的关联性才获得重视的。[⑥] 总的来看,在文道关系认知发展中出现的文以言道、文以传道、文以明道、文以载道、文以贯道等文道关系观,或是某派文论群体的共同认知,或是某一文论学者的个体认知,但所有这些,都视文为工具、载体,是道的存在形式。正因此推及,文道关系就是文学文本形式与实质或文学文本外在价值与内在价值的关系。

上述文道关系的经典论断表明,文与道的内涵深刻影响着文道关系的实质,而文与道的内涵又深受时代背景、社会政治和价值观念所制约。由此而论,文道关系的深入探讨有必要超越对文和道的偏狭认知,赋予文和道以动态的、情境的、价值负载的等多重意蕴,从而不断丰富文道关系的内涵。当然,古代对文道关系的经典论断集中表达了封建伦理社会以文载道和因文化道的价值诉求,反映了儒家伦理道德借由诗文形式进行传播和渗透的实践方式。这之于当今重新理解文道关系具有重要的意义:首先,文道关系视域中的文是一切道的载体。古代文人志士通过诗文歌赋充分抒写社会现实并且表达对于理想社会的期待,他们以诗之理言己之志,尽可能通过广为流传的话语表达社会发展导向。因此,文道关系视域中文的外延拓展成为一切可以载道的载体,文的存在以载道为核心使命。其次,文道关系视域中的道是超越一般道

---

① 刘锋杰:《"文以载道"再评价——作为一个"文论原型"的结构分析》,《文学评论》2015年第1期。
② 罗书华:《"文从道中流出":朱熹对文道关系的新理解》,《海南大学学报》(人文社会科学版) 2014年第2期。
③ 罗根泽著:《中国文学批评史》(第1册),上海古籍出版社2002年版,第52页。
④ 王涵:《韩愈的"文统"论》,《北京大学学报》(哲学社会科学版)1994年第6期。
⑤ 潘立勇:《朱熹对文道观的本体论发展及其内在矛盾》,《学术月刊》2001年第5期。
⑥ 李春青:《论士大夫趣味与儒家文道关系说之形成》,《北京师范大学学报》(社会科学版)2011年第3期。

德的大道。古代社会的伦理道德、社会规范、人生理想等都是道的范畴,"道"的背后隐含的是强烈的历史使命感与社会责任感,"道"代表的是一种精神指向,是对某一学说的无条件信服与恪守。[①] 最后,文道关系是表征社会现实和承载社会理想的重要凭借。在古代社会,由于传播媒介的局限,文道关系的形态成为透视社会景象的一面镜子,可以说,有什么样的文道关系图像就有什么样的社会现实情景。正因此,文道关系被诸多先贤所关注并阐释。综上而论,历史上就文道关系的经典论断,一方面为我们当今探讨文道关系提供了历史视点和源流,有助于廓清文道关系的根脉;另一方面也为我们重构并优化新时代的文道关系夯实了基于历史的学理基础。简言之,对文道关系历史的观照,使得基于解构和重构的文道关系内涵丰富成为可能,而这对延展文道关系这一论题的生命大有裨益。

(二)文与道的传统释义及启示

对文与道的不同理解构成了文道关系内涵的基本指涉,而文的释义和道的负载是探讨文道关系的逻辑起点。因此,对文道关系视域中的文和道及其内涵进行审视,有益于文道关系认识的明晰。南北朝的刘勰在《文心雕龙·原道》篇中明确提出了"玄圣创典,素王述训,莫不原道心以敷章"的观点,进而论及"道沿圣以垂文,圣因文而明道,旁通而无滞,日用而不匮"。在这里,圣人与道通过文得以联通。然而,先贤哲人与道的联通因由对文的不同理解而显示出差异。细究起来,文道关系探讨中"文"的内涵大致有如下几种:首先,文即文化典籍,如《论语·学而》中有云:"行有余力,则以学文"。《论语·公冶长》中也说:"夫子之文章,可得而闻;夫子之言性与天道,不可得而闻也"。此处的"文"和"文章"主要指的是经典文献。其次,文即文章文采,如《汉书·公孙弘传赞》中提出:"文章则司马迁、相如"。刘勰在《文心雕龙·原道》篇中所论述的文章:"文之为德也大矣,与天地并生者何哉?夫玄黄色杂,方圆体分,日月叠璧,以垂丽天之象;山川焕绮,以铺理地之形。此盖道之文也。"可以看出,这里所强调的是盖道之文具有的文采价值。最后,文即古文文学,伴随着古文运动的兴起,韩愈在《题欧阳生哀辞后》中阐述了其古文与古道相连的观点,"愈之为古文,岂独取其句读不类于今者邪?思古人而不得见,学古道则欲兼通其辞;通其辞者,本志乎古道者也。"总的来看,中国古代对于"文"的理解在特定时期有特定所指,无论是经典文化、文章文采还是古文文学,都代表了当时文人志士对于文的诠释和价值植入,也都与当时所要承载的道唇齿相依。正如宋人孙复所言:夫文者,道之用也,道者,教之本也。故文之作也,必得之于心而成之于言。得之于心者,明诸内者也,成之于言者,见诸外者也;明诸内者,故可以适其用,见诸外者,故可以张其教。是故《诗》《书》

[①] 李青春:《论士大夫趣味与儒家文道关系说之形成》,《北京师范大学学报》(社会科学版)2011年第3期。

《礼》《乐》《大易》《春秋》,皆文也……斯圣人之文也。后人力薄不克以嗣,但当佐佑名教,夹辅圣人而已。或则列圣人之微旨,或则明诸子之异端,或则发千古之未寤,或则正一时之所失,或则陈仁政之大经,或则斥功利之末术,或则扬贤人之声烈,或则写下民之愤叹,或则陈天人之去就,或则述国家之安危。必皆临事摭实,有感而作,为论、为议、为书疏、歌、诗、赞、颂、篇、解、铭、说之类,虽其目甚多,同归于道,皆谓之文也。①

同样,在文道关系探讨中对道的释义也有如下几种:其一,道是学说之道。有研究者指出:儒家之道,就其社会层面而言,是一种理想的社会政治状况;就个人而言,"道"表现为一种圣贤人格。老庄之道,就其社会层面来说,就是自然古朴的原始生活状态;就个人而言,则是能保持"虚静"心态,达到"吾丧我"的精神状态,其他诸子百家也各有其"道"。② 在这一层面,道集中反映了不同学派的主张,是其社会理想和个人追求的表征。其二,道是自然之道。刘勰在《文心雕龙·原道》篇中明确提出:"心生而言立,言立而文明,自然之道也。傍及万品,动植皆文:龙凤以藻绘呈瑞,虎豹以炳蔚凝姿;云霞雕色,有逾画工之妙;草木贲华,无待锦匠之奇。夫岂外饰?盖自然耳。"这里的自然之道就是通往万物的道,因此,作为人内心感受抒写的文章必然也是对自然的反映。在这一层面,道与自然相通,并通过圣人之文来明道,实际上是对道、圣人和文章的一种融通。其三,道是人伦之道。在《原道》中,韩愈明确表达了其道是圣人之道:"吾所谓道也,非向所谓老与佛之道。尧以是传之舜,舜以是传之禹,禹以是传之汤,汤以是传之文、武、周公,文、武、周公传之孔子,孔子传之孟轲,轲之死,不得其传焉。"这里的道显然是不同于自然之道的人伦之道,是圣人所代言的人伦道德和理想社会关系。在这一层面,"道"与先贤圣人的精神气质相吻合,是他们基于对世间人情的感知而悟道进而传道于世人。

据上所论,在文道关系的论域中,对文和道的不同理解构成了文道关系之实质,讨论文道关系不能一概而论,而是要观照具体的时代背景和语言情境,当然也要考虑个体志趣。通常而言,文道关系中的文指称了经典文化、文章文采和古文文学等不同维度,文道关系中的道指称了学说之道、自然之道和人伦之道,这是文道关系探讨的已有论域,为我们理清文道关系的源流和根基清晰了起点。然而,这些关于文道关系的研究还只是局限于文学或文论的视域,更多是古时古人的观点和论调,这对于我们当下重解文道关系有何意义亟待反思,毕竟,时代在改变、社会在发展、人类在进步,这是必然趋势。因此,文道关系本身不可能是一成不变的,对其进行探讨势必要破除

---

① 郭绍虞主编:《中国历代文论选》(第2册),上海古籍出版社1979年版,第296页。
② 李青春:《论士大夫趣味与儒家文道关系说之形成》,《北京师范大学学报》(社会科学版)2011年第3期。

旧调重弹的藩篱。结合对文道关系的既往理解和对文与道的传统释义,我们认为文道关系探讨的再出发可以尝试如下进路:第一,文道关系的探讨有待拓展学科边界,从跨学科的角度重解其内涵。走出文学框限的文道关系应该是什么图景,具有什么样的特点,文道关系探究的跨学科视点和生成性意蕴如何充盈其内涵,这是文道关系探讨的新思路。第二,关于文与道的多重释义需要基于不同学科进行研判,以此厚植文道关系探讨的逻辑基点。在不同学科视界中,文与道的具体所指会是什么,这些不同所指将是文道关系探讨新的生长点。第三,优化抑或重构文道关系应该回眸历史,基于对历史的挖掘找寻行动的路向。文道关系作为一个论题由来已久却历久弥新,从其变迁的历史轨迹中探寻新的研判径向是必然之思。

(三)文道关系演绎的反思

梳理文道关系的历史演进,可以发现,文道关系根植于先秦文化土壤,《论语·季氏》中提出"不学《诗》,无以言",《论语·颜渊》中直接指出了"文,犹质也;质,犹文也"的论断,这表达了先秦"诗言志"和"思无邪"的诗教所蕴涵的传统伦理道德因子。此后,刘勰提出的"文从道出"与"文以明道"的观点,使得文道关系明晰起来。到唐宋时期,韩愈、柳宗元、朱熹等进一步阐述了"文以载道""文以传道"和"文道统一"的观点,使得文道关系的内涵进一步丰富。"五四"以来新文化运动以来,文道关系伴随文化更新的潮流被重新讨论,文以载道的一贯观点受到某种程度的颠覆,但这也在另一维度上大大拓展了其外延,使得文道关系的探讨具有了新的意义。总而言之,任何阶层都希望更多地了解他们赖以生存的这个时代与社会,任何时代与社会都必然会被抒写与诠释,正因此,文道关系成为透视古代社会概貌的一扇窗口,不同时期、不同阶层的文道关系言说,一方面刻画了这一时期的实际社会风貌,另一方面也反映了不同阶层的主观社会理想。实质上,文道关系的内在价值负载和外在作用彰显及其此二者的矛盾运动,使其变成了一个亘古常新的话题,且一直在动态的发展进程与变革轨道上不断丰盈着自身生命内涵。

作为古代文论的中心议题,文与道在不同时期蕴涵着不同的意义,这是文道关系演绎的基点。文之道,道之文和文道交互是文道关系展开的三重互动逻辑,与之对应的文统、道统和文道统一是文道关系生成的理论支撑。从文道关系的内在构成要素来看,文本身及其内涵,道本身及其负载,以及文与道彼此之间的交错互动共同构架起了文道关系的样态。诚然,文和道及其属性与价值既受到文论本身发展的影响,也与社会伦理道理建设甚至社会文化整体发展不无关系,这说明,审视文道关系,不仅要置其于特定的文论框架中,而且要重视特定的社会因子对其影响和牵绊。在深层次上,与复杂社会变迁的纠葛使得文道关系超越了字面意义或者文论论域中的客观形式理解,而更多地植入了主体人的价值评判和价值期待,在这个层面上的文道关系探讨实际上转化成为一个实质价值问题,即关注什么样的文传递什么样的道,什么样的道应由什么样的文负载,以及文何以载道和道何以统文的问题。当然,值得注意的是,历史上关于文道关系的探讨,并非文学家或者文论学者的专属,而被政治学家、社会学家和教育学家等众家所论,成为一个争鸣不断的议题。据此,重新研判文道关系可以基于跨学科视角探寻其价值意蕴。

文道关系的历史演绎说明,文不仅仅是文章、文学和文化,道也不仅仅是道理、思想和精神,在宏观上,文就是一切承担某种价值的载体,而道就是特定价值观的集合。这就是说,在价值论层面,文道关系围绕价值这一中心展开,价值的博弈是文道关系嬗变和重塑的内在根源。按照对价值的一般理解,其是指客体对主体需要的满足程度,由此反观文道关系的演绎历程,对文的探讨和对道的诠释都在某种程度上弱化了主体的多元、复杂和易变等特性,文章、文学和文化似乎就是客观呈现的"产品",道理、思想和精神也似乎是无须辩驳的"颜料",文道关系简化为如何让产品有色彩,如何给产品着色的技术性问题。基于这样的认知,关于谁的"产品"附着谁的"颜料"这一深层次问题被遮蔽甚至无视,文道关系因为文和道的貌合神离越来越成为一种形式关系而非实质关系。以至于当人们探讨文道关系时只能不假思索地脱口而出:文以载道、文道统一,但究竟谁之文载谁之道,文道何以统一等成为一个心知肚明却又语焉不详的尴尬问题。因此,文道关系的探讨亟须冲破简单的、似是而非的既有认知,应着力于文与道的重新定义,进而重构文道关系的解析系统。最终,在超越形式与内容、工具与目的的二元简单思维传统中,着眼于文道本身的生成基因及其文道关系的内在价值博弈,重新确证并优化文道关系生成和运行的合理逻辑。

二、当下观照:文道关系的时代诉求

(一)20世纪语文学科中的文道关系论争

将文道关系置于语文学科的范畴中进行讨论,可以发现"文与道关系的论争是当代语文教育发展的一条基本轨迹"[①],只是不同时期表现或强或弱,或显或隐罢了。就20世纪语文发展而言,有两次深刻且影响深远的文道关系讨论,值得我们站在时代的坐标上重新审视,一次是20世纪50年代末60年代初的文道关系讨论,另一次是20世纪70年代末80年代初的文道关系讨论。其中,前一次文道关系讨论直接诱发于1958年《关于教育工作的指示》的颁布,后一次文道关系讨论肇始于对十年"文革"的批判和反思。

1958年9月19日,中共中央、国务院发布《关于教育工作的指示》,其中旗帜鲜明地指出党的教育方针是教育为无产阶级政治服务,教育与生产劳动相结合。作为一切教育活动的总纲,教育方针对各级各类教育的发展具有引领性和规约性。由此,

---

① 郑国民等著:《当代语文教育论争》,广东教育出版社2006年版,第1页。

语文教育的思想政治性空前被高扬,所谓文以载道在这一境遇中承载的仅仅是政治意识形态,文成为传递特定思想性、政治性和革命性价值的载体,而几乎难以顾及自身的属性。在教材编写中,极力克服文学课本"脱离政治"的缺点,大量选入政论文和时事性强而文字质量不高的文章,课本几乎变成政治性读物和报章杂志的集锦。[①]由此,文道关系中的"道"严重滑向了思想政治教育的一端,而将学生基本语文能力的培养弃之不顾。这种对语文教育思想性和政治性的过分强调直接掀起了关于语文学科性质的大讨论,这场大讨论一方面对语文课程过于强调思想性和政治性的价值取向进行了纠偏,另一方面对语文学科的属性和价值进行了检讨。1961年《文汇报》发表的社论对此进行了总结,社论指出:"根据语文教学的要求,教师指导学生学习课文,不仅要使学生知道所学的课文表达了什么思想,更重要的是要使学生懂得作者是如何运用语文这个工具来表达思想的……语文基础知识教学和思想政治教育就是这样密切不可分离,在统一的教学过程中同时完成的。"[②]这次讨论较好地厘清了文道关系的纷争,在1963年颁布的《全日制中学语文教学大纲(草案)》中辩驳性地指出,无论"以道为主""以文为主",或者说"道和文并重",都是把"道""文"割裂开来,既不符合思想内容和语言文字不可分割的客观实际,也不符合培养阅读能力和写作能力的教学实际。[③] 至此,本次文道关系的讨论基本上重新达成语言文字和思想内容相合的共识。

　　刚刚达成的文道统一共识,随着"文革"的开始又一次偏转扭曲,且几近走向危险境地。伴随着1978年改革开放的号角,历经十年"文革"劫难的语文教育不得不走上理性反思之途。"文革"中语文教育的"政治挂帅"广受批判,60年代初形成的文道统一共识重新被提及,由此掀起语文教育教学中文道关系统一论的新高潮。1978年《全日制十年制学校中学语文教学大纲(试行草案)》中明确提出:"在语文教学中,思想政治教育和读写训练是辩证统一的,思想政治教育必须在读写训练的过程中进行,读写训练必须以正确的观点为指导,两者是相辅相成、互相促进的。"[④]这一时期,文和道在文道关系探讨中获得了各自相应的地位,一方面,语文教育亟须冲破"文革"中充当政治传声筒的藩篱,"作为'十年浩劫'的反动,一开始就注重语文双基教学,多方

---

① 《新中国中学语文教育大典》编写组编:《新中国中学语文教育大典》,语文出版社2001年版,第534页。
② 《试论语文教学的目的任务》,《文汇报》1961年12月3日。
③ 课程教材研究所:《20世纪中国中小学课程标准·教学大纲汇编(语文卷)》,人民教育出版社2001年版,第416页。
④ 课程教材研究所编:《20世纪中国中小学课程标准·教学大纲汇编(语文卷)》,人民教育出版社2001年版,第437页。

探索语文教学科学化,力图改变教学内容的随意性、无序性和训练方法的强制性、盲目性"①。另一方面,语文教育中的思想政治教育也没有被抛弃,"语言这个工具是用来反映生活和表达思想的,阅读和写作训练都离不开一定的思想内容……语文课应该通过语文训练向学生进行道德品质、理想情操的教育。这不仅是为了提高学生的思想觉悟,也是为了更好地进行语文训练"②。由此,语文教育走上注重学生语言文字运用能力的培养,与此同时重视通过语言文字对学生进行思想品质和道德理想教育的发展道路。可以说,此次关于文道关系的讨论使得文道统一的观点被重新确证,这为语文教育的后续健康发展奠定了良好的基础。

实际上,20 世纪文道关系的讨论一直未曾间断,90 年代以后,文道关系在"工具性"与"人文性"的新式话语表达中重新演绎。世纪之交的语文大讨论,重新检视了语文学科的性质,工具性与人文性的统一被越来越广泛地接受和理解,这可以被认为是文道关系的世纪共识。唯有汉语文教育的复合功能才能实现文道统一,而文与道的整合教育也才能真正提高受教育者的整体素质。③ 即便如此,文道关系在具体运行中依然非风平浪静,比如语文教科书改革中对于鲁迅等人作品的存留问题,近几年掀起的关于"真语文"的大讨论和语文教材中的时文选编问题等,这些都成为文道关系的实践迷思,还有待进一步思考。诚然,关于文道关系的讨论,"无论是重'文',还是重'道',都预设了'文'的'工具性',即是达到'道'的工具。所以,'文''道'问题的另一种形式则是对语文'人文性'和"工具性'的追问,而这样的讨论则一直延续到今"④。在语文学科视界中,既然文道统一早已形成共识,为何实践中的文道关系形态总是变化莫测,文道关系似乎成为一个触手可及却又难以捉摸的玄幻存在,那么,如何找寻重新研判文道关系的切入口,如何基于文道关系更好诠释不断出现的语文教育论争,这是文道关系探讨的新命题。总而言之,在语文自独立设科至今发展的百余年里,文与道的关系一直在拉扯和颠簸之中艰难发展,使得语文学科发展总在批判与质疑声中举步维艰,这一方面表明了文道关系理论与实践的疏离,另一方面也揭示出探求文道关系深层机理的迫切诉求和重要价值。

(二)立德树人与语文课程的担当

教育的终极旨趣在于育人,培养什么样的人和怎样培养人的问题是一切教育的根本之思。不同时期教育目标的确定受制于政治、经济、文化等多重因素,但其中不变的是对"使人成人"的执着追求。就当前而言,教育发展的时代命题集中表现为社

---

① 饶杰腾编:《语文学科教育学》,首都师范大学出版社 2000 年版,第 240 页。
② 顾黄初、李杏保主编:《二十世纪后期中国语文教育论集》,四川教育出版社 2000 年版,第 471 页。
③ 纪大海:《汉语文教育功能观论略》,《教育研究》1999 年第 5 期。
④ 杨澄宇:《语文教育中的"文"与"道"》,《华东师范大学学报》(教育科学版)2014 年第 1 期。

会主义核心价值观教育和立德树人,且此二者具有内在一致性。党的十八大报告明确提出:"倡导富强、民主、文明、和谐,倡导自由、平等、公正、法治,倡导爱国、敬业、诚信、友善,积极培育和践行社会主义核心价值观。"据此,确立了"把立德树人作为教育的根本任务,培养德智体美全面发展的社会主义建设者和接班人"的教育指导思想,这是指引当前教育发展的总纲。社会主义核心价值观围绕国家、社会和个人三个层面整体表述,具有内在逻辑关联,从根本上确立了建设什么样的国家,形成什么样的社会和培育什么样的国民的目标。这一目标的实现离不开教育,"教育的本质是人的完善。社会主义核心价值观教育是提升人的精神境界水平、促进人的全面发展、实现个人完善和社会完善的重要手段"①。因此,推动社会主义核心价值观进教材、进课堂、进头脑,进而融入国民教育全过程,这是教育发展的时代诉求。

　　培育和践行社会主义核心价值观一方面赋予教育神圣使命,另一方面对教育发展提出新的要求。习近平总书记多次强调对青少年学生进行社会主义核心价值观教育的重要意义。2014年5月4日,习近平总书记在同北京大学师生座谈时指出,"青年的价值取向决定了未来整个社会的价值取向,而青年又处在价值观形成和确立的时期,抓好这一时期的价值观养成十分重要。这就像穿衣服扣扣子一样,如果第一粒扣子扣错了,剩余的扣子都会扣错。人生的扣子从一开始就要扣好"②。2014年5月30日,在同北京市海淀区民族小学师生座谈时,习近平总书记又指出,"一个民族的文明进步,一个国家的发展壮大,需要一代又一代人接力努力,需要很多力量来推动,核心价值观是其中最持久最深沉的力量",而"任何一个思想观念,要在全社会树立起来并长期发挥作用,就要从少年儿童抓起"③。可以说,对学生进行社会主义核心价值观教育已是当前教育发展的主题,这一主题就是要回答当前教育培养什么样的人和怎样培养人的问题。正如习近平总书记指出的,"核心价值观,其实就是一种德,既是个人的德,也是一种大德,就是国家的德、社会的德。国无德不兴,人无德不立",而"一个人只有明大德、守公德、严私德,其才方能用得其所"④。这说明,社会主义核心价值观教育与德性教育休戚相关,教育在根本上无外乎就是要使人以知致德,由德向善。2014年,《教育部关于全面深化课程改革 落实立德树人根本任务的意见》(以下简称《意见》)指出,"立德树人是发展中国特色社会主义教育事业的核心所在,是培养

---

① 关健:《社会主义核心价值观教育的哲学意蕴》,《光明日报》2011年11月19日。
② 习近平:《青年要自觉践行社会主义核心价值观——在北京大学师生座谈会上的讲话》,《人民日报》2014年5月5日。
③ 习近平:《从小积极培育和践行社会主义核心价值观——在北京市海淀区民族小学主持召开座谈会时的讲话》,《人民日报》2014年5月31日。
④ 习近平:《青年要自觉践行社会主义核心价值观——在北京大学师生座谈会上的讲话》,《人民日报》2014年5月5日。

德智体美全面发展的社会主义建设者和接班人的本质要求"。《意见》同时指出,"高举中国特色社会主义伟大旗帜,推动社会主义核心价值观进教材、进课堂、进头脑,着力培养学生高尚的道德情操、扎实的科学文化素质、健康的身心、良好的审美情趣,努力使学生具有中华文化底蕴、中国特色社会主义共同理想、国际视野,成为社会主义合格建设者和可靠接班人"。《意见》作为指导当前课程改革深化发展的纲领性文件,阐明了全面深化课程改革与立德树人任务落实的相辅相成关系。关键在于,如何有效推进课程改革深化,最终以课程这一载体价值的实际发挥落实好立德树人的任务,这是课程发展亟待破解的难题。

语文作为母语,一方面承担着把青年学生培养成为祖国未来建设栋梁之材的重任,另一方面对于塑造国民性具有不可替代的重要价值。母语是人的基本生存状态。母语教育在促使学生成为"社会人"这个过程中发挥着特殊的功能。对于国家来说,母语教育不仅是立国之本,也是强国之本。无论是回顾历史还是展望未来,一个不容置疑的基本事实是,汉语文教育对于中华民族自立于世界民族之林,具有不可取代的巨大作用,有着超越时代的深远影响。[①] 简言之,语文教育除了要培养学生听说读写的基本语文能力之外,更要着眼于将学生培养成为具有家国情怀、民族血脉和本土认同的有责任和担当的未来国民。语文学科的育人价值必须借由语文课程教学来实现,在将社会主义核心价值观融入国民教育全过程和落实立德树人根本任务的教育坐标中,语文课程处于重要的地位,这一来是由语文作为母语的母性特质所决定的,二来是由于语文学科本身蕴含的育德价值所决定的。正因此,"社会主义核心价值观有机融入语文课程,符合国情、社情和世情以及学科特性,突出人文熏陶。语文德育要潜移默化地渗透在语文智育、美育中,既要防止价值观教育的空洞说教,也要防止语言文字的单一传授"[②]。作为育人的重要载体,"就具体意义而言,正是课程决定着把学生培养成为什么样的人的问题。学生作为有思想、会思考,理性与情感同在、身体与心灵趋熟的独立个体,其成长成才的过程实际上就是在与课程发生精神的相遇与交流"[③]。由此,着眼于课程本身的价值、功能、结构等,重新探讨语文课程的育人价值,对于更好理解通过语文课程如何把学生培养成为祖国未来建设者和接班人具有重要的意义,而这既是立德树人诉求对于语文课程发展提出的新要求,也是语文课程自我发展的应有自觉。

(三)文道关系的时代检讨与语文教育的当代反思

回眸20世纪语文学科中文道关系的论争历程,其几乎总是摇摆于文和道的两

---

① 倪文锦主编:《文化强国与语文教材》,语文出版社2015年版,第11页。
② 李孔文:《社会主义核心价值观有机融入语文课程设计》,《课程·教材·教法》2014年第12期。
③ 张铭凯、靳玉乐:《基于核心素养的课程创新动因、本质与路向》,《中国教育学刊》2016年第5期。

端,呈现出典型的"钟摆现象"。这一方面损害了文道关系自身的内在和谐,另一方面也为语文教育的健康发展蒙上了阴影。立足时代的前沿,着眼历史的嬗变,慎思并重解文道关系的合理坐标,不仅有助于确证文道关系的应然样态,而且有助于以文道关系的返璞归真,厚植语文教育未来发展的根基。

首先,文道关系的理论探讨应摒弃文道分离的二元论思维。文道关系中的文与道理应是合体的,即文以载道、道从文出,文和道犹如一体的两面,自然结合不容分割。20世纪文道关系争论中出现的"以文为主""以道为主"和"文道并重"的倾向,实际上是人为割裂了文与道的天然联系,是二元论思维对文道关系的偏误认知。具体而言,"以文为主"必然造成对文的过度重视,而忽略文对道的负载和传承,同样,"以道为主"势必过于注重道的彰显,而淡化文本身的作用和价值。这样的文道关系理解只会导致文与道在偏向一端中走向失衡。以调和"以文为主"和"以道为主"的纠纷的姿态出现的"文道并重"观点,表面上看似乎让文和道得到不偏不倚的同等重视,从而可以使文道关系保持和谐状态。然而,处于文道关系中的文必定是一定的价值负载的,同理,处于文道关系中的道也必须借由一定的文来表达,文道关系的和谐并非文与道的等同视之就可以实现的。因此,"文道并重"的文道关系观在本质上回避了文道关系的深层结构和价值实质,"文道并重"实际上成了"掩盖矛盾、回避矛盾的遁词"[①],这将文与道推向了永不停歇的摇摆和拉扯状态,致使文道关系在非和谐态势下难以迷途知返。这表明,文道关系的理论探讨只有摒弃二元论的思维桎梏,以文道一体的融合认识矫正文道关系的学理基础。

进一步而论,当前阶段探讨文道关系迫切需要从认识层面进行破旧立新。着眼于语文学科和语文课程的视角,文道关系的理论探讨应该从语文课程工具性与思想性或人文性,语文课程的外在表现形式与内在价值负载孰重孰轻或同等重要的纠葛缠绕中解放出来,转向对文道关系内在一致性问题的探讨上,即语文课程工具性如何孕育了人文性或思想性和语文课程的人文性或思想性如何强化了工具性,以及语文课程的外在表现形式如何保证了内在价值负载和语文课程的内在价值负载如何通过外在表现形式反映出来。需要指出的是,文道关系探讨的这种转向并不是回避语文学科视界中文道关系的已有传统,而正是为了推动语文学科视界中文道关系探讨的突破、深化乃至升华。

其次,文道关系的实践运作应基于历史坐标找寻路向。文道关系有着久远的历史文化根源,古代先贤的文道关系思想蕴涵着深远的价值,值得我们重新挖掘和诠释。正所谓历史研究的重要价值不仅在于回眸过去发生了什么,而且更重要的是启迪今天如何才能不重蹈历史的覆辙。中华民族有着悠久的历史和灿烂的文化,古代

---

① 陈桂生著:《"教育学视界"辨析》,华东师范大学出版社1997年版,第328页。

贤人的智慧经过历史的涤荡依然熠熠生辉,文道关系思想及他们处理文道关系的实践问题时的深邃思考都有待继续探索。被尊为圣人的孔子、文论大家刘勰、大文学家韩愈等都淋漓精致地阐释了其文道关系的思想,尽管他们所论中的文与道有着特定的所指,但在文道统一这一认识上他们有着高度共识。以文载道,道从文出的文道统一思想具体反映在他们著书立说的实践中,这些论著许多成了脍炙人口的佳作广为传颂,且古代社会的理想和价值观正是通过这些佳作得到有效承载和传播。反观文道关系的现代境遇,出现对其形式化理解、曲解甚至误解已然导致了文道关系的失衡和错位,这一方面阻滞了其本身的发展,另一方面也蒙蔽了其价值的彰显。因此,从历史的坐标中挖掘文道关系的根脉,为矫正当前偏误的文道关系运作实践找寻历史的基由和动力,是文道关系实践突围的可行之径。

由上论之,当前探讨文道关系既不能割裂其历史,更不能无视其历史。关键问题是,我们如何在时代坐标中反思历史以及希冀历史给予当前实践何种意义,这关系到我们秉持什么样的历史观再议文道关系。实际上,回眸历史并不是沉迷历史,更不是颠覆历史,而是客观公正地分析历史、解释历史、审议历史。诚然,文道关系有其发展历史,语文学科也有其发展历史,那么在语文学科视域中重新研判文道关系,势必要观照此二者的历史并探寻进而澄明其关联的机理。换言之,语文学科视域中的文道关系无论如何发展,对其历史的关注及其价值的挖掘不可忽视,一定意义上说,正是对历史的置若罔闻或莫衷一是才造成了文道关系实践的扑朔迷离和不知所措。总之,推动语文学科视界中文道关系探讨的历史自觉,无论对语文学科的持久良好发展还是对文道关系本身的清晰深化,都是大有裨益的,这正是语文学科视界中文道关系历史探讨的实践意义。

最后,基于文道关系的语文教育发展应彰显自我品性。20世纪以来关于文道关系的争论一直在"钟摆式"的颠簸中不断演绎,由于二元论思维的作祟和对相关历史的淡漠,使得文道关系的探讨未能很好地推进语文教育的发展。在形式上,文道关系的人为区隔使得语文在工具性与思想性或人文性之间游走,在实质上,文道关系隐性作用裹挟下的语文教育正迷失着自我。如此一来,出现了诸如鲁迅的作品该不该从语文教科书中退出,韩寒的作品能不能进入语文教科书等热议的话题,这表面上看是关于语文教科书选文的论争,深层次上与语文学科中文道关系认识不清密切相关。纵观20世纪以来语文教育的发展,几乎充斥着责难和质疑的音调,当语文工具论占据上风时,质问语文的思想性和道德性之声便起,当语文人文论占据上风时,又会有声讨为何淡化语文工具性的力量,然而这种关于语文工具性与人文性喋喋不休式的论争恰恰诱发于长期以来文道关系的失谐。诚然,语文教育的发展不可能摆脱或跳脱文道关系的支撑,工具性与人文性是其不可或缺且应保持平衡的两翼,语文教育的持久良性发展需要在理性面对争议中找寻失落的自我品性。总而言之,置于文道关系场中的语文教育,如果仅仅因外力的推动和一时的声音而盲目前行,势必越来越迷失自己,因而有必要在对文道关系的某些确定性共识的寻求和强化中捍卫自我品性。

那么,从文道关系的视角看语文学科应该彰显何种品性以及如何彰显这种品性,这成为语文学科视界中文道关系重证的又一诉求。首先,重视语文的工具性及其外在表现形式,不能以无限扩充的人文性遮蔽甚至僭越语文作为工具的基本价值;其次,肯定语文学科的道德性及其道德价值,不能因为语文学科实践中道德教育的偏误而质疑甚至否定语文学科内在的道德教育意义。最后,注重语文学科实践的育人旨趣,将工具性与人文性争论统一到立德树人这一根本鹄的上。在这个意义上,语文学科视界中的文道关系重证就是既要拨开对工具性过于依恋的迷雾,也要摒弃对思想性谨小慎微的心态,让此二者恰如其分地融合进语文学科的育人实践中。

三、视点聚焦:文道关系探讨的语文课程视界

(一)百年语文课程文件中的文道关系建构

以课程标准或教学大纲为主的课程文件不仅集中反映着一定的课程思想,而且规制并指导着课程的实践运作。具体而言,教学大纲是国家教育行政部门规定学校各门学科的目的任务、教材纲目和教学实施的指导文件。[①] 课程标准是确定学校教育一定阶段的课程水准、课程结构与课程模式的纲领性文件。[②] 就语文学科来看,语文课程文件承载着如下两方面的价值:一是直接反映了语文学科的在育人层面上的要求与期待。具体来讲,蕴含着语文学科培养什么样的人或者培养人具备什么样的语文素养的价值。二是为了语文学科育人功能的发挥而担负其课程运作的规定与建议之价值。具体来讲,包含了语文学科应该如何明确地进行课程定位、如何有效地进行课程实施、如何科学地进行课程评价以及如何深入地进行课程反馈等要点。简言之,语文课程文件在总体上确立了语文课程应该如何和何以如此,并由此建构了语文课程视界中的文道关系。自语文独立设科以来的百余年,语文课程文件历经数次更迭,生动刻画了文道关系在语文课程文件中的建构轨迹。

1904年的《奏定初等小学堂章程》指出读经讲经要"令圣贤正理深入其心,以端儿童知识初开之本"[③]。同样,在《奏定高等小学堂章程》中的读经讲经部分也指出,

---

[①] 教育大辞典编纂委员会编:《教育大辞典》(第1卷),上海教育出版社1990年版,第280页。
[②] 顾明远主编:《教育大辞典(增订合编本)》,上海教育出版社1998年版,第893页。
[③] 课程教材研究所编:《20世纪中国中小学课程标准·教学大纲汇编(语文卷)》,人民教育出版社2001年版,第5页。

"尤宜令圣贤之道时常浸灌于心,以免流于恶习,开离经叛道之渐"[①]。1916年《国民学校令施行细则》指出,"读经要旨,在遵照教育纲要,使儿童熏陶于圣贤之正理,兼以振发人民爱国之精神,宜按照学年程度讲授孟子大义"。可以看出,清末的语文教育与读经讲经混为一体,语文在很大程度上就是在向学生传授古代圣贤之道,文道关系中的道亦特指圣贤之道。伴随着1922年"壬戌学制"的颁行,1923年的《新学制课程标准纲要小学国语课程纲要》中的"目的"部分提出,"练习运用通常的语言文字,引起读书趣味,养成发表能力,并涵养性情,启发想象力及思想力"[②],据此,在《新学制课程标准纲要初级中学国语课程纲要》和《新学制课程标准纲要高级中学公共必修的国语课程纲要》中的"目的"部分分别提出,"使学生有自由发表思想的能力,使学生能看平易的古书,引起学生研究中国文学的兴趣"[③],"培养欣赏中国文学名著的能力,增加使用古书的能力,继续发展语体文的技术,继续练习用文言作文"[④]。这一时期的语文课程文件注重对学生语文基本能力的培养,对文道关系的建构侧重于语文工具性的一面。到1936年颁布的《小学国语课程标准》的"目标"部分增加了"指导儿童从阅读有关国家民族等的文艺中,激发其救国求生存的意识和情绪"[⑤]的内容。同年的《初级中学国文课程标准》和《高级中学国文课程标准》的"目标"部分也分别增加了"使学生从代表本民族人物之传记及其作品中,唤起民族意识并发扬民族精神"[⑥],"使学生能应用本国语言文字,深切了解固有文化,并增强其民族意识"[⑦]。由此至新中国成立前,语文课程文件中的目标中不仅突出了对学生语言文字等语文基本能力的规定,也彰显了对学生进行思想性教育的要求,尤其是突出了语文教育中的国家和民族意味,这使得语文课程文件中的文道关系走向了初步的统一。

新中国成立后,1950年颁布的《小学语文课程标准暂行标准(草案)》不仅在名称

[①] 课程教材研究所编:《20世纪中国中小学课程标准·教学大纲汇编(语文卷)》,人民教育出版社2001年版,第8页。

[②] 课程教材研究所编:《20世纪中国中小学课程标准·教学大纲汇编(语文卷)》,人民教育出版社2001年版,第13页。

[③] 课程教材研究所编:《20世纪中国中小学课程标准·教学大纲汇编(语文卷)》,人民教育出版社2001年版,第274页。

[④] 课程教材研究所编:《20世纪中国中小学课程标准·教学大纲汇编(语文卷)》,人民教育出版社2001年版,第277页。

[⑤] 课程教材研究所编:《20世纪中国中小学课程标准·教学大纲汇编(语文卷)》,人民教育出版社2001年版,第30页。

[⑥] 课程教材研究所编:《20世纪中国中小学课程标准·教学大纲汇编(语文卷)》,人民教育出版社2001年版,第296页。

[⑦] 课程教材研究所编:《20世纪中国中小学课程标准·教学大纲汇编(语文卷)》,人民教育出版社2001年版,第301页。

中将"国语"改成"语文",而且在"目标"中明确提出使儿童"具有爱国主义思想和国民公德"①。此后于1956年颁布的《小学语文教学大纲(草案)》更加突出了语文的思想性,提出"小学语文科是以社会主义思想教育儿童的强有力的工具"②,小学语文科要完成如下任务:"树立对社会主义的信心,树立辩证唯物主义世界观的基础,培养共产主义道德,培养爱美的情感和审美的能力,培养对本族语言的热爱"③。在汉语文学分科背景下,于1956年颁布的《初级中学文学教学大纲(草案)》和《高级中学文学教学大纲(草案)》共同明确了初高中文学的教育任务,即帮助学生树立社会主义政治方向;培养辩证唯物主义世界观;培养共产主义道德,特别是爱国主义精神,共产主义劳动态度,集体主义精神,自觉地遵守纪律的精神,爱护公共财物和坚韧、勇敢、谦逊、诚实、俭朴等品德,热爱祖国语言和文字的感情,提高认识能力,发展想象能力;培养正确的审美观点,特别是对社会生活的明确的是非、善恶观念和热烈的爱憎感情。④⑤语文教育中的汉语、文学分科实际导致了语文功能的割裂,特别是对文学思想性和政治性的强调直接为之后的语文沦为阶级斗争的工具埋下了隐患,虽然于1958年停止了汉语、文学分科的实践,但也诱发了50年代末60年代初关于语文教育中文道关系的大讨论。新中国成立之初至此的语文课程文件对文道关系的建构偏向性地凸显了道的重要性,导致1949年前刚刚萌生的统一的文道观被消解。1963年,基于对1949年以来语文教育中文道关系失衡的讨论与反思,颁布了《全日制小学语文教学大纲(草案)》和《全日制中学语文教学大纲(草案)》,这两份课程文件都强调了语文学科的工具性及对于其他学习的基础性,并且指出文章的思想内容与语言文字是不可分割的,这使得文道关系重回统一论的认识中。"十年文革"的浩劫,致使语文教育彻底滑向政治传声和阶级斗争的泥潭,语文教育在对政治思想的沉重负载中步入险境。

"文革"结束后的拨乱反正促成了语文教育的再反思,1978年颁布的《全日制十年制学校小学语文教学大纲(试行草案)》明确指出"语文这门学科,它的重要特点是

---

① 课程教材研究所编:《20世纪中国中小学课程标准·教学大纲汇编(语文卷)》,人民教育出版社2001年版,第62页。
② 课程教材研究所编:《20世纪中国中小学课程标准·教学大纲汇编(语文卷)》,人民教育出版社2001年版,第117页。
③ 课程教材研究所编:《20世纪中国中小学课程标准·教学大纲汇编(语文卷)》,人民教育出版社2001年版,第118页。
④ 课程教材研究所编:《20世纪中国中小学课程标准·教学大纲汇编(语文卷)》,人民教育出版社2001年版,第333页。
⑤ 课程教材研究所编:《20世纪中国中小学课程标准·教学大纲汇编(语文卷)》,人民教育出版社2001年版,第386页。

思想政治教育和语文知识教学的辩证统一"①。同年的《全日制十年制学校中学语文教学大纲(试行草案)》中也明确指出,"在语文教学中,思想政治教育和读写训练是辩证统一的。思想政治教育必须在读写训练的过程中进行,读写训练必须以正确的观点为指导,两者是相辅相成、互相促进的"②。由此开始,语文教育的思想性与工具性重新得以确立,文道关系在语文课程文件中走向统一。1986年,《全日制中学语文教学大纲》又着眼于培养"四有公民"的目标,指出了语文学科的重要意义。③ 20世纪90年代以来,为了贯彻江泽民同志关于进行中国近代史、现代史和国情教育的指示精神,对中小学生加强思想政治教育,国家教委又于1991年颁布了《中小学语文学科思想政治教育纲要(试用)》作为当时语文教学大纲的补充施行。可以说,改革开放至20世纪末,语文教育中的文道关系大体上处于同时兼顾工具性和思想性的和谐状态之中,只是特定阶段文道略有偏转。21世纪以来,伴随着声势浩大的课程改革步伐,教育部于2001年颁布的《义务教育语文课程标准(实验稿)》和2011年颁布的《义务教育语文课程标准(2011年版)》都旗帜鲜明地指出"工具性与人文性的统一,是语文课程的基本特点"。④⑤ 至此,语文课程文件中的文道关系发展成工具性与人文性统一的稳定状态,尽管语文教育中关涉文道关系的问题还不时出现各种"变体",但对其整体认知已经达成文道统一的共识。

　　总而言之,考察语文课程文件中的文道关系建构历程,发现其走过了跌宕起伏的道路。从语文独立设科时注重通过读经讲经传递圣人之道的重道,到20世纪30年代以后直至新中国成立前的很长一段时间,文道关系渐趋走上了统一之途,语文学科的工具性和思想性得以兼顾。新中国成立后由于巩固新政权的需要特别注重发挥语文教育的道德教化和政治服务作用,语文学科工具性的一面被遮蔽,从而出现了文道关系的迷失。50年代末到60年代初的语文教育大讨论重新肯定了语文的工具价值,偏失的文道关系得以矫正。但伴随着"十年文革"的浩劫,孱弱的文道统一观再次遭遇损毁,语文彻底沦为了政治斗争和思想灌输的工具,所谓的语言文字运用等语文

---

① 课程教材研究所主编:《20世纪中国中小学课程标准·教学大纲汇编(语文卷)》,人民教育出版社2001年版,第176页。
② 课程教材研究所主编:《20世纪中国中小学课程标准·教学大纲汇编(语文卷)》,人民教育出版社2001年版,第437页。
③ 课程教材研究所主编:《20世纪中国中小学课程标准·教学大纲汇编(语文卷)》,人民教育出版社2001年版,第477页。
④ 中华人民共和国教育部制订:《全日制义务教育语文课程标准(实验稿)》,北京师范大学出版社2001年版,第1页。
⑤ 中华人民共和国教育部制定:《义务教育语文课程标准(2011年版)》,北京师范大学出版社2012年版,第2页。

学科的基本功能被严重歪曲,文道关系出现前所未有的失衡。改革开放以来,在政治经济文化大发展的背景下,语文教育作为一切教育的基础以及对语文基本能力的重视,促使语文教育的工具性得以张扬,与此同时其思想性亦没有被忽视,文道关系步入统一的新路途。21世纪以来,工具性与人文性的统一作为语文课程的基本特点逐渐成为人们的共识并得以不断强化,语文教育中的文道关系迎来的健康发展的春天。可以说,文道关系的曲折演绎伴随了语文教育发展的整个历程,就当前来看,落实立德树人根本任务与把社会主义核心价值观融入语文教育过程中成为文道关系的新命题,语文教育何以避免重蹈历史覆辙而更好彰显其文道统一的取向,依然是一个亟待探究的重要议题。

(二)基于文道关系的语文课程性质反思

课程性质在本真意义上是指课程的固有属性,具有内在的稳定性,但作为人们理解的课程性质却又是变化发展的,对课程性质的揭示和解释很大程度上受制于人们的认识水平。因此可以说,人们对于课程性质的认知只能无限趋近于本真的课程性质。而就语文课程性质而言,其一直是语文教育界关注的议题,由于语文作为母语的独特性加上文道关系发展的曲折性,语文课程性质长期处于似是而非的蒙昧和争辩状态,检视文道关系的演变与语文课程性质的表达,此二者具有深层的内在关联。一般地,有什么样的文道关系观就有什么样的语文课程性质认知,对语文课程性质的理解总是受文道关系变化的影响而变化。如此一来,关于语文课程性质到底是什么的问题,既没有进行系统的反思,也就未能很好指导语文课程实践的发展。然而,探讨语文课程性质在根本上离不开对文道关系的理解,且文道关系实质上为语文课程性质的研判划定了阈限,正因此,基于文道关系的视角重新反思语文课程性质有益于矫正并清晰我们的相关认识。

首先,语文课程是掌握祖国语言文字运用,开展其他学习的工具。语文是基础性学科,这一基础性表现在,只有学习了祖国语言文字,才能开展其他的学习和工作。学生识字写字、阅读、写作和口语交际等能力的培养是语文课程文件中的核心内容,也是语文学科首先应该解决的问题,正因此,"语文能力问题作为语文课程文件中需要阐明的核心问题应当受到特别的重视,任何对能力理解的弱化和以素养遮蔽能力的认识都是片面的"[1],然而,语文能力"没有严格训练是不行的,它决非自由自在、随心所欲就能获得"[2],语文学科的不懈追求之一便是"学生须能读书,须能作文,故特

---

[1] 张铭凯、范蔚:《回视与审视:课程文件中的小学语文能力目标嬗变研究》,《教育科学研究》2016年第2期。
[2] 张隆华等编著:《中国语文教育史纲》,湖南师范大学出版社1991年版,第395页。

设语文课以训练之。最终目的为：自能读书，不待老师讲；自能作文，不待老师改"[1]。由此，语文课程的重要属性即为工具性，任何时候语文都不能淡化自身作为其他学习开展基础的这一功能，"因而，培养和提高学生的语文能力是语文教育必须着力回应和积极探索的一个基本性问题，这种基本性不因时代而变"[2]。反观因文道关系失衡而导致的对语文工具属性的淡化甚至丢弃，不仅损害了语文学科自身的发展，而且因为基础受损也阻滞了其他学科的进步，这是历史的覆辙，也是今天我们何以需要反思和重申的根由。

其次，语文课程必然负载一定的思想道德价值，是进行道德教育的重要载体。回顾文道关系的嬗变历程，不管是"重道轻文""重文轻道"，还是"文道并重"时期，思想道德从来就没有离开语文课程，事实上也不可能离开语文课程。语文课程具有母性特征，这既表现在语文课程是我国的母语课程，又表现在其对学生道德品行的涵化滋养。可以说，语文课程天然地附着着思想道德性，这是我们基于语文学科探讨文道关系的前提共识。通过语文课程传递国家的价值观，社会理想和个人道德，培养学生的家国情怀、社会担当和良好精神，体现了语文课程的思想性。文道关系嬗变历程中"道"的失衡表现为，对道的过于重视或漠视，抑或对道附着于文这一事实的人为割裂。这大大折损了语文课程育德价值的有效发挥，为语文教育的健康发展蒙垢。诚然，语文课程的道德价值负载必须确保在合适的限度之内，语文性质论争中曾指责语文课变成了思想政治课，对此，我们除了反思语文教育的教学方式是否恰切之外，恐怕还需要检讨语文课程本身是不是负载了过多的思想道德价值，从而使语文课程变异了。由此论之，在肯定语文课程具有道德性的基础上，重新思考语文课程道德价值负载的实践方式进而对其进行优化，这依然是探讨语文课程思想性的重要命题。

最后，语文课程的工具性与思想性是一个事物的两面，不可分而论之。在文道关系的视域中探讨语文课程的性质，就是确证语文课程以文载道、道从文出的整体属性，即语文课程的工具性与思想性相统一。需要说明的是，语文课程的工具性是根本，而思想性是负载，工具性与思想性统一于语文课程之中，不可偏指，应合而论之。此外，关于语文课程的工具性与思想性，不能以文与道分离的二元论思维人为割裂其整体性，更不能只重工具性淡漠思想性。实际上，以文道关系的嬗变检视语文课程工具性与思想性演进轨迹，生动地说明不存在无思想性的单纯工具论，也不存在无工具性的片面思想论，工具性与思想性的和谐共生才是语文课程实现长足发展的基础。

---

[1] 中央教育科学研究所编：《叶圣陶语文教育论集》（上、下册），教育科学出版社1980年版，第717页。

[2] 张铭凯、范蔚：《回视与审视：课程文件中的小学语文能力目标嬗变研究》，《教育科学研究》2016年第2期。

就当前而言,即便业已达成关于语文课程工具性与人文性统一的基本共识,但在解释现实问题时又往往摒弃了统一的文道观,就思想性谈论思想性,或就工具性谈论工具性。这说明,理论的共识与实践的共振依然存在着距离,文道统一的认识如何指导、规范、解释文道关系的实践运作,这是文道关系探讨必须要正视的问题。否则,理论上关于文道关系的共识只能形同虚设无益于任何实践问题的解决。

(三)探寻文道思想与语文课程知识道德价值的关系

知识问题作为教育研究的核心问题之一有着久远的历史,具体到课程论域,课程知识问题也就自然成了课程研究的中心议题。从斯宾塞等的"什么知识最有价值"的发问到阿普尔等的"谁的知识最有价值"的质询,知识问题的探讨从客观层面走向主体层面,关于课程知识是什么的事实性认知和课程知识为什么的价值性追问成为课程知识研究的重中之重。就语文课程知识而言,其是对学生进行听说读写等语文基本能力训练和家国情怀等语文思想价值传导的基本依托。在文道关系的视域中体察语文课程,发现语文课程是文与道的统一,即工具性与人文性的统一。既然语文课程知识是语文课程目标实现的最重要依托,顺此推知,语文课程的文与道或工具性与人文性正是依凭语文课程知识来表征和实现的,这表明,在语文课程论域中,文道关系通过语文课程知识得以"着床"。据此,探寻文道关系思想与语文课程知识的道德价值之间的关系,具有内在学理自洽性和现实可行性。而对这种关系的揭示与合理关系的追求,是在语文课程视界中重解文道关系同时在文道关系视域中推动语文课程发展的必然之思。

其一,文与道的外延和语文课程知识及其道德价值所指具有指向一致性。在文道关系中,对文和道外延的划分一直处于变化的状态,文的外延可以从文字、文章、文学等扩展到一切文字表达,道的外延可以从思想、伦理、理想等扩展到一切价值负载,由此,基于文与道的不同外延,可以构建多重文道关系。然而,在语文课程论域中,语文课程知识不仅在客观层面包含了文字、文章和文学等语文客观知识的维度,而且在主观层面渗入了思想、伦理、理想等语文知识价值的维度。换言之,语文课程知识即语文课程中的一切显性存在和隐性存在的集合。在显性层面,表征为"字、词、句、篇、语、修、逻、文"等知识;在隐性层面,表征为"仁义礼智信"等价值。因此,语文课程知识是典型的客观符号与主体价值的融合。需要说明的是,语文课程知识的道德价值之道德属于广义上的道德指称,其包含了国之大德、社会公德和个体品德。因此,语文课程知识在外延上等同于文道关系中广义的文,而语文课程知识的道德价值则等同于文道关系中广义的道。这说明,着眼于语文课程论域,在文与道的外延廓清基础上探讨语文课程知识及其道德价值,发现文与道的外延与语文课程知识及其道德价值所指具有指向的一致性。

其二,文与道的内涵和语文课程知识及其道德价值属性具有实质统一性。梳理文道关系论域中文与道的内涵,得知其因不同语境中文与道的能指变化而不同,而探讨如何为文与道划界直接影响其内涵。当然,无论如何理解文与道的内涵,其基本实质具有一定的稳定性,语文课程知识及其道德价值属性也具有相对的稳定性,这是探讨文与道的内涵和语文课程知识及其道德价值属性关联的认识论基础。文道关系中的文虽是主体思想的反映,但文一形成便具有相对客观性,只能客观地存在着;文道关系中的道虽是文的价值流露,但文所载道之道也具有相对的客观性,受特定情境的规约。同理,语文课程知识是主体认识的结果,其选择、组织、评价等都与主体认识不无关系,但其一经呈现就具有相对客观性;语文课程知识的道德价值表现为社会的主流价值观的渗入及其对人成人的规定,但这种价值观和规定在一定时期也是相对稳定的。因此,文与道的内涵和语文课程知识及其道德价值属性在实质上的统一,都是旨在通过一定的文传递一定的道,也都是将特定的道负载于特定的文之中,从而实现文以载道和道从文出的价值诉求。

其三,文道关系的本质和语文课程知识的道德价值具有内在同一性。文以载道,文道统一是文道关系的本质所在,这一方面说明文与道在文道关系中的不同价值体现,另一方面证实了文道关系中文与道的不可分割性。而就语文课程而言,工具性与人文性是其基本属性,这一属性具体由语文课程知识所表征。因此,将文道关系中的文诠释为语文课程知识,将文道关系中的道诠释为道德价值,语文课程论域中的文道关系即转换成语文课程知识的道德价值这一论题。实际上,语文课程知识作为语文课程目标实现的最重要载体,几乎涵括了"文"的全部内容,而思想道德教化作为语文教育的重要维度,几乎担负了"道"的全部价值。这就是说,在语文课程论域中,把文道关系具体化为语文课程知识及其道德价值,从而基于文道关系的视角分析语文课程知识的道德价值负载,为文道关系的探讨觅得了基于语文课程进行研判的新思路。更进一步讲,文道关系的本质,语文课程的工具性与人文性,语文课程知识及其道德价值,此三者形有别而实无异,它们具有内在一致性。

本章小结

文道关系的探讨有着久远的传统和深厚的历史,对文与道的不同诠释表达了文道关系的基本内涵。回眸文道关系的历史演绎,文以载道和文道统一的文道观成为基本共识。自古以来,文论中就有以文传道、以文释道、以文御道的传统,先贤之道因文得以传颂,社会价值观也因文得以传导,个人品性更因文得到传扬。由此,古代文人毫不吝惜对文的打磨、锤炼甚至粉饰,以至于千古流传的名篇佳作首先是经典之文。当然,圣贤之道在佳作之中的有效融入也是其历经岁月涤荡依然流传赞颂的重要原因。某种程度上讲,正是对文道关系的深刻理解才使得文发挥了更适切的载道作用,也使得道发挥了更有效的规文作用,这就是在今天看来,也蕴蓄着重要的意义。

诚然，回眸历史并不是为了沉醉过往，探寻历史之于当前的镜鉴方为历史研究的价值所在。文道关系的内涵及其演绎的历史轨迹之于当前的启示意义至少包含如下三个方面：第一，探讨文道关系急需走向整体论以超越二元论的思维桎梏。文道关系视域中的文与道，不能是或者至少不单单是文和道的叠加，即用文道二分的思维去审视文道关系，而应该以文道相合、文道一体的整体论思维进行重新解读。第二，文道关系的探讨急需寻求学科逻辑以突破似是而非的表层判读圈囿。文道关系的长期止步不前和难以深入在很大程度上是由于对其认知的大众认同而生发的惰性，即文以载道和文道统一就是文道关系的全部，在学科视界中探析文道关系将是其重获新生的可能突破口。第三，文道关系的理解急需辨识相应变体以厘清形式与实质的边界。文道关系因对文和道的动态性理解而不断发展变化，新时代、新情境、新诉求使得文道关系的讨论基础发生了重要变化，文道关系的探讨应该结合时空变化所可能产生的相应变体，真正赋予文道关系以常谈常新的内在意蕴。

在语文学科视域中检视文道关系，在文道关系的启迪中重思语文课程，这是文道关系探讨的语文学科自觉，也是语文学科之于文道关系发展的深化。语文学科自独立设科以来的百余年，是文道关系与其相依相伴的百余年，语文学科中的道无论强与弱、显与隐，都无可争议地存在着。就文道关系观与语文学科的具体关系来看，语文学科或语文课程性质受文道关系观的影响最为明显，可以说，在特定时期，有什么样的文道关系观就有什么样的对语文学科或语文课程性质的理解。总体上，文道关系与语文学科或语文课程有着天然的联系，这是基于文道关系探究语文课程同时基于语文课程理解文道关系的认识论基点。毋庸赘言，语文课程目标实现的最重要依托是语文课程知识，没有语文课程知识做支撑的语文课程目标只能形同空中楼阁，正是语文课程知识的实践运作决定了通过语文课程到底会把学生培养成为一个什么样未来国民和社会公民这一教育终极旨趣。按照批判课程理论的观点，一切课程知识都是由特定的人选择、组织和评价的，都负载着一定社会阶层、集团和利益相关者的价值诉求，语文课程知识作为母语则更明显。实际上，在文道关系的视域中探讨语文课程问题，关键在于首先要找寻语文课程中的文道关系落点，即文道关系何以在语文课程中"着床"。为此，结合对文道关系内涵的理解和对语文课程知识价值属性的分析，将文道关系中的文理解为语文课程知识，将文道关系中的道理解为道德价值，语文学科视界中的文道关系即转化成语文课程知识的道德价值这一具体问题。这样一来，不仅使文道关系在语文课程论域中重新找到了可能的归宿，也为基于文道关系的语文课程知识价值研判开启了一条新思路。

第二章　语文课程知识视界中的文道关系诠释

　　文道关系作为一种关系性存在，将其置于语文课程知识视界中进行探讨，有必要首先廓清此间的内在关系逻辑。具体而言，就是要着重研判语文课程知识视界中的文道关系基础、实质、运作等问题，由此重新解码文道关系。那么，作为一种关系性存在的文道关系，其在语文课程知识视界中存在何以可能，存在何种表征和存在如何实践等构成这种存在关系的内在逻辑。当然，探讨语文课程知识视界中的文道关系，还有一个前提假设，即语文课程知识是具有道德价值的。唯有这一假设的证成，才能确保文道关系在语文课程知识视界中的意义性。而语文课程知识何以具有道德价值功能，如何进行道德价值负载，怎样进行道德价值运作，这些问题的回应将成为沟通语文课程知识道德价值与文道关系的桥梁。实际上，道德价值作为语文课程知识价值序列中的种属，是通过价值筛选得到确认的语文课程知识重要的内在价值，这种价值在根本上与教育目标、课程旨趣和育人实践相依而存。此外，语文课程知识的特征、分布和类型等都与其道德价值有着密切的内在关联，这使得语文课程知识的多样化、灵活性的道德价值负载成为可能。再者，客观层面的课程标准、教科书和主观层面的师生理解都不同程度地建构着课程知识的道德价值，这种建构处于课程知识的具体实践运作中，一方面彰显课程知识的道德价值功能，另一方面践行课程知识所负载的道德价值，与此同时不断调整、修正乃至重建语文课程知识的道德价值。总而言之，语文课程知识视界中的文道关系与语文课程知识的道德价值之间具有内在的黏合性，在语文课程视界中重新诠释文道关系不仅有助于丰富文道关系探讨的学科论域和具体内涵，而且有助于从文道关系的角度审视语文课程知识的道德价值，最终为语文课程知识道德价值的更好实现和基于此的文道关系重证找寻思路。概言之，本章着重从语文课程知识的道德价值功能、语文课程知识的道德价值负载和语文课程知识的道德价值运作三个层面进行系统分析，以期构建起语文课程知识视界中文道关系的新诠释框架。

一、关系之基：语文课程知识的道德价值功能

（一）课程知识的价值筛选

　　在知识社会中，知识生存成为人的主要生存方式，因而应该确立价值论的知识观，寻求人的知识权力，建构生存性的知识环境，提升知识的精神价值，实现知识对人

的生存关照。① 具体到学校场域,知识的价值借由课程知识表征和诠释。而"课程知识选择作为一项选择活动,需要有一个标准,按照什么标准选择知识进入课程,必然有价值的涉入"②。一方面,课程知识是从人类知识海洋中选择并组织起来的特定"知识部落",这就决定了其必然是以实现课程旨趣和教育宗旨为依归的。另一方面,课程知识依赖于学校这一特定场域和学校教育这一特殊渠道实现价值,故而这种价值集中体现为对于学生发展及其价值实现的意义与作用。缘此,课程知识价值研究的前提性问题便是基于课程知识价值理解的课程知识价值筛选,即价值主体希望通过课程知识发挥什么样的作用进而实现什么样的目标。在这个意义上,如何选择课程知识实际上已经超越单纯的技术成为一个价值选择的问题,且这种价值选择与课程知识价值观是密不可分的。进一步说,有什么样的课程知识价值观,就可能会有什么样的课程知识价值选择。总体上看,无论什么样的课程知识价值选择,都不可或缺地对个体与公共、外在与内在和确定与动态三个维度价值的观照,而此三者实际上构成了课程知识价值选择的三维坐标。

1. 课程知识价值选择的个体与公共维度

就知识的面向主体而言,有个体的,也有公共的,由此产生了知识价值选择过程中的个体与公共博弈。一般而言,个体知识是个性的、情境的、动态的、生成性的,公共知识是普适的、确定的、客观的、稳定的。个体知识基于生活认识论的视角,强调认知主体的主动性、创造性,注重直接经验在个人知识形成过程中的建构性作用,而公共知识基于科学认识论的视角,强调认知主体的社会性、交往性,注重间接经验在人类知识传播过程中的社会发展作用。③ 知识的个体与公共属性,既是知识的本质特性,也是知识价值选择中主体间博弈的动因。既然知识具有个体性与公共性双重属性,那么作为课程知识的知识在选择过程中势必要进行全面考量,不能以知识的个体性僭越公共性,也不能以公共性暗淡个体性。实际上,就课程知识的终极价值而言,其是对人的成长和发展的价值,而现实生活中的人既是个体性存在也是公共性存在,因此,课程知识的价值选择应该兼顾人的个性发展和共性发展。即便存在主义者明确强调,让教育为个人而存在,让教育教会个人像他自己的本性要求他那样的自发而真诚地生活,④而教育者必须使孩子从社会控制的沉重负担中解脱出来,学校必须致

---

① 薛晓阳:《知识社会的知识观——关于教育如何应对知识的讨论》,《教育研究》2001年第10期。
② 蒋建华著:《知识·权力·课程——政策视野中的课程研究》,教育科学出版社2010年版,第103页。
③ 余文森著:《个体知识与公共知识:课程变革的知识基础研究》,教育科学出版社2010年版,第44页。
④ 陆有铨著:《现代西方教育哲学》,河南教育出版社1993年版,第353—354页。

力于人类自身解放以及孩子的自我选择和道德判断,使他们在发现自我的境遇中实现个人的自由发展。① 但是,统治阶级和权力阶层为了自身利益实现的需要,不可能将所有知识都纳入课程知识的范畴,那么个体能不能依靠有限的课程知识实现发展,这在很大程度上取决于课程知识价值选择过程中对个体与公共双重因素的协调。如果着眼于道德这一视域,无论课程知识如何选择,都应该以促进个体的道德发展和公共环境的道德建设为旨趣,毕竟对于道德个体和道德环境的诉求是人们一贯的目标。如此一来,在课程知识价值选择的个体与公共维度上,对道德的共同诉求使其走向协同。

2.课程知识价值选择的外在与内在维度

如果从知识的价值用途角度来看,其至少包括外在价值和内在价值两个层面。知识的外在价值即工具价值,其实质是知识对于应情境、条件、境遇等客观现实之需发挥的作用,这个意义上的知识成为解决现实问题的工具;与之相对,知识的内在价值即精神价值,其实质是知识对于主体精神自由、个体解放、人格完满等主观世界的充盈所发挥的作用,这个意义上的知识成为个体价值实现的养料。具体而言,"当我们说一件东西具有内在价值,就是说它本身就是人的活动目的——仅仅它本身就值得人们去重视、去追求。相反,说一个东西具有工具价值,就是说它是达到某个目的的手段——它之所以重要,只是因为它是达到这个目的的手段"②。作为课程知识的知识,其不可避免地同时具有外在价值和内在价值,这是因为课程知识一方面必须把受教者培养成为忠诚于统治阶级价值愿景的拥护者,另一方面也自然要观照受教育者的个体精神发展和品格塑造。如此一来,课程知识的价值选择中如何处理好外在价值与内在价值的关系就成为一个非常关键的问题,课程知识的价值问题有必要跳出对"什么知识最有价值"和"谁的知识最有价值"的质询,而应该转向对"为了什么的知识最有价值"和"为了谁的知识最有价值"的追问。这一转向的启示在于,课程知识的价值选择就不能单方面注重外在价值或内在价值,而要协调好此二者的关系。同时,发挥好外在价值对于内在价值实现的推动作用和内在价值对于外在价值的升华作用。由此,使得外在价值和内在价值有机融合在课程知识的价值中。

3.课程知识价值选择的确定与动态维度

价值在根本上是客体对主体需要的满足,由此,评判知识的价值就是要审视其在何种意义上满足了主体的需要。然而,由于主体所处的客观境遇不同,加之主体身处的发展阶段不同,对知识的需要自然也不同,这使得知识的价值不可能"一视同仁"。

---

① 郝德永著:《课程研制方法论》,教育科学出版社 2000 年版,第 132 页。
② 张天飞、童世骏主编:《哲学概论》,华东师范大学出版社 1999 年版,第 236 页。

正如雅斯贝尔斯所言:知识是否有意义要取决于具有这种知识的人。[①] 即便如此,人们对于知识价值确定性的寻求也未曾间断,这主要是通过对那些经过长久历史实践检验的经典知识的价值确认,以发挥其恒久稳固的价值。同时,通过对那些不合时宜的知识的筛除、再认、重建等过程完成知识的更新。从知识的发展进程来看,课程知识的价值选择正是在对确定价值的寻求与不确定价值的理解中实现的。具体来看,对确定性价值的寻求使得课程知识所承载的普遍的、共通的、持久的价值得到保障,这是课程知识价值实现的基础;而对动态价值的追问使得课程知识特殊的、个体的、时效的价值获得彰显,这是课程知识价值实现的张力。实际上,处于现实运作中的课程知识价值选择是确定性价值与动态价值的平衡,简言之,这种价值选择的平衡就是既不能以确定性价值的坚守蔑视动态价值,也不能以动态价值的张扬僭越确定性价值。探讨课程知识价值选择中的确定价值与动态价值的意义在于,一方面要以实体课程观为指引,探明课程知识的确定价值并不断进行强化;另一方面要以过程课程观为导向,探求课程知识的动态价值并不断加以丰盈。总而言之,课程知识价值选择中对确定性和动态性价值的关注,将课程知识的价值探讨置入生动的课程价值实践过程中,既考虑到官方规定的课程知识所负载的主导价值意识,也观照到个体领悟的课程知识所生成的灵动价值意蕴,从而实现课程知识价值选择中预设与生成的统一,这对于课程知识价值更好地实现具有重要意义。

(二)课程知识的道德价值逻辑

知识与道德的关系逻辑是探讨课程知识的道德价值属性的基础。"知识和道德的关系实质上是知识与人的德性之间的关系。因为,外在的道德规范只有内化为人内在的德性才能成为人的德性的动力,德性的形成体现为道的内化过程(凝道成德),即得的过程。"[②]而"知识与道德的结合问题,说穿了就是在知识世界中,人们如何通过习惯养成、身心修炼、人格培养、待人接物等实践过程来进行道德建设过程的问题。易言之,知识与道德的结合,就是人在面对知识世界的时候如何确保或重建自身道德价值的问题"[③]。由此论之,知识与道德有着内在的黏合关系,把人引向求真、向善、寻美的德性境界是知识的本质使命,在这个意义上,正是知识对人的道德进行着理性的建构。在课程论域中,知识的这种道德价值具体是由课程知识所践行的。

1.教育目标与课程知识的道德价值使命

教育的发展根植于时代境遇中,教育目标往往镌刻着时代的烙印,然而,对人的

---

① 陈友松主编:《当代西方教育哲学》,教育科学出版社1982年版,第115页。
② 冷天吉著:《知识与道德:对儒家格物致知思想的考察》,中国社会科学出版社2009年版,第4页。
③ 方朝晖:《知识、道德与传统儒学的现代方向》,《中国社会科学》2005年第3期。

德性的诉求却是教育目标的永恒维度。正所谓,教育的唯一工作和全部工作,都可归结于"道德"这一概念中。① 而人之所以需要道德,从根本上讲是为使人成为人,使类的自由本性得以高扬,使每个人的独立人格得以确立,使人们自主、自觉、自尊等自我肯定的人格属性得以涌现,在这基础上才能构成人与人之间的最佳组合,也才能满足人的诸种深层次的精神追求与需要。② 如此一来,教育工作的重中之重便是如何把人培养成为一个道德之人。教育的一切目标自然反映在课程目标的表达中且必须借由课程这个载体去落实,而课程知识是课程目标落实的根本依托,由此推之,教育目标与课程知识之间发生着深层次的交互。就教育目标的道德维度而言,课程知识如何选择以负载道德价值,课程知识如何组织以实践道德价值,课程知识如何评价以改善道德价值等,都是课程知识道德价值使命的具体诉求。通过课程知识,把人培养成为什么样的人的教育目标得以实践和实现,这是课程知识道德价值选择的根本逻辑起点。着眼于教育目标与课程知识的道德价值使命之间的逻辑关联,根本目的在于从教育目标的道德维度建构课程知识的研判框架。

2. 课程旨趣与课程知识的道德价值内涵

课程的终极旨趣在于育人,这是课程的本分与担当。然而,作为课程旨趣实践和实现的课程知识,对其内涵的理解势必影响到课程旨趣。纵观课程的改革和发展历程,无论秉持什么样的课程观,对人德性的培养从来没有跳脱道德的阈限,试图通过课程知识的道德价值负载发挥道德教化的努力也从未停止,这说明课程旨趣与课程知识的道德价值内涵是不谋而合的。一方面,通过课程旨趣的确立和深化,规限课程知识的道德价值,使其更加符合课程旨趣的实现;另一方面,通过课程知识的道德价值选择,强化课程旨趣的价值归属,使其更加有效规约课程知识。理论上讲,有什么样的课程旨趣观,就应该有什么样的课程知识道德价值观,因为课程知识不可能脱离课程本身的逻辑而独立存在。然而,实践中的课程知识道德价值似乎并没有得到有效审理,以至于课程知识的道德价值与课程旨趣的契合性成为一个被遮蔽的盲区。这种悖论需要引起相关研究的自觉,而重新思考课程旨趣与课程知识的道德价值内涵的关系不失为一个反思视点。

3. 立德树人与课程知识的道德价值实践

立德树人是教育孜孜不倦的追求,尽管不同时期对立什么样的德、树什么样的人的具体指称存在一定的差异,但就整体而言,立有益于国家、社会和个人发展的"整全之德",树有助于国家、社会和自我发展的"整全之人",是教育亘古不变的本质追求。

---

① 张焕庭主编:《西方资产阶级教育论著选》,人民教育出版社1979年版,第249—250页。
② 鲁洁著:《道德教育的当代论域》,人民出版社2005年版,第192页。

正如古希腊哲学家柏拉图所言:"教育的任务不在于把知识灌输到灵魂中去,而在于使灵魂转向。"①由此,课程的所有实践都围绕着立德树人这一根本宗旨展开。然而,审视道德价值教育的现状,道德失范、道德失真甚至道德失守的现象层出不穷,对此,我们除了反思社会文化变迁及其带来的复杂情境对道德的挑战与发难之外,或许也应该从课程论的角度进行检讨。我们的课程真的始终引领,抑或有效应对了变迁的道德教育吗?课程知识真的肩负起并发挥好了立德树人的价值功能吗?作为课程目标实现重要载体的课程知识还能改善优化以提升其道德效能吗?这些问题的追问和慎思是探究立德树人目标与课程知识道德价值实践关系的逻辑基点,也是从实践的角度审理课程知识的道德价值能效的必然之思。

(三)语文课程知识何以具有道德价值

语文教育的终极旨趣在于涵养学生作为"语文人"的品性,这其中更为重要的应该是使学生成为一个具有归属感的国人。具体而言,语文教育就是要"通过语文课,指导学生正确理解和熟练运用祖国的语言文字,培养提高他们的语文能力,养成学习语文的良好习惯。在传授语文知识、训练语文能力的过程中,开阔视野,发展智力,培养健康的审美情趣和高尚的道德品质,激发热爱祖国语文的思想感情和爱国主义精神"②。语文教育目标需要语文课程践履,而语文课程实践在根本上是语文课程知识的运作,正由此,语文课程知识不仅承载了培养学生语文能力的使命,而且负载了培养学生德行品性的使命。简言之,语文学科的母性特征、语文教育的古今追求和语文课程的价值彰显,这些共同构成了语文课程知识何以具有道德价值的网络。

1.语文学科的母性特征是语文课程知识何以具有道德价值之根

语文作为国语,"是根植于民族灵魂的文化基因,是民族精神、民族文化的载体,同时也是民族精神、民族文化的重要组成部分"③。而中华民族具有悠久的历史和灿烂的文化,语文学科肩负传承中华文明的使命,不仅需要传承看得见的文化物件,更需要诠释看不见的文化精神。语文学科是从中华文化的源流中演绎并直接承担传扬中华文化使命的一门特殊学科,其与中华文化有着绵延不断的血脉关系,这是语文学科的母性特征。而中华文化自古以来都具有德性基因,是以伦理道德为基本元素的文化样态。据此,语文学科如何生动有效地彰显其母性特征并承载道德价值,是语文课程知识的必然担当。通过语文课程知识的选择、组织和评价等发挥其继承和传颂道德价值的作用,不仅有助于语文学科母性的进一步显现,也有助于语文课程知识本体价值的更有效实现。

---

① 单中惠、杨汉麟主编:《西方教育学名著提要》,江西教育出版社2000年版,第10页。
② 顾之川著:《顾之川语文教育论》,福建教育出版社2013年版,第3页。
③ 倪文锦著:《文化强国与语文教材》,语文出版社2015年版,第15页。

2.语文教育的古今追求是语文课程知识何以具有道德价值之脉

语文独立设科虽然仅有百余年的历史,但语文教育却伴随着人类社会的发端,可以说,语文教育与人类社会发展史等长。中国是礼仪之邦,自古以来教育中不乏伦理道德的倩影,对于君子的培养是古代教育一以贯之的追求,而君子首先是崇高道德的典范,他们深明大义、明德懂礼,是众人眼中的楷模。古代语文教育与近现代语文教育无论在形式上有多大差异,但其对人德性、人格的培育与涵养始终没有遗弃,这也正是语文教育文道统一的历史脉络。尽管语文教育的这一道德主线未曾改变,但不同时期教育的境遇大相径庭,故而通过语文课程知识实践运作实现其道德价值成为必然选择。由此一来,语文教育对于德性之人的培育历程可以借由语文课程知识道德价值的嬗变进行审视。而语文课程知识的道德价值成为贯通语文教育发展的经脉,接通了语文教育的古今发展。

3.语文课程的价值彰显是语文课程知识何以具有道德价值之本

语文课程的价值归根结底在于培养学生的语文素养,进而使其成为具有语文品性的语文人。而具有一定的道德精神是语文素养的核心维度,语文课程势必在担负一定道德价值的基础上彰显其课程价值。综观古今中外的母语课程,其都将具有家国情怀、社会责任和个人实现的未来社会公民培养作为语文课程的重要价值,这实际上就是道德价值的泛指。家国情怀对应国之大德、社会责任对应社会公德、个人实现对应个人美德,这一道德价值体系由国家—社会—个人"三位一体"的价值逻辑构成。语文课程知识是语文课程价值彰显的重要载体,道德价值附着于其价值体系中并通过课程价值的彰显得以实现。因此,语文课程知识的道德价值蕴含在语文课程的价值彰显中,同时,语文课程的价值彰显为语文课程知识的道德价值实践提供了源头活水。

二、关系之实:语文课程知识的道德价值负载

(一)语文课程知识的特征及其道德价值

不同学科的课程知识有不同的特点,这是由其学科属性和学科使命共同决定的,也正是这些特点使一学科区别于其他学科。叶圣陶先生曾用质朴的话语指出,"无论学习什么学科,都该预先认清楚为什么要学习它。认清楚了,一切努力才有目标,有方向,不至于盲目地胡搅一阵"[1]。那么,语文学科的使命到底是什么,或者究竟为什么要学习语文,这个问题似乎毋庸赘言,但实践中的迷惑依然反证出对这一问题追思的必要。简言之,我们如何理解语文学科,也将如何判识语文课程知识的特点,而语

---

[1] 中国教育科学研究院编:《叶圣陶语文教育论集》(上、下册),教育科学出版社2015年版,第2页。

文课程知识的价值性是与其本身特点唇齿相依的。语文学科是培养学生语言文字运用能力,并陶冶其热爱祖国语言文化情操进而生成热爱祖国情怀的学科,即语文学科的文道品格,这是在语文学科的研究和探索中,业已形成的关于语文学科的共识性认知。语文课程知识作为语文学科属性彰显和使命担负的重要载体,其具有三大鲜明特点:语言文字性、主观建构性和整体融合性。在课程知识与其价值负载的关系视野中分析,可以看出语文课程知识所负载的道德价值与其特点具有内在关联。

1. 语文课程知识的语言文字性奠基其道德价值

一个民族的语言,烙印着这个民族历史文化、心理思维、生活习俗的全部印记。汉语的词汇、语义、语法的具象性、写意性、整体性等文化精神,使汉民族语言崇尚简化,注重人治。[①] 中国的语言文字博大精深,蕴含着丰富且深邃的价值,语文学科肩负着传播祖国语言文字的神圣使命,而语文课程知识也具有显著的语言文字性。从语文课程知识的建构逻辑看,语言文字不仅是语文课程知识的基础,也是语文教育乃至一切学习开展的基础。汉语言文字往往可以形象、生动地传递某种特殊的价值,文字学、词汇学、语义学、语法学等都充分揭示并解释了汉语言文字的价值负载,而语言文字自古以来就被当作育人的根本,现在人们往往通过字源或词源的考察,分析其本意进而使其引申出其他意思,从而不断丰富字义词义。语言文字的这种本质属性和语文课程知识的这种语言文字性,一方面使得语文课程知识表征为一定的语言文字,另一方面使得这些语言文字具有了道德价值意蕴。

2. 语文课程知识的主观建构性生成其道德价值

语文课程与教育的根本不在于让学生仅只学会能读会写,而在于让他们从语言文字中找到自己的精神家园,在言语实践中逐步塑造自己可贵的生命状态;在于能够以语言为中介协调个人与自然、与他人、与社会、与自我的关系,并且能够在语言文字创造的虚拟时空里,在新奇的数字信息中受到令人鼓舞的启示。[②] 这说明,语文课程品性彰显深受主体的感知、理解和建构的影响,语文课程具有鲜明的主体性。因此,语文课程知识在很大程度上是主观建构的结果,同样一篇选文,课程设计者、教师和学生等不同主体都可能产生不同的理解和领悟,同样的语文课程知识载体实质上生成了多重可能性的价值。这些价值理解成为具体实践层面课程知识效能发挥的前提,而不同主体理解的立场、水平等是一个无法概而论之的复杂因素。一般来看,合宜的、适切的、有效的语文课程知识理解,理论上会生成期待的道德价值,反之可能导致语文课程知识的价值异化。当然,语文课程知识的道德价值既有客观植入的因素,

---

① 韩雪屏著:《语文课程知识初论》,江苏教育出版社2011年版,第178页。
② 韩雪屏著:《语文课程知识初论》,江苏教育出版社2011年版,第176页。

也有主体建构的影响,有效的语文课程知识道德价值生成需要展开这种客观与主体之间的协商。

3.语文课程知识的整体融合性凝结其道德价值

教科书是课程知识最重要的载体,也是课程知识呈现的集中反映。语文课程知识在其逻辑和系统上都有比较明显的灵活性,加上语文课程知识的理解及其价值赋予融入了较多主体建构的成分,因此,语文课程知识往往是整体融合性的。这种整体融合性一方面表现在语文课程知识的价值体现在学段上具有一贯性,比如小学阶段需要培养学生的诚信、爱国等道德品质,高中阶段亦需要培养学生同样的道德品质,语文课程知识的道德价值负载是一以贯之的。另一方面,这种整体融合性也表现在一定的语文课程知识具有价值多样性,可以培养学生多方面的道德品质,比如教科书中的一篇选文,在道德的维度上审视,其蕴藏的对学生道德品质的培养并非单一的或唯一的。然而,语文课程知识的这种整体融合性并不会使语文课程知识自发地形成某种道德价值,其需要通过主体对其不断解读和诠释,在一定程度上形成共识性的道德价值认知,由此凝结成的道德价值才是语文课程或者语文教育能够且应该传递给学生的。

(二)语文课程知识的分布及其道德价值

课程知识分布在课程实践的整个链条上。依据课程学者古德莱德对课程层次的划分及其启示,课程文件中的课程知识是规定性的,具有强制性;教科书中的课程知识是具体运作的,具有实践性;教师和学生理解的课程知识是生成性的,具有主体性。如此来看,语文课程知识在客观上分布于课程文件、教科书等载体中,以文本的形式存在;在主观上分布于师生的理解等观念中,以意识的形式存在。鉴于教科书是语文课程知识的最重要载体,在这里主要分析语文教科书中的课程知识及其道德价值负载。从语文教科书的编排体例来看,其大都包含三个部分,一是说明引言部分,二是文本内容部分,三是练习强化系统。就其道德价值而言,这三部分虽然分别发挥着不同的作用,但彼此之间又有机联系,共同构筑了语文教科书中的道德价值大厦。

1.说明引言部分课程知识的道德价值传导

语文教科书经历了一个漫长的发展过程,不同时期的语文教科书有不同的体例,在发展过程中逐渐稳定下来的"说明引言"或者相当于这部分功能的板块成为教科书中语文课程知识的有机组成。一般而言,语文教科书中的说明引言部分具有介绍性、概括性和引导性等作用。如人教版语文教科书以主题组元,在每个单元前面都有导语部分,重点介绍本单元的选文情况,概括选文的特点并提出了单元目标,这种主题组元的方式,彰显了语文学科的人文性特质,而导语部分所介绍、概括和传递的价值取向,指引着本单元学习的方向。由此推论,说明引言部分的课程知识具有传导语文课程知识道德价值的作用,这种作用具有整体引领的特点。实际上,主题组元打破了语文课程知识建构的传统知识观,而是注重从知识交流、互动、统整等新的课程知识价值角度重建课程知识观。说明引言部分课程知识势必表征着这种课程知识观,与此同时也在方向上规定并传递着语文课程知识应该具有的道德价值。

2. 文本内容部分课程知识的道德价值表达

自语文独立设科以来,语文教科书逐渐形成且基本上固化为"文选型"的课程内容结构,"文选型"的语文教科书一方面为传递主流价值观和意识形态提供了便利的通道,另一方面为语文课程的多元化发展奠定了一定的基础。然而,"文选型"语文教科书如何选文以更好实现语文课程的目标似乎是一个长期争辩的话题,传统经典与时文新作似乎一直处于选文的拉锯中。即便如此,希冀通过选文实现某种价值特别是道德价值的努力却从未停歇,这恰恰是文以载道思想在语文课程领域中的实践。实际上,语文教科书中的每一篇选文都与一定的价值取向密切相关,不同版本的语文教科书之所以会大相径庭,其本质上是所持价值取向上分歧在教科书编制上的反映。但只要关于语文工具性与人文性属性的认识不变,那么教科书选文必定不可缺少思想或道德的因子。语文选文文本具有一定的道德价值,这当然已经不是个需要继续讨论的问题,关键在于选文是否真的有效负载了这种道德价值,是不是基于教与学的立场可以更好实现这种道德价值,这还有待探讨。

3. 练习强化部分课程知识的道德价值检验

不同课程知识的价值有着不同的检验标准,比如可以通过对概念、原理、公式的理解和运用检验数学、物理或者化学学科课程知识的价值,这些检验都是有确定答案或者标准答案的。但语文课程知识的价值很难用客观的、确定的标准进行检验,这只说明语文课程知识价值检验的难度,并不意味着语文课程知识的价值无须检验。就语文教科书中的任一篇课文而言,每个人都有不同的理解,每个人体会出的思想感情也可能相去甚远,而作为教科书选文的文本必然具有一定的相对价值,换言之,合理的课文解读是有限度的。语文教科书后的练习部分实际上承担着对语文课程知识价值进行检验的任务,即便这种检验标准也是由人规定的,但这种标准的确立是语文课程知识所必须实现的价值。在这个意义上,学习者如何理解课文所表达的主题或思想,即如何认识其道德价值,通过练习得以确认并强化。就教科书中的课程知识而言,其所蕴含的道德价值正是通过引言说明部分的概括传导、文本内容部分的具体表达和练习强化部分的检验确证而发展的。

(三)语文课程知识的类型及其道德价值

按照不同的标准,可以把课程知识划分成不同的类型,而这种标准建构的深层依据或者标准的标准是对课程本质的理解。美国课程学者古德莱德将课程划分为五种类型,即理想的课程、正式的课程、领悟的课程、运作的课程和经验的课程。① 由此推知,课程知识也大致应该有理想的、正式的、领悟的、运作的和经验的五种类型。如果按照知识的显性维度和默会维度,课程知识又可分为显性课程知识和隐性课程知识。此外,按照知识观的不同,可以将课程知识分为固定的课程知识和互动的课程知识,前者强调课程知识的客观性、普遍性和价值中立性,而后者强调课程知识的情境性、生成性和价值负载性。这充分说明,基于不同的课程理解和知识观立场,可以划分出不同的课程知识类型,结合语文学科的特点和语文课程的使命,从语文课程知识的社会政治维度、文化发展维度和人文思想维度考察语文课程知识的道德价值,给基于课程知识分类的语文课程知识的道德价值以清晰认知。

首先,社会政治维度是语文课程知识道德价值的归属。"统治阶级的意识形态是作为社会规范的、合法的、全体成员必须遵从的意识形态而出现的,它往往是引导课程专家思想法定的、唯一的意识形态,并且作为课程内容选择的首要标准在课程规定中得到反映。任何违反这一标准的知识都将被排除在课程之外。"②因此,课程知识具有鲜明社会政治性,作为母语的语文课程知识更是如此。综观世界各国母语课程的目标和要求,彰显母语对其国民性格的塑造和社会价值观的培育的价值,是其鲜明的特点。而语文教育的每一次变革都深深烙上了社会政治的印痕,统治阶级的意识形态通过语文课程顺理成章地得到灌输。这种"制度化的政治意识是符合统治阶级价值取向的,它决定着课程中所蕴含的主导的意识形态和价值特性,后两者又使前者合法化并得到不断的强化,因此,制度化的政治意识与课程的主导性价值有着大致对应的关系"③。具体来看,社会发展平稳时期,社会政治之手对语文课程道德价值的影响是潜移默化的,而社会发展动荡时期,社会政治之手对语文课程道德价值的影响是强势突进的。检视 20 世纪以来我国语文教育发展的曲折历程,社会政治对语文课程发展的影响极为鲜明。特殊时期,"政治挂帅"式的取向酿造了语文教育的重大灾难,成为我们检讨语文课程知识道德价值尺度的镜鉴。即便如此,社会政治对语文课程的影响也绝不可能消解,尤其是在价值多元、西方资本主义意识形态可能或者已经渗入甚至蚕食我们长期以来凝练而成的价值观的时代背景中,如何考量语文课程知识的道德价值,已经不单单是课程或教育问题,更是社会或政治问题。毕竟,语文课程知识体现社会政治诉求既是其义不容辞的责任,也是语文保持其母语本色的必然要求。相较于其他学科课程知识,对一定社会政治价值的承载无疑是语文课程知识道德价值的归属。

---

① 施良方著:《课程理论:课程的基础、原理与问题》,教育科学出版社 1996 年版,第 9 页。
② 靳玉军、张家军:《论课程知识的意识形态性质》,《课程·教材·教法》2008 年第 5 期。
③ 吴永军著:《课程社会学》,南京师范大学出版社 1999 年版,第 110—111 页。

其次,文化发展维度是语文课程知识道德价值的生命。语文教育天然地具有负载和传承民族文化的使命,语文课程也势必成为传承和发扬民族文化的重要载体,而凝练成为语文课程知识的民族文化成为中华文化自信、文化自强和文化自觉的重要支撑,而且在深层次上承载着中华民族文化发展的国家之道。诚然,"在当今世界上,语言都是民族的语言,文字都是民族的文字,任何一个民族的语言文字都不仅仅是一个符号系统或交际工具。一方面,语言文字本身可以反映一个民族认识客观世界的思维方式;另一方面,民族文化也依附于语言文字得以继承和发展,所以民族文化就蕴含于民族的语言文字之中,因而任何一个民族的语言文字都是其深厚的民族精神的积淀。它直接与民族感情相联系,构成了维系民族成员的心理纽带,是民族生命的重要组成部分"[①]。语文课程的语言文字性和民族文化传承特质,是语文的基质。中华民族文化源远流长,历来都是涵养国人文化品格奠基国人民族脊梁的重要支点,语文课程传播好民族文化,与此同时彰显好民族文化的道德价值,这不仅仅对于民族文化传承本身大有裨益,而且对基于民族文化传统推进当前的道德建设具有意义深远。

最后,人文思想维度是语文课程知识道德价值的依托。就人类世界的总体结构而言,以"意义"为核心的"人文世界"处于人类总体世界最核心和最高的位置,它支配着以"价值"为核心的"社会世界",并通过"社会世界"支配着以"事实"为核心的"自然世界"。[②] 语文课程知识的人文性特质恰恰就是要培养学生在意义世界的探索中,不断认知社会世界和自然世界。从人文性维度审视语文课程知识,其就是一个意义不断建构的过程。从宏观上看,不同的学生基于自身经验、感知、体悟等对客观呈现的语文课程知识进行解构与诠释,在此基础上对自身的生活状态、处事态度进行反思,对自己的人生理想、道德品行进行检讨,使得语文课程知识具有了与个体精神相遇的意义性。从微观上看,语文教科书中的每一篇选文都是一定意义性的表达,而这种表达的意义生成是确定性与不确定性的统一。学生与其交互相生的意义,既与文本本身有关,也与学生的理解方式有关,而唯有道德性的理解才可能促成学生建构起有意义的自我世界。因此,在人文思想这个维度,语文课程知识的道德价值集中表现为课程知识本身是不是与学习主体之间建立起了意义世界的关系,是不是有效挖掘了课程知识对个体精神发展的积极意义。

---

① 倪文锦主编:《文化强国与语文教材》,语文出版社2015年版,第22页。
② 石中英著:《知识转型与教育改革》,教育科学出版社2001年版,第278页。

三、关系之行：语文课程知识的道德价值运作

（一）课程标准中的道德价值建构

1.课程标准的本质属性

在顾明远先生担任主编的《教育大辞典》（第1卷）中，将课程标准定义为课程文件的一个种属，其与课程规划（或教学计划）、课本（教科书）和教学设备目录、教学指导书等一切指导教育教学活动的文件并列。① 梳理课程标准的代表性定义，有人认为，其是规定某级学校各门学科的教学目的和任务，教学内容的要点和范围，教学时间的分配，教材教具的选择，教学方法的运用等的文件。② 也有人认为课程标准是"以课程计划为依据，主要阐述或规定各类各科课程的性质与作用、学习目标、课程内容在各年级的安排、课时分配、学习内容的要点和基本的学习要求、教学建议（教学原则与方法或教学中应该注意的问题）、教材编写与选用、教学设备与设施、学业评价"的课程文件。③ 由此看出，课程标准在理念层面整体设计了课程的性质、任务等，在实践层面具体规制了课程与教学运行、评价等。具体而言，课程标准使得培养什么样的人和怎样培养人这一根本性和全局性教育问题有了探讨的基础。就语文学科而言，语文课程标准也具体阐释了语文课程要培养什么样的人和怎样培养人的问题。纵观语文课程标准（教学大纲）的嬗变历程，尽管不同时期对于语文究竟要培养什么样的人和怎样培养人这一问题上存在着争论，但关于语文视界中文与道关系的重视一直未曾松懈，只是不同时代境遇中文与道的侧重不同罢了。实际上，语文课程标准天然地附着了道德的基因，进一步说，语文培养什么样的人和怎样培养人这一根本问题的回答无论在哪个层面都不可能剥离道德的维度。简言之，语文课程标准的本质属性是语文课程知识道德价值合情合理的内在基础。

2.课程标准的道德价值建构方式

课程标准中的道德价值建构方式既与其本质属性有关，也受其体例结构的影响。具体来看，语文课程标准的道德价值建构方式分为以下几种：一是从学科属性上定向道德价值；二是在实施建议上明确道德价值；三是以教材编写去强化道德价值。首先，对语文学科的定性在整体上引导着课程标准中的道德价值建构。如1978年颁布的《全日制十年制学校小学语文教学大纲（试行草案）》中，明确指出："语文这门学科，它的重要特点是思想政治教育和语文知识教学的辩证统一。在语文教学中，教师要

---

① 教育大辞典编纂委员会编：《教育大辞典》（第1卷），上海教育出版社1990年版，第261页。
② 陈侠著：《课程论》，人民教育出版社1989年版，第15页。
③ 廖哲勋、田慧生主编：《课程新论》，教育科学出版社2003年版，第282页。

坚持无产阶级政治挂帅；要在培养学生读写能力的过程中，注意课文的思想内容与表现形式的内在联系，正确地进行思想政治教育和语文知识教学。"[①]在这种认识基础上的语文课程必然构建并践履鲜明的政治道德取向。如1992年颁布的《九年义务教育全日制初级中学语文教学大纲（试用）》中指出："语文学科对于提高学生的思想道德素质和科学文化素质，培育有理想、有道德、有文化、有纪律的社会主义公民，具有重要意义。"[②]这种认识明确强调了语文学科对于"四有新人"培育的价值，道德作为其不可或缺的维度之一，成为必然会重视的方面。再如《义务教育语文课程标准（2011年版）》中开宗明义指出："语文课程对继承和弘扬中华民族优秀文化传统和革命传统，增强民族文化认同感，增强民族凝聚力和创造力，具有不可替代的优势。"[③]这一认识对于语文课程知识的道德价值建构具有整体统摄的作用。总而言之，通过语文学科性质和使命的厘定确证并建构语文课程知识的道德价值，实际上为课程标准中的语文课程知识道德价值的实践提供了方向和道路。

其次，对语文课程实施的具体要求在实践层面规制着课程标准中的道德价值建构。如1978年颁布的《全日制十年制学校中学语文教学大纲（试行草案）》中明确中学语文教学的目的是"用马克思主义的立场、观点和方法指导学生学习课文和必要的语文知识，进行严格的读写训练，使学生在思想上受到教育，不断提高社会主义觉悟，增强无产阶级感情，逐步树立无产阶级世界观"[④]。这一教学要求实际上是从宏观角度回答了语文教学怎么教的问题，也明确回应了语文教学中如何处理思想道德教育的问题。同样，在1992年颁布的《九年义务教育全日制初级中学语文教学大纲（试用）》中也指出，"语文教学要进行思想教育。思想教育要依据语文学科的特点，在语文训练中进行。要着重于思想感情的陶冶，道德品质的培养，使学生提高社会主义觉悟，初步具有辨别是非、善恶、美丑的能力"[⑤]。这更加明确了语文教学的道德价值维度，即语文教学如何培养道德之人。再如2011年颁布的《义务教育语文课程标准（2011年版）》中指出语文教学要重视情感、态度、价值观的正确导向，并进行了具体诠释：培养学生正确

[①] 课程教材研究所编：《20世纪中国中小学课程标准·教学大纲汇编（语文卷）》，人民教育出版社2001年版，第176页。
[②] 课程教材研究所编：《20世纪中国中小学课程标准·教学大纲汇编（语文卷）》，人民教育出版社2001年版，第524页。
[③] 中华人民共和国教育部制定：《义务教育语文课程标准（2011年版）》，北京师范大学出版社2012年版，第1页。
[④] 课程教材研究所编：《20世纪中国中小学课程标准·教学大纲汇编（语文卷）》，人民教育出版社2001年版，第437页。
[⑤] 课程教材研究所编：《20世纪中国中小学课程标准·教学大纲汇编（语文卷）》，人民教育出版社2001年版，第525页。

的思想观念、科学的思维方式、高尚的道德情操、健康的审美情趣和积极的人生态度,是与帮助他们掌握学习方法、提高语文能力的过程融为一体的,不应该当作外在的附加任务。应该根据语文学科的特点,注重熏陶感染,潜移默化,把这些内容渗透于日常的教学过程之中。[①] 这是语文课程标准中关于教学中如何理解情感、态度和价值观等人文性维度问题的全面深入阐释。总体来看,语文课程标准的道德价值建构在课程实施这个层面,具体通过回应语文教学如教以有效处理其思想道德性及相关问题为抓手,从而使得语文课程知识的道德价值在具体教学中不断去实践成为可能。

最后,对教材编写的规定成为语文课程标准中道德价值建构的具体依托。一般而言,课程标准中除明确为什么教学和如何教学两个问题之外,还需要明确用什么教学的问题。语文课程具有道德价值,用什么承载进这种道德价值自然是教材需要观照的问题,实际上语文课程标准中的道德价值建构在教材这个层面集中体现为如何选文的问题。如1978年颁布的《全日制十年制学校中学语文教学大纲(试行草案)》中明确指出课文应当思想内容好,"课文的思想内容要有助于向学生进行热爱领袖、热爱党、热爱社会主义祖国和热爱劳动、热爱科学的教育,有助于提高学生的社会主体觉悟,培养共产主义道德品质,树立无产阶级世界观"[②]。又如1992年颁布的《九年义务教育全日制初级中学语文教学大纲(试用)》中也指出,"课文要文质兼美。内容要有助于增强学生热爱祖国的思想感情,有助于培养学生艰苦奋斗、为社会主义现代化建设献身的精神,有助于学生树立辩证唯物主义和历史唯物主义观点"[③]。再如《义务教育语文课程标准(2011年版)》中指出,"教材要注重继承与弘扬中华民族优秀文化和革命传统,有助于增强学生的民族自尊心和爱国主义感情"[④]。分析语文课程标准中关于教材编写的意旨,发现对思想性的要求一直是语文教材编写的重要考量因素,语文课程知识负载着道德价值,正是通过选文使得语文课程标准的道德价值建构由理念转入了实践。据上而论,语文课程标准中的道德价值建构依循这样一种逻辑,那就是从学科属性的研判中定向道德价值,再从课程实施的要求中明确道德价值,最后从教材编选的实践中强化道德价值,这一逻辑的三个部分连接在一起共同形成了语文课程标准的道德价值建构方式。

---

① 中华人民共和国教育部制定:《义务教育语文课程标准(2011年版)》,北京师范大学出版社2012年版,第20页。
② 课程教材研究所编:《20世纪中国中小学课程标准·教学大纲汇编(语文卷)》,人民教育出版社2001年版,第438页。
③ 课程教材研究所编:《20世纪中国中小学课程标准·教学大纲汇编(语文卷)》,人民教育出版社2001年版,第525页。
④ 中华人民共和国教育部制定:《义务教育语文课程标准(2011年版)》,北京师范大学出版社2012年版,第32页。

(二)教科书中的道德价值建构

1.教科书的本质意涵

"教科书作为教育旨趣实现的重要载体,蕴藏着把人培养成什么样的人的重要价值,时代对人的诉求和教育对人的育造都可以借助教科书这扇窗进行审视。"①既然教科书具有如此重要的意义,究竟如何理解其本质意涵成为首先需要探明的问题。《辞海·教育心理分册》中这样界定:教科书也叫"课本",教材之一。指按照教学大纲编选的教学用书。② 同样,在《中国大百科全书·教育卷》中,将教科书界定为"根据教学大纲(或课程标准)编定的系统地反映学科内容的教学用书"③。《现代汉语词典》也将教科书界定为"专门编写的为学生上课和复习用的书"④。这些界定从宏观上描述了教科书是一种"什么样的书",为我们形成关于教科书的基本认知具有普遍意义。然而,教科书作为学生学习的最重要文本,其重要性到底体现在哪里;教科书作为一种文本,其与其他文本又有什么显著差异;教科书究竟负载着谁的价值又是如何负载这种价值的;借助教科书究竟要把人培养成为什么样的人;等等。这些问题是揭示教科书本质意涵的根本之思,而长期以来,相关研究还处于浅尝辄止的窘境中,关于教科书本质的元研究是一个亟待探究的话题。知识社会学为教科书本质的揭示提供了一种可资借鉴的视角,在这里,教科书成为一种意识形态的选择,集中承传着统治阶级的核心利益,不仅成为其进行社会控制的中介,而且本身就是一种社会控制形式。这为我们反思教科书的本质属性具有重要的启发意义,正如英国课程社会学家麦克·F.D.扬所指出的,不同的学生接受不同层次的知识,学校教育过程成了教育知识的分配过程。事实上,教育过程中存在的不平等的教育知识分配,是学生之间在学业成绩上出现分化的主要原因。⑤ 由此,教科书成为知识分配和学生"成层"的重要推力。伴随着教科书内在价值的不断挖掘和本质的不断诠释,教科书的知识准入、文化选择、价值负载等相关问题得以深入研讨。

总而言之,"教科书作为国家意志、民族文化、社会进步和科学发展的集中体现,是实现培养目标的最直接的载体。教科书是读者最多、最特殊,又最被读者信赖甚至依赖、最耗费读者精力和时间、对读者影响最深远的文本。一代又一代的青少年就是

---

① 张铭凯、靳玉乐:《我国教科书研究的新世纪图景——基于CiteSpace知识图谱的分析》,《全球教育展望》2017年第3期。
② 辞海编辑委员会主编:《辞海·教育心理分册》,上海辞书出版社1980年版,第5页。
③ 中国大百科全书编辑部编:《中国大百科全书·教育卷》,中国大百科全书出版社1985年版,第145页。
④ 中国社会科学院语言研究所词典编辑室编:《现代汉语词典》,商务印书馆1983年版,第571页。
⑤ [英]麦克·F.D.扬著:《知识与控制——教育社会学新探》,谢维和,等译,华东师范大学出版社2002年版,第78页。

手捧着这小小的文本成长起来的,在一定意义上,有什么样的教科书,就有什么样的年轻人,也就有什么样的国家未来"①。就语文教科书而言,其一方面具有教科书的基本内涵,另一方面也具有特定内涵,这体现在其典型的文道统一性上,即语文教科书所承载的道德价值相较于其他学科更加直接、更加鲜明、更加丰富。因而,语文教科书历来都是在文与道的关系思维中彰显其内涵。

2.教科书的道德价值建构方式

文道统一既是语文教科书基本特点。纵观语文教科书的变迁,不同时期正是通过教科书的编选进行着一定道德价值的建构,这种建构方式主要有以下几种:一是通过确定知识标准筛选道德价值;二是通过话语表达承载道德价值;三是通过教科书审定合法化道德价值。

第一,经过筛选进入语文教科书中的知识具有道德价值性。什么知识最有价值,历来是学者专家争论的焦点问题,但并不是所有最有价值的知识都可以进入教科书,换言之,能够进入教科书的成为课程知识的知识必须具备相应"资格"。当然,关于知识的筛选标准不尽相同,加上语文学科有其自身的使命和特点,哪些知识最终可以进入语文教科书,就成为一个需要审视的问题。一般而言,无论罗列出多少课程知识的筛选标准和原则指标,但归根到底都离不开三个基本的维度,即人的发展、社会需要和学科特点。② 由此论之,语文教科书中的知识当然既是指向学生的成长和发展,也是观照社会现实需要,还是遵从语文学科特点的。在维度一上,语文教科书首先要选择那些有助于把学生培养成具有中华民族国民性的知识,彰显其作为国语的担当。在维度二上,语文教科书所应选择的知识应与我们要建设什么样的社会和怎样建设这样的社会诉求密切相关,凸显语文学科的社会教化功能。在维度三上,语文教科书的知识选择必须明确其工具性与人文性相统一的学科属性。这三方面共同指向一点,那便是语文教科书的知识选择离不开道德价值尺度,经过筛选进入语文教科书中的知识必然具有道德价值性。

第二,语文教科书所承载的道德价值以话语形式集中存在。话语是一个极其复杂的概念,相较于语言或言语,话语拥有更加丰富的蕴涵。用福柯的话说,"话语是由符号组成,但他们所做的比符号所指物来得更多。正是这个'更多',使他们不可能归结为语言和言语"③。简言之,话语不仅表征显性的客观存在,而且蕴藉隐性的意义附着,这是话语的二重属性。在话语的视域中考察语文教科书所承载的道德价值,

---

① 石鸥、石玉:《论教科书的基本特征》,《教育研究》2012年第4期。
② 刘丽群著:《教科书内容的选择与形成——知识准入课程中的国家介入》,湖南师范大学出版社2013年版,第14页。
③ 陈晓明著:《解构的踪迹:历史、话语与主体》,中国社会科学出版社1994年版,第64页。

其本身就是话语意义一种表征。审视语文教科书结构,课文是其核心部分,而课文又是以文质兼美作为核心标准选择的。结合话语内涵解释文质兼美的标准,实际上就是要求选文本身不仅应该生动流畅、清楚明了地言说事实,而且应该显示人情人理、恰如其分地表达意义。通俗地讲,语文教科书中的每一篇课文,在表面看描绘了一个什么样的景色、讲述了一个什么样的故事、塑造了一个什么样的人物等需要有清晰认识,在深层次上这些景色、故事、人物等背后负载了一种什么样的思想、价值、精神等更需要深刻领悟。正所谓文以载道,语文教科书所承载的道德价值正是以话语的方式嵌入、渗透、隐喻在字里行间和文字背后。

第三,通过审定是语文教科书道德价值合法化的必然路径。审定是教科书制度链条上的重要一环,而通过审定是教科书价值实现的必经之路。教科书作为传递核心价值观和统治阶级意识形态的最重要载体,几乎没有国家不注重对教科书的管理,只是具体方式不同罢了。无论是教科书评审的目的、宗旨还是其标准的制定,社会统治阶级意识形态的规限旨趣昭然若揭,其企图通过教科书这一工具或渠道完成对下一代思想与价值观念的模塑。一般来说,"教科书如果由国家来认定,那很显然,它认定的主要依据就是教科书与国家意志的吻合程度。也就是说,教科书与国家意志的吻合度越高,教科书通过国家审查和认定的可能性就越大,因而,国家通过掌握教科书的审查与认定,而把教科书内容的选择牢牢地掌握在自己手中。即使地方或学校有选择教科书的空间和权力,但地方或学校对教科书的选择是在国家已经认可的合格教科书之内来进行的"[①]。这说明,能不能通过审定是教科书价值实现的关键,而这一关键的关键是教科书是否与国家意志相吻合。语文作为我国的母语,语文教科书历来都没有放松对思想性的关注,这也恰恰是语文教科书常因选文变动引起风波的深层次原因所在。文道统一是语文学科的独特品性,语文教科书能否通过审定在根本上以其所载之道是不是符合而且较好体现了国家之道为检验标准,而达至此标准的教科书所承载的道德价值将获得合法传递的机会。综上所论,通过知识准入筛选道德价值,进而通过话语实践表达道德价值,最后通过审定使该道德价值合法化,以此,历经"筛选—表达—运作"的路径实现了语文教科书对道德价值的建构。

(三)师生理解的道德价值建构

1.师生理解课程的意蕴

课程是预设的,也是生成的,而在生成这个维度,正是师生主体的理解不断丰盈着课程的生命。就实践中具体运作的课程来讲,师生的理解深刻影响着课程实践的

[①] 刘丽群著:《教科书内容的选择与形成——知识准入课程中的国家介入》,湖南师范大学出版社2013年版,第114页。

品性。伴随着教师和学生主体性的重新被发觉,教师超越了传统意义上传道授业解惑的施者角色,学生也超越了只是言听计从的受者角色,教与学过程中的对话性、协商性、建构性等特征更加明显。在这种情境中,课程不再是那个永恒不变的静态文本,而是充满了师生品鉴、理解、诠释等味道,课程的意义与价值也正是在这一过程中不断被揭示。实际上,"意义的呈现过程,包含着新的意义的生成与既成意义形态之间的互动。一方面,意义的每一次呈现,都同时表现为新的意义的生成;另一方面,这种生成又以既成的意义形态为出发点或背景。从过程的视域看,意义的呈现和生成与意义的既成形态很难彼此分离"①。由此论之,课程意义的呈现,既包含了课程设计者所植入的既成意义——本然之意,也包括了师生理解基础上的生成意义——实然之意,此二者相互衬托,共同塑造了课程的意义世界。而按照解释学的观点,文本的意义形成于"文本、作者与读者(解释者)之间的互动,这种互动具体展开为读者与作者之间的对话:正是在发问与回应的过程中,文本的意义不断呈现并得到理解。这一看法既注意到不同主体的互动对理解过程的意义,又在确认解释者主导作用的同时,肯定了理解过程的创造性,避免了将意义仅仅归结为自在的、不变的对象"②。就课程文本而言,其意义生成于文本本身、课程设计者与课程使用者(师生)之间的互动,也正是这种互动使得课程意义不断更新、丰富、延展,从而造就了课程的动态之美和生成之美。语文课程具有人文品性,这在客观上决定了语文课程理解的广度和深度。一方面,语文课程中的选文不仅追求对确定意义的有效确实,也追求对不确定意义的多重解读,这为师生多视角、多层面理解提供了现实可能性;另一方面,语文课程所传递的价值理想、道德意蕴、人生情怀等人的精神光辉,需要师生结合自身的知识积淀、人生阅历、价值追求等进行体悟,这是师生理解课程的内在诉求。因此,是理解搭建起了课程与师生相遇的桥梁,课程所能实践的一切价值都与师生的理解密切相关。

2. 师生理解的道德价值建构方式

师生理解是道德价值建构不可或缺的环节,一定意义上说,有什么样的师生理解,就有什么样的道德价值判读及其建构方式。因而,课程的道德价值能否有效实现,重要的不只在于课程设计者将什么样的道德价值融入了课程,而在于师生如何生成,以及生成了对其中道德价值的何种理解。当然,师生理解中的道德价值及其建构方式不可能自我显现,只有在实践层面才能被感知、检验和确证。语文课程中,师生理解的道德价值建构方式主要体现在三个方面,即师生个体的客观理解与道德价值的内蕴显化,师生个体的主观体悟与道德价值的动态生成,师生双方的互动共识与道德价值的实践证成。

---

① 杨国荣著:《成己与成物:意义世界的生成》,人民出版社 2010 年版,第 38 页。
② 杨国荣著:《成己与成物:意义世界的生成》,人民出版社 2010 年版,第 62 页。

首先,师生个体的客观理解是道德价值内蕴显化的必要前提。在课程实践的过程中,教师和学生是缺一不可的两个主体,课程的实践意蕴就是师生以课程文本为纽带的精神相遇过程。然而,教师和学生总是处于特定的时空背景、教育情境和理解坐标中,这使得师生理解的课程在特定条件下是客观的。而就课程本身来讲,其所负载的道德价值在一定条件下是有特定所指的。因此,师生能不能秉持客观理解的原则直接影响着课程道德价值的理解品质。语文课程具有鲜明的思想性、人文性,尤其需要特别注重对道德价值的客观理解。实际上,语文课程的道德价值是上至国家意志下及个体成人的价值体系,这种神圣性和严肃性对师生个体的客观理解提出了更高的要求,也从根本上否定了简单理解、机械理解甚至随意理解的片面。需要说明的是,师生个体的客观理解并不是要阻滞其理解的丰富性和多元性,所谓客观,旨在强调理解的实事求是,遵从文本本意,并且有助于文本意义的有效显现。进言之,只有基于师生个体的客观理解,语文课程的道德价值意蕴才可能被准确揭示,而这种客观理解所建构起来的道德价值终将成为语文课程的道德价值底色。

其次,师生个体的主观体悟是道德价值动态生成的重要条件。教师和学生作为课程实践的主体,其总是带着一定的价值立场、人文情怀和认知准备进入课程场域的。因此,不能忽视师生的这种"前见"进行课程意义的自我言说和课程知识的价值建构。实际上,"课程知识的教与学营造出了学习者的真实生存处境,围绕着这一核心,教师和学生主要的和大部分的日常活动和生命体验得以展开,进而他们的生存意义也在这一过程中得以建构和生成"[1]。更何况,"在教学过程中,教师与学生之间的交往不是传递物件,而是传递知识与观念。物件的接受可以不变形,不变量,不变质;但知识与观念的传递,则必须经过接受主体的主观建构。而语文课程知识的综合性、实践性和人文性等特殊性能,更决定了教师在语文教学过程中,绝非把知识直接告知学生所能奏效"[2]。那种认为学习者当时获得他并不理解的知识,但终有一天他会理解这些知识,并将它赋予灵性之中以逐渐接近知识背后的意义的观点,其实是对强迫性知识学习后的盲目信任的自欺欺人的说法,所有外在都不具有教育作用,相反,对学生精神害处极大。[3] 由此论之,语文课程知识的道德价值离不开师生基于个体体悟的建构,而他们进行这种建构的过程也正是其生存意义彰显和丰富的过程。当然,课程知识的道德价值并非可以无限建构的,其内在规定性体现在课程设计者所赋予课程知识必然的道德价值。为此,师生个体的主观体悟唯有不断弥合课程知识的必然道德价值并在此基础上进行恰如其分的发挥,才可能确保其道德价值动态生成的实效。

---

[1] 李召存著:《课程知识论》,华东师范大学出版社 2009 年版,第 60 页。
[2] 韩雪屏著:《语文课程知识初论》,江苏教育出版社 2011 年版,第 278 页。
[3] [德]雅斯贝尔斯著:《什么是教育》,邹进,译,生活·读书·新知三联书店 1991 年版,第 5 页。

最后，师生双方的互动共识是道德价值实践证成的根本保障。在具体的课程实践中，教师和学生都不是独立存在的，他们以课程为中介展开精神的相遇融通。由于角色、身份、基础等的不同，教师和学生对课程的理解是有差异的，而这种差异一方面为师生展开多层面的对话、协商提出了现实必要性，另一方面为师生达成课程理解的共识确定了必然性。当然，师生课程理解共识的达成并不是苛求他们形成毫无争议的一致性看法或观点，进而形成某种趋同的价值认知。正相反，师生基于个体理解产生的不同价值认识以及可能由此引发的价值冲突是何以需要价值共识的实践诉求。语文课程因其选文所具有的鲜明思想性特征，更容易与师生已有的价值观念发生碰撞，这既成为价值共识的形成的基础，也可能是价值冲突生成的诱因。师生如何基于彼此的理解并进行积极的互动、协商是价值共识能否达成的关键所在。而就语文课程知识的道德价值而言，由于师生在道德认知、道德情感、道德体验等方面的差异，加之学生道德价值观养成时期的易变与突变等特殊状况，使得道德价值共识形成的难度明显增加。即便如此，充分利用沟通、协商、移情等各种可行方法促成师生道德价值共识的达成，从而确保语文课程知识的道德价值被有效理解和实践，这是基于师生交互最终证成其道德价值的应有之义。

本章小结

文道关系在语文学科视域中是一个历久弥新的话题，所谓文以载道，在语文课程视界中可以诠释为语文课程知识的道德价值这一具体问题。基于这样的理解，从语文课程知识的道德价值功能、语文课程知识的道德价值负载和语文课程知识的道德价值运作三个维度建构文道关系基础、文道关系实质和文道关系运作的整体分析框架，以重新解码语文课程知识视界中的文道关系，进而为语文课程知识的道德价值更好实现探寻新思路。

具体来看，课程知识在社会、文化和个体等层面的价值筛选的过程中，逐渐确立了其道德价值，而道德价值使命与教育目标的唇齿相依、道德价值内涵与课程旨趣的不谋而合、道德价值实践与立德树人的并行不悖构成了课程知识的道德价值逻辑。语文学科的母性特征、语文教育的古今追求和语文课程的价值彰显是语文课程知识何以具有道德价值的根脉与源流。总之，语文课程知识的道德价值功能是语文课程知识视界中文道关系存在的基础。进一步考察文道关系的实质，将其归结在语文课程知识的道德价值负载这一核心环节上，从语文课程知识的特征、分布和类型三个方面分别进行道德价值诠释。就特征而言，语言文字性奠基其道德价值、主观建构性生成其道德价值、整体融合性凝结其道德价值；就分布而言，说明引言部分传导道德价值、文本内容部分表达道德价值、练习强化部分检验道德价值；就类型而言，社会政治维度是道德价值的归属、文化发展维度是道德价值的生命、人文思想维度是道德价值的依托。最后,在语文课程知识的道德价值运作中解析文道关系的行动逻辑,发现其通过课程标准、教科书和师生理解三个方面实现了道德价值的建构。其中,课程标准从学科属性上定向道德价值、在实施建议中明确道德价值、以教材编写去强化道德价值;教科书通过确定知识标准筛选道德价值、通过话语表达承载道德价值、通过审查制度合法化道德价值;师生理解通过客观理解显化道德价值、通过主观体悟生成道德价值、通过互动共识证成道德价值。

综而论之,在语文课程知识视界中诠释文道关系,其内在解析逻辑在于课程知识的道德价值功能奠定了文道关系的基础,课程知识的道德价值负载充实了文道关系的内涵,课程知识的道德价值运作促成了文道关系的实践。简言之,语文课程知识视界中的文道关系诠释在本体论层面为语文课程知识的本质审视探寻了一种新视点,在价值论层面为语文课程知识的道德价值研判提出了新的分析思路。基于此,进一步分析语文课程知识的道德价值系统及其实践,将为基于文道关系的语文课程知识价值反思提供更加有益的镜鉴,也将为语文课程知识的道德价值更好实现觅得可行之径。

第三章　语文课程知识的道德价值系统

　　语文课程知识负载重要的道德价值，这是由语文学科的属性和语文课程的特点共同决定的。那么，语文课程知识的道德价值是如何具体实践的，这种实践的学理支撑是什么，语文课程知识的道德价值区别于其他课程知识价值或语文课程知识其他价值的特性是什么，我们究竟应该如何理解语文课程知识的道德价值，诸如这些问题并不是只凭文道统一就可以回答的。换言之，唯有破解语文课程知识的道德价值密码，才能更好研判语文课程知识的道德价值内涵，也才可能更好审视语文课程知识的道德价值实践，最终方可能探寻语文课程知识道德价值实现的有效进路。关键问题在于，怎样才能解码语文课程知识的道德价值，这成为继探讨语文课程知识何以具有道德价值之后的又一核心命题。

　　实际上，解码语文课程知识的道德价值，首先要确立研判视角并据此构建分析的框架。然而，语文课程知识的道德价值作为一种嵌入在语文课程知识之中的内在价值，且由不同的类型和内容构成，这说明解析语文课程知识的道德价值既不能忽视其基本特征，也不能只看到某一种类型或某一种内容的道德价值，而要从全面的、系统的视角进行观照。此外，语文课程有其自身的属性，语文课程知识也有自身的特点，这使得语文课程知识的价值自然应该有别于其他学科课程知识的价值，何况道德价值作为语文课程知识重要的内在价值，其不仅是语文课程知识价值体系的重要组成部分，而且是语文课程知识价值有别于其他知识价值的重要表征刻度。因此，如何认识语文课程知识的道德价值还应该超越对一般知识价值的分析模式，从语文课程知识的自身品性出发，挖掘潜隐、生成、评价等知识本身及其运作过程中的道德价值力量。正是基于这样的认知，试图以系统论的视角建立语文课程知识道德价值系统的解析框架，具体而论，就是从语文课程知识道德价值特征的分析入手，回答语文课程知识的道德价值的存在样态；继而分别探讨语文课程知识的道德价值类型，回答语文课程知识的道德价值的呈现形态；最后探讨语文课程知识的道德价值内容，回答语文课程知识的道德价值的表征状态。如此，使得语文课程知识的道德价值探讨由束之高阁的泛泛而谈转向基于学理逻辑的科学研判，这既是语文课程知识道德价值理解深化的必然诉求，也是语文课程知识道德价值实践推进的学理之思。

一、语文课程知识的道德价值特征

(一)嵌入性

课程知识负载一定的价值并且表征这种价值,道德价值是语文课程知识的重要价值维度。作为工具性与人文性统一的学科,一定意义上讲,正是语文课程知识的道德价值嵌入,使得语文既不会因为只突出工具性而"干瘪",也不会因为只突出人文性而"空虚"。简言之,嵌入性是语文课程知识道德价值的基本特征之一,这集中表现在嵌入语言文字、课文内容和课程评价三个方面。

其一,嵌入语言文字。相较于其他学科课程知识而言,语文课程知识具有典型的语言文字性,而这也是语文课程知识道德价值嵌入的载体。以"字、词、篇、语、修、逻、文"为表征的客观性语文课程知识,其最基本的构成单位即语言文字,而汉字具有生动的象形特征和强大的表意功能。"经典语言观一般都认为,语言是用以表达思想的工具,是反映自然和实在的一面镜子,文字和语言则是表达语言的符号。因而,语言是意义的载体,语言符号与语言意义之间存在一种对应关系,据此人们可以从语言中获取其意欲表达的意义。"[1]由此,语言文字的本质属性为语文课程知识的道德价值提供了沃土。实际上,在语言学视域中,语言文字是能指和所指的统一,即外在指称和内在意涵的结合。这种以语言文字为基础构成单位表征的语文课程知识,其能指就是语言文字的表层意义,而其所指就是语言文字的深层蕴涵。道德价值作为语文课程知识的价值维度,其不仅需要通过语言文字本身的结构、图像等加以表达,而且需要对隐匿的语言文字符号背后的意义、思想进行挖掘,如此,在语言文字能指与所指的内在统一性把握中,更好研判语文课程知识的道德价值。当然,语文课程知识的道德价值嵌入语言文字,这一方面说明锻字炼词、字斟句酌的必要性,另一方面说明超越语言文字本身进行内涵理解的重要性。

其二,嵌入课文内容。语文课程经过长期的发展逐渐形成并且固定下来为文选型特色,语文课程知识在教科书这一层面主要通过选文呈现出来,因此,课文内容具体承担了语文课程知识的价值。文以载道,在这个意义上集中体现为课文内容的道德价值承载。通过课文,语文课程价值得以实践、语文课程旨趣得以达成。然而,如何理解课文的道德价值或者课文究竟是如何承传某种道德价值的,这是一个极其严肃的问题。在价值维度,课文不仅仅是记事抒情的载体,更是言志颂德的载体,"文科中的叙事表达、隐喻表达,可以表现丰富的内容与寓意,甚至可以表达概念与逻辑难以表达的内容"[2],因而,关于语文课程的选文就绝不是一个简单的"加减"行为。表

---

[1] 鲁苓著:《语言 言语 交往》,社会科学文献出版社 2004 年版,第 11 页。
[2] 潘洪建:《知识形式:基本蕴涵、教育价值与教学策略》,《课程·教材·教法》2014 年第 11 期。

面上看,语文课程的变化最直接的反映就是选文的增删替换;深层次上看,语文课程选文的变化恰恰表征语文价值观的某种变化,更具体地说是对语文课文载道传道之道的认识变化。这也就是为什么几乎每一次选文变化都会引起广泛热议的重要原因根源之一:一方面,语文课文嵌入了道德价值,而这种道德价值因时代、社会、文化等多重因素交织作用,适时做出调整是毋庸置疑的。另一方面,道德价值嵌入语文课程,不能损害语文课程的本质属性和本体功能,保有相对稳固性也是理所应当的。在课文这个层面,语文课程知识的道德价值是通过嵌入课文来实现的,这也说明了从文道关系的视角解读课文的合理性。

其三,嵌入课程评价。课程评价是指引课程发展的尺度和向标,在很大程度上,有什么样的课程评价就可能有什么样的课程实践。就课程知识的评价而言,重要的是对课程知识的价值进行评价,这既包括课程知识选择时的价值筛选,也包括课程知识运作后的价值鉴定。伴随着教科书的发行,课程知识的价值筛选已经完成,评价转向对其运作后效能的评估上。选择什么样的课程知识进入语文课程,对语文课程知识实践后的效果如何评价,这是语文课程知识价值评价的两个基本维度。可以说,语文课程知识的价值评价贯穿了语文课程评价的始终。因此,语文课程知识的道德价值也是在课程评价中得到甄选、鉴定直至确定的。具体来看,语文课程常常会把意欲传递的道德价值通过榜样人物、道德案例、传统典故等表达出来,而这些也是语文课程知识道德价值评价的重要维度。此外,语文课程也通过实施后评价,即课程运作后的效能评价,使课程知识的道德价值进一步明确,如对文中某些字词句段深层意义的理解,对篇章主题思想的解读,对价值导向的体悟等,都隐含了道德考量的因子。当然,需要指出的是,语文课程知识的道德价值以嵌入的方式存在,但这并不是为了一味地标榜道德,更不能将不切实际的所谓道德价值强加于语文课程知识。一言以蔽之,语文课程知识的道德价值不仅嵌入语言文字和课文内容中,而且贯穿课程评价的整个过程中。也正是这样,既保证了语文课程知识道德价值嵌入的顺理成章,也彰显了语文课程知识的道德价值性格。

(二)生成性

将课程置于动态的过程中进行审视,其不再是静态的文本,而是与师生精神相遇并且不断发生关系的载体,课程知识是这一载体不断获得生命和活力的最重要支撑。在价值层面,课程知识的价值不是客观的、中立的、不变的,而是建构的、情境的、动态的。"课程知识的传递与认识主要通过课程知识的客观表征与主观建构活动来执行,而有效地传递与认识课程知识,关键在于改善课程知识的客观表征与主观建构活动的品质。"①道德价值作为语文课程的重要价值深植于语文课程知识之中,且语文课程的人文属性也使得语文课程知识天然地具有人文性知识的特点。而这些共同决定了语文课程知识道德价值的鲜明生成性,具体到课程实践范畴,这种生成集中体现在主客体彼此之间的多重对话中。

首先,生成于教师与文本的对话中。语文课程知识具有很强的"能动性",这种能动性表现在其意义的多元性和灵活性上。在课程实践的具体场域中,教师是最先与课程文本这一客体发生关系的主体,这一主体依据自己的尺度去接触、影响、改造客体,在客体身上显现和直观自己的本质或"本质力量",从而使客体愈来愈带上主体所赋予的特征,进而实现"客体主体化"。② 就教师这一主体与课程这一客体而言,客体主体化的重要基础是教师通过与课程文本的对话建构起来的课程理解,而客体主体化的程度或效能很大程度上也取决于教师课程理解的程度和效能。易言之,教师如何理解课程,将直接影响到对课程价值的判读。语文课程知识的人文性特征,使其具有被充分主体化的先天优势,而教师成为促成这一优势不断发展的最初也是关键的变量。这表明,教师通过与语文课程的深度对话,实现对课程文本的深层理解,是语文课程效能最大化发挥的必要环节,语文课程知识的道德价值也正是在这一过程中被教师揭示和诠释的。实际上,在语文课程实践中,教师无不在与课程文本进行着对话,然而由于不同教师与课程文本对话的价值取向、目的意图和能力水平等方面的差异,使得语文课程知识的道德价值得以解读和实践的程度也会有所不同甚至会大相径庭,但这并不意味着语文课程知识的道德价值可以抛开教师的理解而独立运行。在根本上,任何价值都存在并且运行于主客体的关系中,教师与课程文本的对话,是语文课程道德价值生成的前提之思。

其次,生成于学生与文本的对话中。长期以来,学生视界中的课程这一关键议题被忽视,这隐射着一种先入为主的价值逻辑,即学生只需要不打折扣地接受课程,而这种不打折扣的标准就是教师传授中的课程。这一认识从根本上淡化了学生作为学习过程主体的价值,也影响了课程本身丰富价值的实现,逐渐受到诟病。新的课程教学观重新发现了作为学习主体的学生,在教学过程中,学生应该是何种角色和身份,如何看待学生对课程的理解,如何激发学生的主观能动性等成为老生常谈却常谈常新的话题。以课文文本为主要表征的语文课程知识,具有鲜明的开放性和灵活性,由于学生的不同理解赋予语文课程知识不同的价值是语文生命无限绽放的重要条件。语文课程知识的道德价值在客观层面是语文课程知识内在附着的,在主观层面不可

---

① 靳玉乐、董小平:《课程知识的客观表征与主观建构——兼论课程与教学的内在整合》,《教育研究》2009年第11期。
② 李德顺著:《价值论——一种主体性的研究》(第3版),中国人民大学出版社2013年版,第43页。

或缺地由学生主动建构,并且客观层面的价值必须经由主观认证获得"登场"的资格。因此,从学生这个角度来讲,语文课程知识的道德价值就是学生在与文本作者、背景、内容、主题、思想等展开多层面对话的基础上被其感知、体悟进而认同、内化的。如果没有学生与文本的对话,语文课程知识的道德价值只能是预设的、呆滞的、教条的,不可能彰显道德价值的动态、灵性、涵咏的生成之美。总而言之,学生与课程文本的对话,是语文课程知识道德价值生成的过程之思。

最后,生成于学生与教师的对话中。处于课程教学实践中的课程知识,其是以教师与学生彼此理解形成协商存在并发挥作用的,因此,课程知识的价值生成不能缺少师生对话这一条件。语文课程的人文属性和语文课程知识的人文知识性质,是语文课程知识道德价值何以需要在对话、交流、反思中生成的根本前提。因为"人文知识从陈述形式上是一种反思性的知识,带有很强的个性与隐喻性。这种性质的知识与其说是就某一问题给人们一个'结论',不如说是要'激起'人们更多的'反省';与其说是要表明作者的'立场',不如说是要渴望与人们的'对话';与其说是要达成一个'共识',不如说是要开发新的'歧见'或促成新的'理解'"[①]。教师和学生共存于教学场域之中,"对教师来说,其教学决不能局限于学生的'感'。教师要引导学生关注作品的这些内容而忽略另一些内容,引导学生从这个角度体悟课文同时遮蔽另外的角度"[②]。缘此,在价值层面,教学的过程就是教师和学生双方基于价值商谈实现共同发展的过程。就语文课程知识而言,教师所理解并期望传递给学生的道德价值与学生理解并希望获得的道德价值并非完全契合甚至可能是背道而驰的,这与双方的价值立场、期望目标、理解水平等有关,但不能因此搁置道德价值的某种共识。通过彼此反省、对话、理解实现对一定课程知识道德价值的共识性认知是必要的也是必需的,因为这关系到课程知识的道德价值能不能有效实践。由此,促成教师和学生的对话,是语文课程知识道德价值生成的效能之思。

(三)协商性

课程知识从来都不是价值无涉的,统治阶级通过课程知识的筛选和课程知识价值的审定,决定了知识的命运。然而,课程知识的选择和价值的审定终究是由人这一价值主体来完成的,而人总是处于一定的政治、经济、文化情境中,因此,所谓课程知识的价值总会带有一定的协商色彩,这种协商色彩在人文性知识中表现更加鲜明。语文学科的母语地位和语文课程知识的人文知识属性,决定了语文课程知识的道德价值协商特点,这具体表现在三个层面:一是与政治意识的协商;二是与文化传统的协商;三是与社会环境的协商。

---

① 石中英著:《知识转型与教育改革》,教育科学出版社2001年版,第314页。
② 王荣生:《对语文教科书评价的几点建议——兼谈语文教科书的功用》,《中国教育学刊》2007年第11期。

第一，与政治意识的协商。迈克尔·W.阿普尔指出：课程是主流阶级的权力、意志、价值观念、意识形态的体现和象征，它实际上是一种官方知识，是一种法定文化。① 而课程决定"不仅是一种教育专业的决定，还始终受到政治意识、社会变迁和利益团体的影响，是一种政治协商过程"②。这反映出课程研究之所以不能剥离与政治意识形态的关系的内在根由，实际上也揭示了课程知识价值与政治意识形态的深层关联。在政治意识形态的视域中，课程知识成为统治阶级和社会主流阶层核心利益表达的中介，也成为其借以这种合法性的知识进行政治意识形态传播和强化的重要手段。毕竟，"当一个阶级掌握国家政权以后，它会把本阶级的意识形态树立为社会的主流意识形态，并以此对全体公民进行种种方式的教育与熏陶。自古及今，没有哪个统治阶级不重视主流意识形态对人们的影响作用"③。因为"个人只有通过教化与意识形态认同，才可能与以这种意识形态为主导思想的社会认同。所以，黑格尔早已告诉我们，一个人在社会中接受的教化越多，他在该社会中具有的现实力量就越大。这样一来，我们就明白了：个人越是与某种意识形态认同，他在以这种意识形态为主导思想的社会中就越显得得心应手"④。因此，从政治意识形态的角度审视，课程知识的价值在根本上在于教化学生不断认同某种意识形态，特别是一定社会占主导地位的政治意识形态。语文是我国的母语，道德价值作为语文课程知识的重要价值维度，其对于学生教化的作用不仅仅体现在促成学生的道德发展，更重要的是要通过这种道德价值的确认形成其对国家政治意识形态的认同和内化。考察语文课程的变革历程，在道德价值这一维度，其实就是语文课程知识的道德价值与特定情境中的政治意识形态的协商过程，语文课程中的文道关系论争恰恰是这种协商博弈的生动写照。当然，与政治意识协商说明了语文课程的道德价值并非要"臣服"于政治意识形态，至于如何保持这种协商的秩序和生态又是另外的论题罢了。

第二，与文化传统的协商。"文化是由人创造出来的。文化是特定个人所达到的生活方式，并且是由他们保存下来作为社会其他的人的生活方式。"⑤一个民族的文化的凝结及其经由时间的积淀形成这个民族的特有文化传统，任何一个民族都有自己的文化传统，扬弃并继承这种文化传统是保有一个民族血脉和精神的必然要求。"在人类的精神世界中，文化传统具有强大和持久的力量，即便某一个社会发生了革命性的改变，文化传统也不会随之而被彻底去除。任何一个社会文化和价值观的改

---

① [美]迈克尔·W.阿普尔著：《意识形态与课程》，黄忠敬，译，华东师范大学出版社2001年版，第8页。
② 靳玉乐、罗生全：《课程决定的权力关系及其运作》，《教育发展研究》2009年第8期。
③ 吴瑾菁著：《道德认识论》，社会科学文献出版社2011年版，第228页。
④ 俞吾金著：《意识形态论》（修订版），人民出版社2009年版，第2页。
⑤ [美]C.W.莫里斯著：《开放的自我》，定扬，译，上海人民出版社1965年版，第122页。

造与创新都毫无例外地是依托在文化传统的肩膀上完成的,文化传统应被当作人类有价值生活的必要构成部分。"①就此而言,文化传统既是一个国家和民族自立自强的基础,也是一个国家和民族振兴发展的动力。作为文化传承的重要载体,课程是文化选择的结果,而语文课程作为母语又肩负着中华民族文化传承的重任,语文课程的文化传承必然会受到中华民族文化传统的影响。一方面,近代以来的文化自卑心理使得拥有博大精深的中华民族文化传统逐渐祛魅;另一方面,西方标榜自由、个性、博爱的文化潮流伴随着市场化的热浪奔涌而来大大消解了中华民族文化传统的精神价值。语文课程的母性本质势必要求其对这种陷入拉扯窘境的中华民族文化传统进行拯救。此外,民族文化传统中既包含积极内容,也包含消极内容,"如果一个民族文化中积极性的思想意识得不到发扬,而其中消极因素却膨胀起来,就会酿成文化的病变,致成文化的停滞"②。语文课程对民族文化的革故鼎新当然亦有不可推卸的责任,而"课程知识传承人类文明,并革新、继承、存续和发展着民族传统"③。由上而论,处于文化传统境遇中的语文课程,其如何应对文化传统本身及其由此生发的一些问题,是文化价值取向的反映。但文化价值取向与人们的道德价值观的相互牵连,使语文课程知识的道德价值不可能回避文化传统,而必须在与其互动、作用、协商中走向确立。

第三,与社会环境的协商。纵观20世纪以来的中国变化,从清王朝的覆灭到"五四"新文化运动的复兴,从新中国成立到"文化大革命"的浩劫,从改革开放的繁荣到全球化挑战,我们走过了跌宕起伏的峥嵘岁月。每一次重大变革都鲜明地烙印在社会环境上并且深刻改变着这种社会环境,作为社会大系统的组成部分,教育无不受制于社会环境的影响,这是我们着眼社会环境变迁审视教育的根本前提。当前,中国社会正处于一个经济结构变革、文化交流频繁、价值选择多元的复杂发展环境中,这对道德教育提出了新挑战。而且,伴随着物质世界的繁荣,蚕食道德精神的怪病也由此而生,道德信仰的淡漠、道德相对主义、道德无用论等成为道德建设的严重阻碍。可以说,这是一个亟需道德的时代,也是一个道德极其匮乏的时代。在这样的社会环境中,学校道德教育何去何从?课程又该如何肩负起并发挥好思想道德教育的作用?这成为一个需要警醒的问题。语文课程作为道德教育的重要载体,理所应当要担起道德教育的时代使命。可问题在于,语文课程究竟如何才能既不丢却语文本性又恰到好处地应对道德呼唤,换句话说,语文课程必须在道德价值发挥中厘定身份。在语文课程发展的历史上,由于过度迁就于社会环境而迷失甚至忘却自我,导致了语文教

---

① 孙春晨:《全球化时代的道德教育与文化自信》,《唐都学刊》2016年第1期。
② 张岱年著:《思想·文化·道德》,巴蜀书社1992年版,第400页。
③ 李殿森、靳玉乐:《课程知识与社会意识形式》,《教育研究》2006年第6期。

育文道关系的失衡并为语文教育发展埋下了隐患。实际上,担负道德价值的语文课程知识,不必因为疑虑本性的失落而摒弃道德的附着,这种因噎废食既不可能也没必要。基于社会环境这个视点,语文课程知识的道德价值是在与社会环境进行协商的过程中形成的,由此,更好实现语文课程知识的道德价值就是要想方设法促进这种协商的深化与优化,进而以协商求协同。

二、语文课程知识的道德价值类型

(一)工具性道德价值与目的性道德价值

如果我们把价值理解为主客体关系中客体对主体的满足程度,那么在道德的维度上,按照语文课程知识这一客体对主体人的道德需要的满足程度及其在主体整个活动中的地位和作用,可以将语文课程知识的道德价值分为工具性道德价值和目的性道德价值。其中,工具性道德价值是指语文课程知识在调节各种社会关系中如何发挥作用,而目的性道德价值是指语文课程知识在使人成人这一过程中的作用发挥。

一方面,语文课程知识的工具性道德价值是语文的价值承托。"道德作为调节人与人之间社会关系的价值体系,并非源自神秘的'天意'或'神启',而是在具体的历史的生活实践中,基于人的道德需要而产生的,是人的生活实践和它所需要的社会关系、社会秩序的产物。道德的工具价值、手段价值,主要指道德作为'社会关系的调节器'对人的需要的满足。"[1]换言之,道德的工具价值亦即道德的功利价值,其"在于能给主体(个体或社群)带来某些好处或维护某种利益"[2]。工具属性作为道德价值的基础,反映在如下三个方面:首先,道德价值的尺度是以人的需要为尺度的,而人的需要总是复杂的、多层次、多方面的,因而,如何以道德的方式评判人的各种需求并将其置于合宜的道德价值体系中,是基于道德的尺度审视人的需要的关键。其次,道德价值在社会这一维度,集体体现为对各种社会关系的调节,人总是处于一定的社会情境之中,也就必然置身错综复杂的社会关系网络,正是道德价值的作用发挥使这些关系良性运行。最后,道德价值以肯定个体主体性的方式发挥作用,处于现实社会环境中的个体,总会存在各种各样的差异,这种差异既不可能使道德价值面对不同个体时等量齐观,更不可能为了迎合道德价值的共通性而削足适履,正是在充分尊重个体主体性的基础上满足其需要。总的来讲,工具性道德价值为调节以人为核心元素构筑的人类社会关系提供了重要价值坐标和价值尺度。人们只有在对道德具有一定认识的基础上,才能抓住一定道德关系和道德行为的本质,进而理解和掌握道德原则和道德规范指导自己的道德行动和分析社会道德现象,正确地进行道德价值目标的选择,提

---

[1] 孙伟平:《试论道德价值及其实现》,《东岳论丛》2010年第1期。
[2] 王志刚:《论道德价值及其评价》,《陕西师范大学学报》(哲学社会科学版)2003年第4期。

高道德判断的能力,增强道德情感的陶冶。① 具体到语文学科而言,语文是一门承载鲜明道德价值的学科,这种道德价值与语文课程的思想性有着内在的一致性,语文课程知识传递的道德价值以道德理想、道德认同、道德规范、道德取向和道德目标等形式进行表达,明确了作为母语的语文学科所期待、认可和倡导的道德价值。换言之,通过语文课程知识的道德价值负载及其传递,旨在确立进而倡导一种什么样的道德价值、营建一种什么样的社会风尚,以此发挥语文学科在调节各种社会关系中的指引、启示乃至矫正的作用。在这个基础上,语文课程知识的工具性道德价值不断散发内在能量并激活其他各种价值,最终使其成为语文课程乃至语文学科价值发挥的基本承载和依赖。

另一方面,语文课程知识的目的性道德价值是语文的价值依归。"在一个目的王国里,道德价值和幸福能否通过一定方式连结起来依赖于道德法则所责令的是什么东西。只要有社会存在着,目的王国便将是一个幸福的世界;如康德说的那样,它是一个以德报德的道德世界。"② 由此,道德的目的价值或内在价值,首先表现为道德对人与社会的精神与至善价值。在这种超功利的立场上,道德价值的本质是善、理想或对人们"应当如何"的要求,道德本身就已是目的,是一种值得追求的精神价值。③ 人类历史和现实中,道德起到了巨大的精神作用:一方面,道德作为社会意识的重要组成部分,构成了人类文化传统的重要内容;另一方面,道德形成了特定群体和社会成员的群体精神。④ 这说明,人类社会的发展注定少不了具有目的属性的道德价值的作用发挥,而教育是关乎把人培养成什么样的人的价值实践活动,由此,道德价值的目的性与教育的终极旨趣在"人的价值"这个维度上是不谋而合的。实际上,我们在任何情况下谈到价值,谈论任何价值的时候,人对任何事物(包括人自己)进行评价和价值判断的时候,不管我们自己意识到与否,实际上都是以我们自己的尺度去评量世界。价值关系是一种属人关系,是以人为主体和标准的关系,人的主体性是一切价值现象的"普照的光",一切价值都成为人的价值。⑤ 然而,人如何理解价值本身及其作用和关系,不仅受制于人所持的价值认知取向,当然也与个体的价值判断水平不无关系,且此二者终归与主体的受教育程度有关。"不论是谁在任何时候都不应把自己和他人仅仅当作工具,而应该永远看作自身就是目的。"⑥ 正是基于这样的前提假设,人

---

① 徐少锦、温克勤主编:《伦理百科辞典》,中国广播电视出版社 1999 年版,第 1063—1064 页。
② [美]罗尔斯著:《道德哲学史讲义》,张国清,译,上海三联书店 2003 年版,第 423 页。
③ 王志刚:《论道德价值及其评价》,《陕西师范大学学报》(哲学社会科学版)2003 年第 4 期。
④ 李德顺、孙伟平著:《道德价值论》,云南人民出版社 2005 年版,第 61 页。
⑤ 李德顺著:《价值论——一种主体性的研究》(第 3 版),中国人民大学出版社 2013 年版,第 43 页。
⑥ [德]康德著:《道德形而上学原理》,苗力田,译,上海人民出版社 1986 年版,第 86 页。

们在教育知识选择时有持鲜明的目的取向,这一取向注重知识的内在价值,侧重知识对人的精神发展和人格发展的内在意义。① 诚然,知识教育如果丢弃了对其内在价值的挖掘,不得不说是遗憾,涸敝了内在意义而流落成简单符号的知识无异于行尸走肉,只能让知识本身惨遭灰色命运。从这个意义上讲,以目的取向注重教育知识选择的内在价值,自然有其积极意义。就语文学科而言,思想人文性是其基本属性,道德价值是语文课程知识内在价值,通过语文教育特别是语文课程知识的道德价值发挥,对人和社会的精神发展具有不可小觑的意义。具体来看,语文课程知识所承载的中华民族文化传统和具有中华特定群体特征的民族精神,都是语文课程知识的道德价值,也都是需要深入挖掘的语文课程知识的内在价值。语文课程知识的这种价值彰显和发挥,是何以通过语文使人具有中华民族血脉、秉性、精神等中华民族魂魄的重要基础,而这恰恰是语文的价值归属。

(二)个体性道德价值与集体性道德价值

"人类的道德,是公共与个体的统一,而且必须是统一的,没有离开公共性的所谓个人道德,也不可能存在脱离个体的所谓公共道德。"②处于社会关系系统中的主体人,既以独立个体的身份存在,也以群体成员的身份存在,而价值是属人的,一切价值归根结底都是人的价值。据此,从人的个体与群体两种不同的角色身份来看,道德价值大致也有个体性道德价值与群体性道德价值之分。具体到语文课程知识来看,其个体性道德价值是指语文课程知识在个体道德理解、道德情感、道德认同等方面发展的价值,侧重人的自我性发展;而集体性道德价值是指语文课程知识在集体道德体验、道德共识、道德自觉等方面发展的价值,注重人的社会性发展。

其一,语文课程知识的个体性道德价值与人的自我发展。教学的过程,在内在意义上是知识与学生精神相遇和交往的过程,"在这一过程中,学习者的心灵和经验都是自我建构的,没有了个体的自主、自愿和自由,教育就必将沦为对精神的奴役,而无法达成内在思想的对话、交流、质疑与反思。从这个意义上讲,对于学习者而言,精神自由的丧失将使教育生活不再充满理性的愉悦,而将成为无尽的智力负担与心智的折磨"③。况且,教育发展应有利于个体道德自我的道德德性精神的发展,有利于人之为人的真正精神性本质的发展。唯有如此的发展,才能找回真正人的目的性、尊严、自由。人之所以是必须要受到教育的创造物,就在于教育及其发展对"善"知识的追求和发展的合理性上。人通过教育及其发展,使得人性得以从"胚胎"状态展开,

---

① 陈建华:《教育知识价值选择中的目的/手段取向及其批判》,《南京社会科学》2015年第1期。
② 徐宗良著:《道德问题的思与辨》,复旦大学出版社2011年版,第34页。
③ 郭晓明著:《课程知识与个体精神自由:课程知识问题的哲学审思》,教育科学出版社2005年版,第31页。

达到人的本质性规定,使人成为真正的人,成为全面本质得以和谐发展、自由发展的人。① 这就是说,教育必然担负着人的精神自由培育和实现的使命,这是教育何以使人成人的重要刻度,也是课程知识何以促成人的发展的逻辑基础。在道德这个层面看,语文学科育人的终极旨趣是把人培养成为具有一定道德追求的个体,而语文课程知识是这一旨趣实现的重要依托,这说明,语文课程知识具有个体发展的个体性道德价值。这种个体性道德价值具体表现在三个方面:一是通过语文课程知识与具体个体的相遇及其相互作用,促成个体的个性化发展;二是语文课程知识致力于培养每一个个体的道德素养,使个体的道德化发展成为可能;三是语文课程知识以其文道统一的独特优势,促进道德由外向内有序发展。总体而言,语文课程知识的个体性道德价值指向作为主体人的道德发展,这为人成人的价值实现明确了方向,实际上,"每一社会中的个人,都同是自我与他人,所以个体的价值,是由自我关系和个人之间关系这两个方面组成的,而道德价值就是要使自我与他人之间达成一种和谐,并使独立的自我本身达到某种内在的平衡"②。当然,语文课程知识的这种道德价值能否真正有效推进人的成人成为进程,还受到多方面因素的影响,但是,肯定语文课程知识的个体性道德价值,无论从人的当前发展还是未来发展而言,都是大有裨益的。正是在这个意义上,语文课程知识的道德价值获得了在个体维度不断扩充的丰富内涵,成为个体发展不可忽视的道德寄托。

其二,语文课程知识的集体性道德价值与人的社会发展。作为主体的人总是处于一定的社会情境中,社会这个场域既为人的发展提供了沃土,同时也为人的发展提出了条件。因而,人总是在不断调节与社会的关系中获得自身的发展,同时发挥自我对社会的价值。所谓"人的社会价值",就是以"人"的任何形态为客体,以其之外的人和社会为主体的价值关系,即人对他人和社会的意义。③在社会性维度,人必然应该对他人、集体、社会等有积极的价值,否则,其将无法在社会中立足,更不可能在社会中获得自我实现。然而,人的社会价值的发挥需要一定的条件,首当其冲的是人必然要具备贡献社会的意向和能力。在社会现实中,人面对各种繁杂的境况,既可能做出有益于社会的举动,也可能做出无益甚至危害社会的举动,这取决于其价值意识和选择。即便是人做出有益于社会的选择,但如若个人能力本身的局限或者发挥的欠妥,也都会折损人的社会价值的效能。这就是说,人具备为社会的意识和能力,仅仅是人

---

① 殷有敢:《论教育发展的向善性——教育发展价值观的道德哲学审思》,《兰州学刊》2008年第9期。
② 商戈令:《道德价值的结构系统》,《哲学研究》1986年第5期。
③ 李德顺著:《价值论——一种主体性的研究》(第3版),中国人民大学出版社2013年版,第103页。

的社会价值发挥的必要条件,而充分条件在于人何以首先具有这种意识和能力以及具有的这种意识和能力的实际价值水准。自不待言,教育对人的社会价值提升具有举足轻重的意义,在这个层面,教育除了使人获得自由全面的发展之外,还要培养人有道德的成长和发展。语文学科的育人价值落实在课程知识上,就变为语文课程知识的道德价值何以作用于人的问题。道德知识具有间主观性的特点,"间主观性的东西是在民族的、人种的、阶级的、职业的、集团的、个人间的实际关系中形成的,是在公共意识的水平上被提炼出来的。在间主观的东西中,既有正确的知识,也有错误的、虚幻的概念,以及被该共同体成员所公认的认识模式","间主观的东西所表示的,恰恰是集体主体的个体之间和相互联系的活动的形式和内容中最一般的东西"。[1] 因此,语文课程知识所承载和传递的诸如诚实、谦和、感恩、勇敢、友善、正义、和平等道德价值并没有因为社会的变迁有过实质性的改变,而这些道德价值对人的社会价值的发挥不仅起到导向作用,而且本身也成为涵养人的社会价值的重要资源。何况,语文在承传社会主义核心价值观方面相较于其他学科具有更加鲜明的优势,充分挖掘语文课程知识的道德价值并促进人的社会性更好发展既是语文课程知识内在价值实现的需要,也是语文学科育人旨趣实现的诉求。依此而论,语文课程知识一方面表征着社会的道德,另一方面建构着道德的社会,从而在现实与理想交织的社会场中不仅彰显了语文课程知识的道德价值,而且以此促进了人的社会性发展。

(三)恒久性道德价值与时代性道德价值

"'价值'是对主客体相互关系的一种主体性描述,它代表着客体主体化过程的性质和程度,即客体的存在、属性和合乎规律的变化与主体尺度相一致、相符合或相接近的性质和程度。"[2]按着这一定义,价值是以一种主客体的作用关系反映并存在着的。那么,语文课程知识的道德价值,就是语文课程知识这一客体之于人这一主体的道德价值关系,而语文课程知识在特点、属性、本质等方面具有相对稳定性,而在选择、内容、组织等方面又具有随时间推移的变化性,这使得语文课程知识一方面具有恒久性道德价值,另一方面具有时代性道德价值。

第一,语文课程知识的恒久性道德价值与语文的坚守。恒久性,是说某种事物稳定的、持久的、不会轻易随着时间推移而质变的状态,是事物内在的、本质的属性。语文课程知识的道德价值本性是探讨其恒久性道德价值的逻辑前提,这意味着首先要在语文课程知识道德价值的解读中透析其道德的时代特征。回眸语文教育的发展历程和语文课程的建构历程,儒家传统及其道德价值观深刻渗透进语文课程知识之中,

---

[1] [苏]B.B.拉皮茨基著:《认识主体的结构和功能》,唐健,等译,中国人民大学出版社1990年版,第62—63页。

[2] 李德顺著:《价值论——一种主体性的研究》(第3版),中国人民大学出版社2013年版,第53页。

成为语文课程知识价值不可或缺的维度之一。"儒家哲学,从孔孟直到程朱陆王,都一致认为仁义礼智等道德是人的最重要的需要,因而是最高的价值。"[1]实际上,儒家学说中的这种道德价值认知对语文教育的发展产生了重要的影响,这里面暗含着一种潜在的价值逻辑。一方面,儒家涌现出诸多令后人仰慕和钦佩的圣人先贤,因此,按照儒家学说观点进行育人实践具有先天优势;另一方面,就具体的学科而言,语文有着久远的历史且作为中华民族的母语,传承并发扬我们引以为傲的儒家学说是语文义不容辞的责任。这样一来,儒家以仁义礼智为统领的道德价值顺理成章地开辟了进入语文课程的通道,而语文课程知识也自然而然地获得了承传儒家道德价值的"资质"。尽管随着时间的流变,语文课程知识的道德价值不断得以丰富和延展,但以儒家仁义礼智等为核心的道德价值始终占据语文课程知识道德价值坐标的中心位置,久而久之成为语文课程知识的恒久性道德价值。当然,需要说明的是,语文课程知识的这种恒久性道德价值,意在强调语文课程知识永久地具有并且承载这种道德价值,而并非意味着其永久地有着同样的道德价值。随着时代的发展,人们需求的变化和认知水平的提升等内外在条件的变化,同一道德价值客体对道德价值主体的意义是不尽相同的,这无关乎道德价值客体本身的异变,而与具体的主体处境有关。认识到某种价值的永恒性并不等同于这种价值的永恒同一性,这对于历史地、现实地、动态地理解价值内涵具有重要意义。儒家核心道德价值贯穿于语文课程知识,并且在历史的检验中逐渐确立、稳定,成为语文课程知识的恒久性道德价值,而语文正是在这一价值的指引下从未放弃对思想人文性的本质追求。可以说,语文学科正是通过课程知识恒久性道德价值的承传凝练了自我身份,也正是通过自我本性的坚守彰显了课程知识的恒久性道德价值,简言之,语文课程知识的恒久性道德价值与语文的坚守同在。

第二,语文课程知识的时代性道德价值与语文的嬗变。价值的恒久性表明的是价值系统中那些比较稳固的、长期积淀形成的特点、属性、作用等,这并不是说价值是永恒不变的。实践中的价值,总是在不变与变的矛盾运动中提升着本身的效能。这种变,指的是价值的时效性,即"每一种具体的价值都具有主体的时间性,随着主体的每一变化和发展,一定客体对主体的价值或者在性质和方向上,或者在程度上,都会随之改变"[2]。道德价值作为调节人们社会关系的一种价值原则、价值导向、价值规范,也自然会随着人这一主体"时间性"特质而发生改变。一般而言,价值时效的转移或更迭通常有以下两种发生方式,一种是"刷新式",即新的价值推翻、取代原有的价值;另一种是"积淀式",即新的价值在更大范围或更高的程度上扬弃旧价值,提取其

---

[1] 赵馥洁著:《中国传统哲学价值论》,人民出版社2009年版,第61—62页。
[2] 李德顺著:《价值论——一种主体性的研究》(第3版),中国人民大学出版社2013年版,第66页。

有效成分作为新价值的因素继承和发展,以便促成旧价值的沉淀、升华。[①]道德价值时效的变迁往往会以后一种形式发生,以主体的认知发展、现实境遇、时代诉求等为动因。总而言之,道德价值的时效性特点表明,不顾具体实际一概而论的道德价值解释方式是行不通的,而所谓试图构建某种普适性的道德价值也只能是"道德乌托邦"。据此论之,语文课程知识的道德价值时效性,除了受制于道德价值本身时效性的影响之外,还受到语文课程知识本身变化的影响,最终形成并且得以在实践中认定的道德价值实际上是语文课程知识与道德价值相互博弈的结果,这实质也是文道统一的体现。具体而言,语文课程知识的道德价值深受时代的影响,这与语文学科的人文特质和其本身的思想性有必然关系。进一步说,语文课程知识道德价值时效性实际上就是语文课程知识的时代性道德价值。社会价值观、意识形态、价值追求等都会深刻渗入语文课程知识的实践运作中,使其天然地负载上道德价值,何况,不同时代都有不同时代的诉求和现实,语文课程知识的道德价值只有不断调试直至符合时代的节奏才能被实践。就时代性而言,语文的嬗变不仅表征了时代的道德价值诉求,而且引导着时代的道德价值发展,而这正是语文课程知识时代性道德价值的生动写照。

三、语文课程知识的道德价值内容

任何课程都是基于一定价值标准进行的价值选择,而价值标准的确立与价值选择的实现都不可能脱离一定的意识形态,而且,特定意识形态对课程的影响作用是巨大的。正如伊格来世顿所指出的,决定课程内容的过程是冲突的过程,最终达成一定的妥协、调整和各种稳定程度的平衡。这些蕴含着"权力"的概念。毫无疑问,课程决定主要与权力的运用和分配有关。具体而言,实践中的课程是课程决策层在特定的意识形态影响中进行的价值博弈的结果,一方面,作为课程决策"代言人"的课程决策者不可能超脱权力阶层希冀通过学校课程实现某种国家理想的深层牵制,另一方面,作为课程决策"执行者"的课程决策者总是希望努力实现自身对课程建设的作用,权力阶层的需要与个人追求可能在某种程度上达到契合,当然也可能在一定程度上存在背离,这就必然产生一种复杂的博弈。在实践层面,这一博弈通常并不是通过要不要某种课程门类表征的,而是通过到底要发挥某一种课程的价值以及这种价值到底要发挥到什么程度反映的,简言之,就是通过课程知识选择、组织、评价等一系列过程实现的。然而,课程知识的选择过程也是统治阶层意识形态的影响过程,其间难免伴有各种价值矛盾与冲突,往往需要政治权力的支撑。作为我国母语课程的语文,其课程知识的选择势必也受制于统治阶层意识形态的影响,也自然会相伴各种价值的冲突,而且这种影响和冲突可能相较于其他学科更加鲜明和深刻。那么,国家主流意识

---

① 李德顺著:《价值论——一种主体性的研究》(第 3 版),中国人民大学出版社 2013 年版,第 67 页。

形态是如何渗入语文课程的,又是如何具体影响语文课程知识选择的,这种影响具体是怎么实现的,这是着眼国家高度审视和理解语文课程的重要视点。换言之,进入语文课程的为什么是这些知识而不是那些知识,语文课程知识选择的这种价值取向与国家理想是如何关联的,语文课程知识呈现的现实状况是不是很好彰显了国家主流意识形态,等等,这些问题都还有必要深入探讨。

(一)预设的内容:课标维度的道德价值

语文课程标准作为一种法定文本是指导语文课程发展的总纲,具体来看,在宏观层面,语文课程标准规定了语文这门课程的总目标,即通过语文课程要把学生培养成为一个什么样的人的问题;在微观层面,语文课程标准具体说明了语文这门课程学段目标、选文原则、教学实施等。然而,不管宏观层面的规定还是微观层面的建议,作为语文课程总纲的课程标准在根本上都植入了国家主流意识形态,是国家意志进入语文课程实践的合法化路径。国家权力阶层和课程决策层将育人的愿景融入课程目标中,不断实现语文课程担负的各种国家使命。就道德这一维度而言,古今中外统治阶层无不想方设法将国家理想融入各科课程目标,而母语在培育国民国家归属感和认同感方面具有独特的价值,因而都成为国家道德意识形态塑造的必然领地和重要途径。通过语文课程目标中道德价值的植入,使语文课程顺理成章肩负起国家主流道德承传的使命。考察百年来语文课程标准(或教学大纲)中课程目标部分的道德价值内容规定,可以窥见作为语文课程知识尺度的课程标准到底预设了什么样的道德价值内容,由此找寻语文课程知识道德价值内容研究的历史镜鉴。

1963年的《全日制中学语文教学大纲(草案)》充分肯定了语文学科的工具特性和学习语文的重要性,指出"语文学不好,不能读,不能写,就会影响其他学科的学习,就会妨碍思想的开展和知识的增广,影响所及,对国家整个科学文化水平的提高,对社会主义建设的进展,都是十分不利的"[1]。这里强调了语文学科的工具价值,但也渗入了语文课程服务政治的意旨。1978年的《全日制十年制学校中学语文教学大纲(试行草案)》更是旗帜鲜明地指出,"语文课的思想性政治性很强,历来都是为一定阶级的政治服务的"[2]。与此对应的语文教学目的是,"用马克思主义的立场、观点和方法指导学生学习课文和必要的语文知识……使学生在思想上受到教育,不断提高社

---

[1] 课程教材研究所编:《20世纪中国中小学课程标准·教学大纲汇编(语文卷)》,人民教育出版社2001年版,第415页。

[2] 课程教材研究所编:《20世纪中国中小学课程标准·教学大纲汇编(语文卷)》,人民教育出版社2001年版,第437页。

会主义觉悟,增强无产阶级感情,逐步树立无产阶级世界观"[①]。在这里,语文课程的政治道德价值尽显无遗,语文俨然已经成为无产阶级意识形态育造的重要阵地。到1986年的《全日制中学语文教学大纲》,明确提出了语文学科对培养社会主义"四有"公民的重要意义,由此,语文教学必须以马克思主义为指导,培养学生的社会主义道德情操、健康高尚的审美观和爱国主义精神。[②]《义务教育语文课程标准(2011年版)》指出,"语文课程对继承和弘扬中华民族优秀文化传统和革命传统,增强民族文化认同感,增强民族凝聚力和创造力,具有不可替代的优势"[③]。同时指出,注重课程内容的价值取向,"要继承和发扬中华优秀文化传统和革命传统,体现社会主义核心价值体系的引领作用,突出中国特色社会主义共同理想,弘扬以爱国主义为核心的民族精神和以改革创新为核心的时代精神,树立社会主义荣辱观,培养良好思想道德风尚"[④]。这是21世纪对语文课程的重新定位,突出了社会主义核心价值体系和社会主义荣辱观这一时代性的道德价值内容。

　　总的来看,不同时期的语文课程标准(或教学大纲)在目标部分所预设的道德价值不尽相同,但国家维度上的道德价值无疑成为共同的价值追求,即课程标准(或教学大纲)在把受教育者培养成为国家未来需要的人才的这一层面具有共同诉求。当然,这并不是说不同时期对人才的要求是相同的,只是说明无论何时课程目标都是始终指向国家的需要。语文课程目标中的道德价值实际上是语文课程知识道德价值的预期内容,代表着统治层或权力层的道德期待,即他们意欲语文课程具有何种道德。这种预期体现在两个方面,一方面,统治层或权力层的道德期待是他们为了维护自身统治和权力现状进行的预判,这种道德在理论上有助于他们进行统治和权力运作的实现;另一方面,置于课程目标中的道德内容,实际上只是道德价值的一种外在诉求,能不能真正发挥这种道德价值的实效,还需要一系列的课程实践运作。这说明,预设的道德价值内容到成为能够发挥具有实际效应的道德价值还有一定的距离,但不能因此淡漠预设的道德价值,毕竟适宜的预设在很大程度上是有效实践的根本前提和起点。

　　认识到目标层面的这种预设的道德价值内容的重要性,可以为我们检视语文课

[①] 课程教材研究所编:《20世纪中国中小学课程标准·教学大纲汇编(语文卷)》,人民教育出版社2001年版,第437页。

[②] 课程教材研究所编:《20世纪中国中小学课程标准·教学大纲汇编(语文卷)》,人民教育出版社2001年版,第477页。

[③] 中华人民共和国教育部制定:《义务教育语文课程标准(2011年版)》,北京师范大学出版社2012年版,第1页。

[④] 中华人民共和国教育部制定:《义务教育语文课程标准(2011年版)》,北京师范大学出版社2012年版,第3页。

程知识的道德价值明晰起点,即作为语文课程知识选择纲领的语文课程标准,是不是预设了合理且有效的语文课程知识道德价值?这些道德价值是不是应该且可以通过语文课程知识得到承载?课程标准应该给语文课程知识的道德价值以怎样的定位?这些都是关乎语文课程知识道德价值预设品质的基本问题,也是语文课程目标中道德价值内容层面应该着重考量的问题。

(二)运作的内容:教材维度的道德价值

课程标准作为指导课程实践的总纲,是主流意识形态以合法化方式进入具体课程的通道,因此,确定某一门课程的是否开设以及开设的情况,表面上看似由该门课程本身价值决定的,深层次上是主流意识形态最终决定的结果。当某一门课程本身的价值附加主流意识形态和权力阶层的价值最终使其确立之后,接下来要讨论的就是通过何种具体的课程内容以及如何将这种裹覆多重价值目标的课程内容落实到具体的教材中,以此使教材担负起主流意识形态价值传承的重要使命。当课程目标落实到教材这一层面上时,课程的一切的问题几乎都可以转化成为课程知识的问题,因为从具体的实践运作过程看,说教材把受教育者培养成为什么样的人,实际上是说教材中的实际内容——课程知识把受教育者塑造成了什么样的人。课程知识在本质上是从人类知识海洋中拣选出来的用于教育社会未来一代的特殊性知识群集,这种知识集中表达了主流意识形态和权力阶层的价值欲求,是统治阶层进行国民性塑造和统治理念传播的重要载体,因此,课程知识不仅简单地告知人们"什么是什么"事实性价值,而且竭力渗透"什么为什么"的目的性价值。由此,教材成为统治阶级实现思想控制的重要手段,所谓教材维度所承传的道德价值,在深层次对等于国家主流意识形态及其道德理念,简言之,只有被主流意识形态认可和权力阶层认定的道德价值,才可能体现在教材中,这种道德价值更注重服务国家需要。

语文教材自语文独立设科起历经数次变革,且每一次变革几乎都会引起一番论争,这当然与语文作为母语的重要性本身有关,但也与社会民众对语文的期待与权力阶层对语文构建之间的矛盾不无关系。从语文学科发展历程来看,尽管不同时期语文所面临的境遇不同,但主流意识形态从来没有轻视对语文课程的控制,这集中体现在语文教材选文标准的确立上。比如1963年的《全日制中学语文教学大纲(草案)》的"选材标准"部分明确规定,就思想内容而言,应该注意选取有助于培养坚强的革命后代的文章。注意对学生进行爱国主义和国际主义的教育,进行社会主义建设总路线、"大跃进"、人民公社三面红旗的教育,进行社会主义和共产主义的教育,进行阶级斗争的教育和反对现代修正主义的教育……培养学生的共产主义道德品质和革命意志,反对和防止资产阶级思想和其他反动思想的侵蚀,为逐步树立马克思列宁主义的世界观打下基础。① 在这份教学大纲中,语文教材为政治意识形态服务的意味极其明显。在此指导下,初中语文教材编选了诸如《挺进报》《南京路上的好八连》《同志的信任》《全心全意为革命》《谁是最可爱的人》《纪念白求恩》《公社一家人》《批评与自我批评》《继续保持艰苦奋斗的作风》等课文,②这些选文的显著特点是思想政治意味浓郁。到1978年的《全日制十年制学校中学语文教学大纲(试行草案)》的选文标准中,"思想内容好"已经成为选文三大标准的首要标准,所谓"思想内容好",就是课文的思想内容"要有助于向学生进行热爱领袖、热爱党、热爱社会主义祖国和热爱劳动、热爱科学的教育,有助于提高学生的社会主义觉悟,培养共产主义道德品质,树立无产阶级世界观"③。这一课标对语文教材选文的思想内容标准进行了专门论述,而且明确了不同时期作品作为语文教材选文的要求。1986年的《全日制中学语文教学大纲》选文标准中"思想内容好"依然是首要标准,其中指出教材选文"要有助于培养学生从事祖国现代化建设的献身精神,有助于学生树立辩证唯物主义和历史唯物主义世界观"④。这一大纲因应时代发展需要,将社会主义现代化建设诉求融入其中,但不可否认的是,所倡导的"献身精神"实质上也是政治意识形态实践的需要。

21世纪以来,颁行过的语文课程标准中,《义务教育语文课程标准(2011年版)》在"教材编写建议"部分指出"教材应体现时代特点和现代意识,关注现实,关注人类,关注自然,理解和尊重多样文化,有助于学生树立正确的世界观、人生观、价值观","教材要注重继承与弘扬中华民族优秀文化和革命传统,有助于增强学生的民族自尊心和爱国主义感情"。⑤ 这份课标在选文的思想内容维度相较于20世纪的课标(或大纲)有更强的包容性和开放性,较好关注了人的主体性地位,并且将人类、自然和多样文化等纳入,但依然强调革命传统等主流意识形态的植入。

纵观20世纪语文课程的发展,每一次课标的修订几乎都伴随新版本教材的发行,但由于课标对教材选文具有规制作用,所以,课标对教材选文标准的分析可以成为透视语文教材道德价值承载的一面镜子。当然,统治阶层及其道德价值理想主要

---

① 课程教材研究所编:《20世纪中国中小学课程标准·教学大纲汇编(语文卷)》,人民教育出版社2001年版,第418页。
② 课程教材研究所编著:《新中国中小学教材建设史(1949—2000)研究丛书(中学语文卷)》,人民教育出版社2010年版,第126—129页。
③ 课程教材研究所编:《20世纪中国中小学课程标准·教学大纲汇编(语文卷)》,人民教育出版社2001年版,第438页。
④ 课程教材研究所编:《20世纪中国中小学课程标准·教学大纲汇编(语文卷)》,人民教育出版社2001年版,第478页。
⑤ 中华人民共和国教育部制定:《义务教育语文课程标准(2011年版)》,北京师范大学出版社2012年版,第32页。

通过影响教材选文得以体现,而在教材中,话语、插图、人物等种种表现形式具体使得这种道德价值潜移默化地得以传递,这正是教材维度的道德价值内容运作的理路。

据上而论,语文课程知识的道德价值内容在运作层面是通过教材的选文得以具体实践的,而课程标准(或教学大纲)中规定了教材的选文标准,因而,语文课程知识的道德价值内容可以通过课程标准(或教学大纲)中的选文标准进行透析。理论上讲,有什么样的选文标准,就有什么样的选文呈现,正因此,统治阶层和权力阶层牢牢把控语文教材选文标准,以确保其意识形态和价值观念能通过教材这一重要通道进行传递。分析不同历史时期的语文课程标准(或教学大纲),发现思想道德性一直是语文教材选文的首要标准,这充分说明了统治阶层希望通过教材选文加强思想政治教化和道德灌输的意图,尽管不同时期在思想政治和道德方面的具体要求不尽相同,但不容置辩的是,无论哪些思想道德内容,无论哪种程度的强调都与特定时期统治阶层的欲求和主流意识形态相吻合,这也印证了语文课程天然具有思想政治教化功能这一观点。既然统治阶层不可能放弃对语文教材选文思想政治性的把控和干预,那么,再追究语文课程内容到底要不要思想道德性已没有什么实质意义可言,我们所能思考也应该进行深入探究的问题转向如何读解、践行这种思想道德价值乃至匡正可能走偏的思想道德价值倾向。这里,我们仍需确证一个关键问题,那就是"思想性不能等于或窄化为政治性,牵强附会地拔高只能是庸俗的政治","政治性更不能窄化为'斗争或批判'"。① 基于此,让语文教材在选文这一实质运作环节中真正呈现出语文课程知识文道统一的和谐状态。

(三)呈现的内容:生成维度的道德价值

就实践而言,课程标准中预设的道德价值内容规定了语文课程知识道德价值的实现方向,而通过教材运作的道德价值内容成为可供道德实践及其转化的载体,最终能否通过课程的具体实施真正实现预期的道德价值,这也是道德价值实现链条中的重要一环。在一定程度上,语文课程知识的道德价值内容最终取决于课程实施过程中呈现的内容,而这是一个受多重因素影响的动态生成过程。具体而言,在主体层面,师生都是带着一定的认知储备、理解能力进入课程世界的,他们对相同语文课程知识所负载的道德价值可能做出多重解读,这些解读也完全可能是相反的。在客观层面,不同时期的社会文化环境不同,师生身处的际遇也不同,且统治力量和权力阶层希冀特定文本传承的自然是符合当时社会需要的道德价值,这成为一定语文课程知识的道德价值诠释的客观限度。在主客互动层面,一方面,师生对语文课程知识道德价值理解的立场、水平等与统治阶层和权力阶层希冀传递的重心、层次可能存在差距;另一方面,一定环境条件下语文课程知识道德价值的特定所指与其惯常能指之间

---

① 吴永军著:《课程社会学》,南京师范大学出版社 1999 年版,第 198 页。

可能存在差距,这深刻表现在同一文本的时代道德价值附加上。因为这三个层面的语文课程知识道德价值,实际构成了语文课程知识道德价值的生成维度。

首先,主体层面的认知是语文课程知识道德价值生成的基础。课文文本解读实际上是作者、文本、学习者之间的对话过程,而在文本呈现之后,作为作者和文本本身事实上已经定格了,关键在于学习者如何对文本及其所负载的作者创意进行读解。由于师生理解的水平和层次不同,同样的一篇课文,可能出现大相径庭的解读,很大程度上受制于文本接受者的教师和学生。语文课程知识的道德价值作为语文课程知识所负载的一种有张力的价值,是可以延展和丰富的,比如语文教材选文《背影》,可以理解出父爱、亲情的意味,也可以品味愧疚、悔恨的意义,当然还可以有其他不同的理解,这说明语文课程知识道德价值在课程实施的具体层面首先受制于主体层面的实际认知。

其次,客观层面的规约是语文课程知识道德价值生成的条件。尽管主体对语文课程知识的道德价值的理解是基于自身展开的,但这并不意味着主体的理解可以不受限制地任意甚至肆意发挥。作为语文教材选文的课文自然不同于文学作品,课文实质上是经过主流意识形态处理的文本,这之中已经渗入了统治阶层和权力阶层的主导价值理念,因此,文学作品或许可以呈现"一千个读者有一千个哈姆雷特"的多彩景致,但课文不应该而且也不可能被这样解读。不同时期的选文都负载了与时代相匹配的道德价值,即便是同一篇选文出现在不同时期,其所负载的道德价值也因时而异,因而,无论我们试图给予课文文本以怎样的解读,实际上都无法挣脱主流意识形态的束缚,这就像一只看不见的手,总是拉拢各种解读在与主流意识形态相合的基础上被认可或接受。

最后,主客关系层面的互动是语文课程知识道德价值生成的尺度。主体总是希望对课文进行尽可能多层面的挖掘,以读解多重意义,就道德价值而言,主体会自然而然地按照自身的道德发展需要进行理解,这种理解可能与统治阶层和权力阶层所倡导或意欲传导的道德价值不尽相同,因而难以被认可甚至被拒斥或者批判。此时,需要文本解读主体与文本决策者进行价值商谈,最终使得统治阶层的道德价值期待与文本理解者的道德价值需要之间达成某种共识。此外,特定环境条件也会对文本解读提出新的要求,此时可能特别需要审时度势对文本进行与时俱进的诠释,文本负载的道德价值因时代诉求的所指改变而与其惯常能指之间发生矛盾,消解这种矛盾的途径只有找寻文本道德价值能指与所指之间的相通之处,实际上就是要实现不同环境中的道德价值协商。由此而论,语文课程知识道德价值的内容呈现,实际上是在道德价值运作过程基础上生成的,这一过程在本质上是由主体层的道德价值期待、客观层道德价值掣肘和主客互动层上的道德价值协商相互衔接和彼此影响构成的。

总而言之,语文课程知识的道德价值内容在呈现层面是课程文本、课程解读主体和影响课程实施的一系列环境条件因素共同作用的结果。由于语文教材的文选型特点,当教材选文确定后,官方或者法定意义上的课程知识的道德价值在理论意义上已经完成了植入。但这种负载统治阶层和权力阶层道德价值的语文课程知识究竟能不能或者会在何种程度上实现决策主体预设的道德价值,这实际上是语文课程知识道德价值内容的生成意蕴。

一方面,处于师生视域中的语文课程知识,并不是客观的、永恒的、价值中立的,作为有主体意识的师生生命个体,他们是依据个体立场、认知和情感等进入课程场域的,课程知识总会经过他们的重构而具有新的意义,由此,课程知识预设层面的道德价值可能会在师生理解的过程中发生改变,这种改变或将增益其本身的道德价值负载,或将折损其内嵌的道德价值,无论何种情况都是课程知识道德价值的实践形态。另一方面,师生对课程知识道德价值的理解不可能无限扩展和任意发挥,实际上,课程知识本身就具有规训受教者的作用,进入语文教材中的选文作为语文课程知识的集中表现,在选入课本之时就已经烙印了主流意识形态的痕迹,在课程实施的过程中,一系列规范、指南、教参等为主流意识形态有效落实保驾护航,最终确保了主流意识形态的思想道德价值理念可以更忠实地被贯彻和执行,与此同时,师生基于个体理解的道德价值构建实际上成为一种被圈囿的价值,这意味着只有与主流意识形态和统治阶层利益相符的道德价值才可能获得合法的资格进而被认可、接受。语文课程知识道德价值内容呈现的这种实质,或许可以启发我们去思考语文课程知识道德价值到底应该如何呈现的问题。如果仅仅是把统治阶层和权力阶层的道德价值理念以一种近乎隐匿的方式潜藏在语文课程知识之中,而又似乎时时处处规制着主体人对语文课程知识道德价值的阐释和解读,这好似将语文课程知识的道德价值打入一个"暗箱",致使众所周知的道德价值与实际呈现的道德价值产生盲区,无益于语文课程知识道德价值的更好呈现,当然也无益于语文课程知识道德价值的更好实现。

本章小结

语文课程知识天然地具有道德价值,这也是语文学科视界中文道统一关系构建的内在基础。然而,语文课程知识的道德价值不是自发地展现并发挥作用,正是因为对语文课程知识道德价值本身认知的模糊及其实践方式和作用发挥方式探讨的惰性,使得语文课程视界中的文道关系一直处于喋喋不休却又语焉不详的尴尬境地之中。就此论之,重新审视语文课程知识的道德价值,关键是要以重构语文课程知识的道德价值分析的框架为着眼点,进而为语文课程知识的道德价值的深入理解奠定认识基础。基于这一思考,从特征系统、类型系统和内容系统建立语文课程知识道德价值系统的分析框架,依次解析语文课程知识的道德价值特征、语文课程知识的道德价值类型和语文课程知识的道德价值内容三大问题,从而置语文课程知识的道德价值研判于一个新的解释逻辑中,一方面为语文课程视界中文道关系的探讨启迪一种基于新的分析系统的思考,另一方面为语文课程知识道德价值的更好负载和实现探寻系统论基点。

在特征系统,语文课程知识的道德价值具有嵌入性、生成性和协商性三大特性。语文课程知识具有道德价值,但这种道德价值不会生硬地直接体现出来,一方面是因为这种道德价值在根本上黏合了主流意识形态的印记和权力阶层的诉求,只能融入字里行间以防止因为枯燥的说教被诟病;另一方面,以文选型为特征的语文课程具有灵活的扩展尺度,语文课程知识本身蕴涵的道德价值在与多种主体及其现实境遇的协商中得以落实。由此,语文课程知识的道德价值嵌入了语言文字、课文内容和课程评价之中;生成于教师与文本的对话、学生与文本的对话和学生与教师的对话中;协商在政治意识、文化传统和社会环境之中。简言之,语文课程知识的道德价值的三种特征及其各特征的不同表征结合在一起,构成了语文课程知识道德价值的特征系统。

在类型系统,语文课程知识的道德价值涵括工具性道德价值与目的性道德价值、个体性道德价值与集体性道德价值和恒久性道德价值与时代性道德价值三个维度。在作用旨趣维度,语文课程知识的道德价值有侧重于调节各种社会关系的工具性道德价值,有侧重于助力使人成人的目的性道德价值;在作用指向维度,语文课程知识的道德价值有偏向于个体道德形成的个体性道德价值,也有偏向于集体道德价值塑造的集体性道德价值;在存在状态维度,语文课程知识的道德价值有久经检验的恒久性道德价值,也有因应时代变迁的时代性道德价值。需要指出的是,语文课程知识的道德价值类型的这三个维度并不是截然割裂的,每一维度的两种道德价值彼此之间也有内在关联,这三个维度的道德价值及其每一维度内道德价值的种属相互关系,共同构成了语文课程知识道德价值的类型系统。

在内容系统,语文课程知识的道德价值由课标维度的预设内容,教材维度的运作内容和生成维度的呈现内容三个部分共同构成。特定的内容是语文课程知识道德价值实现的实际载体,其中,预设的内容处于语文课程知识道德价值的理念层,运作的内容处于语文课程知识道德价值的过程层,呈现的内容处于语文课程知识道德价值的落实层。处于理念层的内容表现为以课标为蓝本对语文课程知识的道德价值的引导、规制,处于过程层的内容表征为以教材为范本对语文课程知识的道德价值的传导、例证,处于落实层的内容则是基于各种主客体博弈对语文课程知识的道德价值的生发、证成。预设的内容、运作的内容和呈现的内容,此三者前后贯通,彼此相连成一个循环的动态过程,共同组成语文课程知识的道德价值的内容系统。

总而言之,语文课程知识的道德价值系统是由特征系统、类型系统和内容系统三个子系统共同构成的。在这个意义上,提升语文课程知识的道德价值理论研判的品质应该注重从系统的角度进行全面观照;既要遵从语文课程知识的道德价值特征,也要协调语文课程知识的道德价值类型,还要统整语文课程知识的道德价值内容。当然,从特征系统、类型系统和内容系统所构建的语文课程知识的道德价值系统的分析框架,只是一种学理的阐释,也只可能成为检视实践的一个视窗和推动实践的一种理论构想,语文课程知识道德价值的具体实践究竟如何还需要进行深入的现实探查。

第四章　语文课程知识的道德价值实践

基于过程课程观审视课程,其是各种主体相互协商、各种利益相互博弈、各种境遇相互调适进程中的动态性存在,在这个意义上的课程知识是"动姿化"的。然而,在特定条件下,课程总是会以某种文本的形式呈现出来,课程知识也以相对"稳定态"的方式存在。问题在于,无论是处于"动姿化"还是"稳定态"的课程知识,这种知识本身总是一种价值性的存在,即总是一定主体价值渗入、呈现乃至强化的存在。就语文课程知识而言,其内在地附着道德价值,那么,究竟为什么是这些知识而不是那些知识负载了道德价值,为什么这些知识是以这种方式而不是那种方式呈现道德价值,知识的变化与其道德价值变迁之间存在什么样的关系,隐匿在这种知识选择、组织和变化等过程背后的力量对其道德价值实现起到了什么作用,等等,这是追问和反思语文课程知识道德价值的基本线索。基于这样的认识,建立纵横二维分析坐标对语文课程知识的道德价值实践进行审理,以诊断语文课程知识的道德价值脉相。在纵向上,基于历史的视角从本土和域外两重视界分析不同时期我国语文和国外母语课程知识的道德价值嬗变轨迹,以期明晰语文课程知识的道德价值实现及其变迁机理;在横向上,基于比较的视角探析我国语文和国外母语课程知识的道德价值实践逻辑,以期探寻我国语文课程知识道德价值更好实现的域外借鉴。简言之,审理语文课程知识的道德价值实践,就是要基于历史,观照本土语文课程知识是如何实现着其道德价值的,同时要基于比较,透视异域母语课程知识是如何实现其道德价值的,由此,为推进我国语文课程知识的道德价值更好实现厚植历史根基,寻觅他山之玉。

一、本土审视:我国语文课程知识的道德价值实践

如果从1904年独立设科算起,严格学科意义上的语文已经有了百余年的发展历史。那么,在语文教育发展的过程中,语文课程是如何变化的,其又负载了什么样的道德价值?这种道德价值与语文课程的变化是不是一致的?促使这种变化的动力又是什么?这些问题在根本上都关系到语文课程知识的问题,正所谓知识是课程的灵魂,没有知识性的课程犹如行尸走肉。由此而论,审视语文课程的道德价值问题,有必要从语文课程知识这一视点切入,具体研判语文课程知识的道德价值。语文教科书是语文课程知识最重要的载体,因此,可以从分析语文教科书着眼,透视语文课程知识的道德价值问题。然而,对教科书本土历史的研究并未得到足够的重视,历史研究的价值在于鉴古知今,只有以负责任的态度研判历史,才可能避免重蹈历史的覆

辙,也才可能从历史中汲取更丰富的营养。我国有着悠久的历史和灿烂的文化,历史本身就是一座值得探索的宝藏,我们的教科书研究亟需观照历史进而实现历史自觉。① 基于这样的思考,结合语文教科书本身的特点以及课程知识的道德价值特性,从不同时期语文教科书的选文、不同时期特定选文的内容、不同时期教科书选文的解读等维度建立语文课程知识道德价值嬗变的分析框架,进而基于教科书这一视窗透视语文课程知识的道德价值嬗变轨迹。

(一)选文维度的道德价值

《教育部关于全面深化课程改革 落实立德树人根本任务的意见》明确指出,要充分发挥人文学科的独特育人优势,育道德之人自然是其题中之义,因此,探讨课程的育人价值成为推进学科育人实践的应然之思,而课程育人价值的实现离不开特定的课程知识。问题是,"任何一种知识无论其社会价值和本体价值有多大,要想成为课程知识,必须符合社会统治阶级的意识形态,满足其社会控制的目的。否则很难或根本不可能进入学校课程"②。我国语文教科书具有文选型的特点,语文课程知识在教科书层面是由不同的选文具体表征的,教科书是承载"法定知识"的产品,不是任何文学文本都可以被教授,只有选入教科书的文学文本才具有被传授的"资质"。那么,选择什么文学文本进入语文教科书,这成为语文课程知识道德价值运作的首要环节。当然,选择意味着价值的博弈与取舍,到底要由什么选文实现特定的道德价值,归根结底是由主流意识形态和权力阶层所希冀通过教科书发挥什么样的道德规训作用所决定的。具体而言,不同时期语文教科书的选文究竟是如何体现这种旨趣的,为什么是这些选文而不是那些选文,为什么要替换或增减这些选文而不是其他,为什么有些选文一直"受宠"而有些选文经历"坎坷命运",等等,这些问题的回应使得从选文维度本身审思语文课程知识的道德价值成为一个需要迫切探索的话题。正所谓,鉴古知今,从语文独立设科到新中国成立,新中国成立到改革开放,改革开放到 20 世纪末,21 世纪以来四个时间轴上具体分析语文教科书的选文变迁,着眼于道德价值的视角透视这种选文变化背后的道德价值变迁历程,为基于教科书选文维度的语文课程知识道德价值审视提供一种动态的、过程的、历时的分析思路。

1.兼容之道:语文独立设科到新中国成立前的语文教科书选文

20 世纪初,刚刚独立设科的语文课程一方面受到传统经学的影响,载经传经难以丢弃;另一方面,严格意义上语文课程还在摸索中前进,兼容并蓄成为可能。由此,语文独立设科到新中国成立时期的语文教科书呈现出多样化形态,出现了商务印书

---

① 张铭凯、靳玉乐:《我国教科书研究的新世纪图景——基于 CiteSpace 知识图谱的分析》,《全球教育展望》2017 年第 3 期。
② 吴永军著:《课程社会学》,南京师范大学出版社 1999 年版,第 157 页。

馆、中华书局、正中书局、开明书店等出版单位印制的语文教科书。在道德价值维度，这些版本的语文教科书在选文①上呈现出三大特点：

一是以言明道，比如中华书局1912年《中华高等小学国文教科书》第五册中的选文《廉耻》，直接论说了"廉耻"这一道德话题，以道德说教的方式实现道德价值；二是托人涵道，比如中华书局1912年《中华高等小学国文教科书》第三册中的选文《郑和》，商务印书馆1936年《高级小学实验国语教科书》第四册中的选文《居里夫人》，开明书店1947年《少年国语读本》第一册中的选文《詹天佑》等，这些选文通过杰出人物及其事迹的宣传，发挥了榜样的道德力量；三是借物传道，比如中华书局1923年《新小学教科书国语读本》初级第八册中的选文《万里长城》和1924年《新小学教科书国语读本》高级第二册中的选文《庐山瀑布》，通过描绘祖国大好河山，激发爱国的热情。总的来看，这一时期不同版本的语文教科书在选文上特别注重道德价值的负载，在选文类型上既有直接言说的论说文，也有榜样事迹的记叙文，还有借景启德的散文。

可以说，语文教科书的选文在这一时期以丰富的内容呈现和表达方式较好实现了其道德价值的植入。归结起来，不仅有直接的以言明道，还有间接的托人涵道和借物传道；不仅有对民族英雄的道德赞颂，也有对国外伟人的道德宣扬；不仅通过人进行道德感染，还通过物进行道德激发。这里的道不仅包括个体自我的成人之道，也包括个体处理与国家民族乃至社会自然关系的大道。这种对道的兼容并包式的理解和灵活丰富的负载，为往后如何通过教科书选文更好负载以及实现语文课程知识的道德价值提供了可借鉴的宝贵经验。

2.探索之道：新中国成立到改革开放前的语文教科书选文

伴随着新中国的成立，中国大地的面貌焕然一新。走过了抗日战争和解放战争的峥嵘岁月，教育获得了亟待发展的契机。中国共产党巩固建立的新政权，一方面需要通过学校教育驱除封建思想的影响，注重新价值植入；另一方面需要借助学校教育宣传新的理念、方针、政策，加强新政治认同。语文课程作为承担思想道德教育的重要载体，体现了鲜明的政治道德色彩，语文课程知识的道德价值明显偏向了政治道德的一端。加之受"文革"的影响，语文课程知识的道德价值在突出强调政治思想性的道路上越走越远。由此，从新中国成立到改革开放前这一时期的语文教科书选文体现了鲜明的政治色彩，语文课程知识的道德价值在很大程度上淹没于政治道德之中。

---

① 参见洪宗礼、柳士镇、倪文锦主编的，由江苏教育出版社2007年出版的《母语教材研究》(4)中的教科书课文选目中的部分内容。

具体来看,这一时期的语文教科书选文①体现出如下特点:一是伟人领袖自创的文章成为选文的重要来源。比如人民教育出版社的语文教科书中,毛泽东的选文有1952年高级中学语文课本中选入的《中国人民政治协商会议第一届全体会议开幕词》,1961年初级中学语文课本中选入的《中华民族》《青年运动的方向》,1963年初级中学语文课本中选入的《被敌人反对是好事而不是坏事》等,此外,刘少奇、朱德、列宁、斯大林等政治领袖的文章也有入选,这些选文用伟人领袖文章作为符号,直接传导了其政治道德价值。二是以描写伟人领袖为题材的文章在选文中占有重要比例。比如人民教育出版社的1952年初级中学语文课本中选入的《毛泽东同志的青年时代》《纪念白求恩》《任弼时同志二三事》,1963年初级中学语文课本中选入的《徐特立同志谈艰苦奋斗》等,这些选文通过宣扬伟人领袖的思想、事迹、品性等承载了其作为精神向导的内容发挥道德教化作用。三是对英雄人物的塑造成为政治道德渗透的重要方式。比如人民教育出版社的1952年初级中学语文课本中选入的《战斗英雄董存瑞和郅顺义》《这样的战士》,1961年初级中学语文课本中选入的《谁是最可爱的人》等,这些选文以塑造符合时代需要的英雄人物为主题,讴歌英雄人物无私奉献、顾全大局等高尚品格,是对青年学生进行道德教化的鲜活素材。

总体而言,这一时期的语文教科书选文通过领袖人物言传身教,英雄人物的生动塑造强化了道德价值承载,但需要指出的是,"道德价值的基点在于人们之间的基于人格平等的相互尊重和相互承认"②。然而,因这一时期政治建设的强烈诉求和"文革"中的迷失,语文课程知识的多重道德价值在很大程度上被异化成外在且凌驾于主体的政治道德价值,这既破坏了语文课程知识的道德价值有效负载的基础,也为语文教育的长远发展蒙上了阴影。

3.变革之道:改革开放到20世纪末的语文教科书选文

改革开放掀开了中国教育发展的新篇章,经历"文革"浩劫的教育急需要恢复、调整和发展。语文课程经受前一时段思想偏指的影响,需要在"拨乱反正"中重新认识文与道的关系问题,就语文教科书的选文而言,急需要重新考量其思想性问题。在时代背景和现实诉求双重驱动下,改革开放到20世纪末的语文教科书选文迫切需要吐故纳新、合宜调整。由此,这一时期的语文教科书选文呈现出如下特点:

一方面,时文和革命领袖选文的弱化,经典名篇重新入选。比如,人民教育出版社1982年版的全日制六年制中学语文课本(共十二册),全套选入革命领袖作品29

---

① 参见课程教材研究所编著的,由人民教育出版社2010年出版的《新中国中小学教材建设史(1949—2000)研究丛书(中学语文卷)》中有关1952年初级、高级中学语文课本目录和1961年、1963年初级中学语文课本目录中的部分内容。

② 龚群著:《道德哲学的思考》,河南人民出版社2003年版,第56页。

课,低于 1980 年修订试用本的 34 课,其中,毛泽东作品入选比例由 1980 年的 6.6%下降到 5%,①这说明,革命领袖作品作为选文强势地位在逐渐弱化。与此同时,赞颂父子亲情的朱自清的《背影》重新入选到人民教育出版社 1982 年初级中学语文课本中,名家名篇入选语文教科书,不仅有效扭转了选文过于政治化的偏向,而且让扭曲的文道关系重新迈向健康发展的道路。另一方面,思想政治教育以补充教材的形式重新被加强,补充教材成为语文课程知识道德价值承传的重要载体。比如补充教材中新增为讲读课文的选文《强大的凝聚力》《长城万里行》《巍然天地之间》《中国人民寻求救国真理的道路》《友谊,还是侵略?》等,②这些选文要么培养爱国情感,要么强化革命传统,要么揭露资本主义社会的黑暗,都是进行思想道德教育的重要篇目。当然,作为补充教材,以适应当时思想政治教育和国情教育的时局出发,充分体现了语文教科书选文作为特定时期思想政治教育价值发挥的特殊意义。

总的来看,改革开放到 20 世纪末的语文教科书选文,一方面弱化了革命领袖作品的入选力度,使语文课程知识从新中国成立到"文革"时期的浓烈的政治色彩渲染中返璞归真,另一方面因应时局之需,语文教科书选文的道德价值借由补充教材被负载。这表明,道德价值的负载和实现是语文课程知识不可剥离的内在属性,相比于前一个时期,这一阶段的语文课程已经在变革中朝着同时强调思想性和工具性的自觉之路迈进,语文课程论域中的文道关系趋向和谐。

4.多元之道:21 世纪以来的语文教科书选文

21 世纪以来,伴随着国际竞争的加剧和国际理解程度的深化,人们越来越注意到通过教育培养国际社会公民的重要性,加之经历整个 20 世纪人们对语文课程中文道关系的反思与新理解,文道统一成为对语文课程性质的新共识。需要指出的是,21 世纪以来,对文道关系中道的理解已经超出了传统道德之道和思想政治之道,对道的理解走向开放、多元、渐趋成为一种大道、大德。因此,21 世纪以来的语文教科书选文在道德价值层面呈现出以下特点:

一是注重从学生的体认角度渗入道德价值;比如经全国中小学教材审定委员会 2001 年初审通过的人民教育出版社出版的《义务教育课程标准实验教科书·语文》(七年级 上册)中,选入由《紫藤萝瀑布》《走一步,再走一步》等篇目组成的"人生体验"主题单元,通过作者对生活的感悟和体验,引起学生对人生的思考和对生命的敬畏,这种从学生主体体认的角度渗入关于人生或生命的道德价值,而且以主题单元的

---

① 课程教材研究所编著:《新中国中小学教材建设史(1949—2000)研究丛书(中学语文卷)》,人民教育出版社 2010 年版,第 212 页。

② 课程教材研究所编著:《新中国中小学教材建设史(1949—2000)研究丛书(中学语文卷)》,人民教育出版社 2010 年版,第 269 页。

形式组织,是一个有益的探索。二是着眼从人与自然关系角度丰富道德价值内涵;比如经全国中小学教材审定委员会 2002 年初审通过的人民教育出版社出版的《义务教育课程标准实验教科书·语文》(八年级 下册)中,选入《敬畏自然》《罗布泊,消逝的仙湖》《旅鼠之谜》《大雁归来》等篇目组成的"人与自然"主题单元,通过对环境以及生态问题的反思,倡导了一种关注自然、保护自然的道德价值,这也是因为 21 世纪以来环境问题甚嚣尘上,语文教科书选文体现出的社会责任。三是重证传统经典名篇的道德价值承载功能。如朱自清的《春》和《背影》,都德的《最后一课》,鲁迅的《藤野先生》《中国人失掉自信力了吗》和《孔乙己》等都入选了人民教育出版社出版的《义务教育课程标准实验教科书·语文》,这些传统经典名篇重新进入语文教科书负载了道德价值,一方面表明人们对于道德价值认识的某些不因时间而改变的一贯性共识,另一方面也证明了发挥传统经典名篇的道德价值功能是语文课程知识道德价值实现的重要方式。此外,就 2016 年秋季启用的"部编版"语文教科书来看,其实质变化之一是"通过选文篇目的调整更好地传递社会所倡导的良好道德风尚和核心价值观"[1],从而更好地发挥语文课程的育人功能。

可以看出,进入 21 世纪以来,语文教科书选文对道德价值的负载体现出明显张力。对道德价值内涵理解的深化和外延认识的拓展,以及对语文教科书选文何以吻合这种处于变化中的道德价值诉求的不懈探索,打破了语文课程知识基于单一乃至偏狭理解的道德价值负载。正是在这个意义上,如何负载多元之道就成为语文教科书选文及由此探索语文课程知识的道德价值实现的新方向。概言之,语文课程知识所要负载的这种多元之道意味着在对个人之道、社会之道和国家之道的和谐统一中走向新的道德共识。

从教科书选文的维度考究语文课程知识的道德价值嬗变,发现其经历了从独立设科到新中国成立前的兼容之道阶段、新中国成立到改革开放前的探索之道阶段、改革开放到 20 世纪末的变革之道阶段和 21 世纪以来的多元之道阶段。这种嬗变历程反映出两方面的问题:一方面,推动语文教科书选文变化及其道德价值负载变迁的内在力量是社会核心的道德价值愿景;另一方面,语文教科书选文及其道德价值负载深受时局境况的影响。因而,从选文的角度探讨语文课程知识的道德价值问题,既不能忽略一定时期认知主体基于自我道德发展诉求而对道德价值的理解与期待,也无法回避主流意识形态特别是政治意识形态对主体道德价值诉求的规限与牵引。问题在于,我们究竟应该如何通过选文既保证充分满足认知主体的道德发展诉求,又确保主流政治道德价值的有效植入,也就是说,如何在个体道德发展需要与国家道德意志规约之间实现和谐相生、互相促进,这恐怕是语文教科书选文道德价值嬗变历程留给我

---

[1] 张铭凯:《新语文教科书之"变":定量比较与质性解析》,《中小学教师培训》2017 年第 2 期。

们仍需深思的问题。毕竟,"真正的教育绝不是灌输,而始终是动态生成的,是在关系之中生成的"①,道德价值教育更是如此。何况,对待课程知识,从根本上说,应该是一种理性批判的态度,而不是一种"朝圣"的态度。当然,语文课程知识永远不可能放弃也永远都不能够放弃对于道德价值的负载,这是由语文课程的性质和在学校教育中的地位决定的。遗憾在于,"中国现代语文教育的最大失误,就是忽视以道德伦理为核心的民族传统文化的传承"②。正因此,重新探讨语文课程在育人过程中的作用,这既是立德树人诉求对于语文课程发展提出的新要求,也是语文课程本身发展的应有自觉。③ 作为文选型教科书,如何通过选文更好实现语文课程知识的道德价值,特别是在基于核心素养的课程变革中,如何发挥好语文作为我国母语对国民性塑造的重要价值,这既是语文课程道德旨趣实现的必然诉求,也是语文学科核心素养落实的应然追求,亟待以理论层面的多角度探讨引领相关实践的有效推进。

(二)内容维度的道德价值

作为具有人文属性的语文课程,其课程内容具有很强的创生性,课程所承载的价值正是由这种经过创生的课程内容决定的。就语文课程知识的道德价值而言,通过选文进入教科书是其道德价值获得"合法"资质的首要环节,但最终呈现在教科书中的作品并不是原封不动地"搬入",而是经过了教科书编写者的审核与确认,简言之,由具体的课程内容负载的道德价值是被筛选并通过确认得以呈现的。正因此,对语文课程知识的道德价值审视就不能仅仅停留在选文这一维度,还应该观照文本本身并深入内容内部去发掘这种道德价值的具体实现。语文课程是工具性和人文性的统一,一般而言,语文课程内容主要也就由工具性内容和人文性内容构成。工具性内容指的是对学生进行听、说、读、写等基本语文技能以及思维训练和培养的那部分内容,人文性内容是指对学生价值观念、道德品质、思想情意等方面有感染甚至规训的那部分内容。

长期以来,在探讨语文课程知识道德价值的问题上,似乎只关注了人文性内容这一层面,而忽略了工具性内容这一层面。何以如此？实际上这与人们的课程知识观不无关系。传统课程知识观认为工具性内容是客观的、确定的、不变的,因此对于学生思想、观念、道德等内在发展意义不大甚至没有作用,而人文性内容是与学生精神相遇、交往、互动的,因此对学生价值观念、思想道德等内在发展具有重要意义。然而,一切工具都是由人认定的,也都是为人的,正如人文性内容可以通过精神的陶冶

---

① 刘铁芳:《培育人性之善》,《教育科学研究》2016年第10期。
② 刘华著:《经典语文教育研究》,人民教育出版社2008年版,第38页。
③ 张铭凯:《文道关系的语文学科视界及其反思》,《河北师范大学学报》(教育科学版)2017年第2期。

起到潜移默化的育人作用一样,工具性内容的道德价值效能恰恰是通过引导学习者如何联想和想象、如何思考、如何评价等过程实现的。由此,从工具性和人文性两个层面解析语文课程知识的道德价值,就是要反思课程内容是如何负载这种道德价值的,进而为具体内容层面的道德价值更好实现探明改进的基础。

1.工具性内容及其道德价值

语文课程知识的本体使命在于帮助学生提升语文素养,而学生语文素养的基础离不开基本的听说读写能力,从这个意义上说,语文课程知识的工具性价值应该通过对学生听说读写基本能力的培养而体现。但是,在道德的坐标中审视,语文教科书中用来培养学生基本语文能力的工具性内容实际上也被渗入了道德价值,因而并不是那种所谓的客观工具。一方面说明了语文课程中工具性内容的道德价值负载的隐蔽性,另一方面证明了语文课程中的工具性内容并非价值无涉。

比如,人民教育出版社1963年出版的初级中学语文课本第一册第一单元的选文《落花生》后的练习中,有一题是把"希望、羡慕、喜欢"三个词填入下面这段话的空白处:"我哥哥参加了人民解放军。他来信说,能拿起枪来保卫祖国了,心里非常高兴;还说,他很_____部队里的生活,既有规律,又活泼愉快。我看了信,很_____他,_____自己快些长大,早去参加人民解放军。"[①]这一内容首先设置参军的情节,继而渲染扛枪卫国的情景,接下来依次用"喜欢""羡慕"和"希望"预设性很强的词传递出对部队生活的向往和对尽早参军的向往。用这种选词填空的方式引导学生思考,表面上看是对恰当用词这一基本语文能力的巩固,实际上三个词本身及其设置连同本段话都植入了强烈的爱国价值,换言之,这种工具性的内容恰恰是通过引导甚至规限个体的思维进行着道德价值的传递。

又比如,人民教育出版社1982年出版的初级中学语文课本第一册第二单元的选文《一件珍贵的衬衫》和《草地晚餐》,课后的思考与练习分别是:"这篇课文哪些地方表现了周总理对'我'的关怀?这些关怀,说明周总理有什么样的高贵品质?"[②]"老一辈革命家的崇高品质,有时是通过一些小事表现出来的。本课围绕着草地晚餐写了哪些事?从这些事中可以看出朱德同志哪些崇高的品质?"[③]这两个题目的设置都是通过引导学习者思考发生在周恩来和朱德身上的小事是如何体现他们的个人品质

[①] 课程教材研究所编著:《新中国中小学教材建设史(1949—2000)研究丛书(中学语文卷)》,人民教育出版社2010年版,第130页。

[②] 课程教材研究所编著:《新中国中小学教材建设史(1949—2000)研究丛书(中学语文卷)》,人民教育出版社2010年版,第228页。

[③] 课程教材研究所编著:《新中国中小学教材建设史(1949—2000)研究丛书(中学语文卷)》,人民教育出版社2010年版,第229页。

的,而且设问分别用了"高贵"和"崇高"来引导学习者对这种品质的赞扬和认同,这是借伟人领袖的事迹进行道德价值渗透的重要方式,表面看是要学生分析伟人领袖的高尚品质是什么,实际上是要激发学生对于这种品质的赞颂、认可和内化。再比如人民教育出版社《义务教育课程标准实验教科书·语文》七年级下册选文《最后一课》,其课后的研讨与练习中设置了这样的题目,"课文中韩麦尔先生说:'亡了国当了奴隶的人民,只要牢牢记住他们的语言,就好像拿着一把打开监狱大门的钥匙'。这句话有什么深刻含义?你对自己的母语有什么新的认识?"这一问题借助韩麦尔先生关于语言与国家的言说,引起学习者对语言特别是母语的重视,这样的内容似乎直接看不出是关于爱国的宣讲或者要求,但字里行间都充满着浓浓的爱国味道,将爱国这种道德价值巧妙地融进内容。就上论之,语文课程中工具性内容通过引导学习者分析、思考和体味等方式,表面上看是培养学习者理解语言修辞、篇章大意和结构逻辑等的基本语文能力,但深层次上恰恰是通过预设、引导和强化等方式让特定的道德价值隐性嵌入,从而实现工具性内容的道德价值。

2.人文性内容及其道德价值

语文课程知识对学生的性情陶冶、品格塑造、价值观形成等具有重要的意义,所谓语文课程的人文性在宽泛意义上可以理解为语文要把学习者培养成为具有人文温度和情怀的人。在内在维度,情感是形成道德的基础,具有某种道德首先需要相应的某种情感。那么,语文课程的人文价值究竟是如何实现的,进言之,语文课程究竟是在培养个体的何种情感呢?

有研究者分析指出,现行语文教科书突出蕴涵如下几种情感:1.对祖国的热爱,这是反复出现的主题;2.革命英雄主义,与之相伴的是对敌人的仇恨(这突出表现在革命战争题材的作品中),同时强调献身精神;3.对领袖的颂扬与崇拜,以领袖为模范人物在教科书中大量出现;4.对下层劳动人民的同情或颂扬,主题或是同情旧社会中劳动人民的苦难,或是赞扬新中国劳动人民的淳朴与无私奉献;5.对封建制度及资本主义制度的讥讽;6.对大自然的热爱(这往往局限于抽象的赞美,而缺乏具体的审美体验);7.对父母、老师的爱。整套教科书似乎很少关注现实生活中与学生切己有关的情感世界,诸如日常生活中普通人的欢乐、痛苦、兴奋、惆怅、得意、沮丧,人与人之间的理解、同情,人对他人与社会的责任感、权力感及人道主义情怀等,以及人在当今现实社会生活中对生命意义与价值的情感体验等。在运作层面,语文课程知识的道德价值是由具体的课程内容特别是作品文本内容所负载的,而情感与道德具有内在深层的联系,语文教科书中传递的这种情感自然对学习者的道德发展具有重要的涵泳价值。比如说,学生只有产生了对领袖和英雄颂扬或崇拜的这种情感,他才可能在内心接受、认同,最终转化成自己对于道德的理解及其道德行为。同样,学生对封建制度或资本主义制度产生否定甚至鄙夷的情感,他才可能激活对社会主义制度的接纳、认同,进而在思想认识和行为实践上加深对祖国的热爱。

如此来看,人文性内容的道德价值正是在课程内容对学生情感的培养这一基础上实现的。当然,为什么是这样的人文性内容,为什么要培养学生这样的人文情感,这些人文性内容又是由谁选择的,这些人文性内容最终负载了谁的道德价值,这种道德价值是不是道义的,等等,这些问题还需要进行更加深入细致的分析,其关系到语文课程人文性内容的适切性乃至正义性问题。但无论如何,以具体文章作品表征的人文性内容是语文课程知识道德价值的重要维度,在这个意义上,不管选择什么样的人文性内容,其必然都有促成道德价值实现的诉求,也自然会带有道德的印记。因此,语文课程人文性内容的道德价值相比于工具性内容的道德价值,更加直观、更加外显、更加灵活,只是这种道德价值大多情况下是通过引发学习者的某种情感共鸣或具身体验而实现的。

(三)理解维度的道德价值

课程的旨趣、价值、目标、内容、实践等在实际运作层面最终要被不同主体所理解,由于不同主体理解的取向、水平和方式等的差异,课程理解成为课程论域中一个复杂的问题。而理解是行动的基础,是不是真正理解了课程设计者的意图以及在什么程度上理解了其意图,这会直接影响课程实践的效果。在理解维度探讨语文课程知识的道德价值,具有鲜明的主体依赖性和过程生成性。一方面,语文课程的重要特点在于其是由文学文本构成的,这决定了语文课程重要的生成特性,所谓"一千个读者有一千个哈姆雷特",语文课程的实践过程在某种意义上来看,就是编者、作者、读者之间的沟通过程。另一方面,不同主体对于道德及道德价值的理解不尽相同,编者意图传递的道德价值与个体实际理解的道德价值也并非严格吻合,个体接受认同的道德价值也可能会与课程中渗透的道德价值发生"冲突"乃至"拒斥",这使得实践运作中的道德价值本身成为一个充满不确定性和主观建构性的意义世界。

即便如此,语文课程知识必然担负着某些共通性的道德价值,这是不应也不能因为主体的差异和过程的生成被消解的。换言之,无论我们如何理解语文课程知识道德价值的不确定性,但对于确定性的寻求是从来未曾放弃的。问题在于,我们要寻求的到底应该是一种什么样的道德价值,或者说,语文课程编者意欲通过课程文本承载和传递的道德价值与课程学习者理解和认同的道德价值是否吻合。对此,首先要分析的是不同主体到底是如何理解语文课程知识的道德价值的,进而为寻求语文课程知识道德价值的某种确定性廓清认识基础。就理想层面而言,课程编者是语文课程知识道德价值的设计者,即他们希冀语文课程承载和传递什么样的道德价值;就现实层面而言,师生是语文课程知识道德价值的感知者,即他们体验和领悟到的语文课程的实际道德价值是什么。语文课程知识的道德价值最终取决于这种理想与现实之间的矛盾运动,因此,着眼编者和师生这两大主体维度及他们之间的关系,审视理解维度的语文课程知识道德价值,为更有效理解语文课程知识的道德价值找寻某种突破口。

1. 理想的道德价值:编者的理解

就学校教育而言,权力阶层或主流意识形态的价值愿景总是通过渗入课程之中而获得传递直至被认同和践行,在具体层面,课程是课程编者进行的课程实践活动,而符合权力阶层或主流意识形态的价值理念是课程编者的编制活动获得合法性的基础,因此,课程编者实际成为权力阶层或主流意识形态的代言人和推手。就道德价值而言,编者通过课程承载和传递的道德价值,首先无疑是符合权力阶层或主流意识形态诉求的道德价值。这也就是说,编者理解的道德价值一方面直接受制于权力阶层或主流意识形态,另一方面必须以高度认同且有效传递符合权力阶层或主流意识形态的道德价值开展工作。

比如,1950 年中央人民政府出版总署编审局编写的初级中学语文课本在其《编辑大意》中旗帜鲜明地指出,"无论哪一门功课,都有完成思想政治教育的任务。这个任务,在语文科更显得重要"[①]。由此明确了要通过语文课完成思想政治教育的任务。在此认识基础上,根据新中国成立初期的形势,人民教育出版社编审部语文编辑组确立了如下指导思想:"培养热爱新民主主义社会的感情,发扬爱国主义精神,培养新的道德价值观念","重视思想政治教育,通过语文教学进行思想政治教育"。[②] 这一时期,语文课程中道德价值负载具有鲜明的政治色彩,一方面是对新民主主义道德观念的倡导,另一方面是对新政权的拥护。那么,选择什么样的语文课程知识以实现道德价值,这成为语文课程编者权力发挥的场域,在这一过程中,课程编者实际上成为特定道德价值渗入语文课程的评判官。又比如 1963 年,人民教育出版社中学语文编辑室编写的新编十二年制《中学语文课本的编辑意图》指出,"在思想内容方面,注意选用有助于提高学生的阶级觉悟,培养他们的革命意志和共产主义道德品质的文章。注意对学生进行爱国主义和国际主义教育,进行社会主义建设总路线的教育,进行阶级斗争的教育和反对现代修正主义的教育,培养他们的无产阶级的阶级观点、劳动观点、群众观点和辩证唯物主义观点"[③]。再比如 1990 年人民教育出版社对 1987

[①] 课程教材研究所编著:《新中国中小学教材建设史(1949—2000)研究丛书(中学语文卷)》,人民教育出版社 2010 年版,第 16 页。

[②] 课程教材研究所编著:《新中国中小学教材建设史(1949—2000)研究丛书(中学语文卷)》,人民教育出版社 2010 年版,第 22 页。

[③] 课程教材研究所编著:《新中国中小学教材建设史(1949—2000)研究丛书(中学语文卷)》,人民教育出版社 2010 年版,第 123 页。

年版的高中语文教材进行修订的《说明》中指出,"重视思想政治教育和国情教育。思想政治教育和国情教育渗透在语文教学的过程中,潜移默化,培养学生的社会主义道德情操、健康的审美情趣和爱国主义精神,提高学生的社会主义觉悟"①。

这些都说明,对道德价值的渗透是任何时候语文课程编者进行课程编制时都在思考的问题,尽管不同时期课程编者对语文所应负载的具体道德价值的理解不尽相同,但对政治道德价值的渗透是其一以贯之的坚守。对政治道德价值渗入的未曾懈怠,也从侧面证明了语文课程编者作为政治意识形态进入语文课程的直接推动者所发挥的作用。然而,编者理解的道德价值实际上还处于理想层面,换言之,这只是权力阶层或主流意识形态希冀借助课程编者进行道德下渗的方式,但这种道德价值能否真正如设计者所期许的那样被学习者所接纳进而内化还应考量师生理解层面的道德价值。

2.现实的道德价值:师生的理解

教师和学生作为课程实践场域中的重要主体,他们如何理解课程的价值意蕴,直接影响课程价值旨趣的实现状况。语文课程知识的道德价值如何被理解,不仅取决于课程编者先行的道德价值植入,即编者希望通过课程传递什么样的道德价值,还取决于课程受者在学习过程中的道德价值生成。实际上,课程一旦形成并且以文本的形式展现出来,作为课程编者的道德价值理解自然已经确定,此时,师生如何理解这种在文本意义上已经确定的道德价值就成为关键。具体而言,师生如何理解道德价值,不仅关系到课程编者的道德价值理解能不能通过师生得以实践,而且关系到课程的道德价值旨趣最终是不是能够实现以及在何种程度上实现。

比如朱家珑老师理解的课文《狼牙山五壮士》,"它可以让孩子们对民族尊严、民族精神有最初步的认知,让他们接受血与火的教育,永远不忘民族的痛史"②。又比如秦兆基老师理解的课文《最后一课》,"启发学生认识民族危机,激发爱国热情……播下民族精神不灭的火种"③。再比如黄厚江老师理解的课文《黄河颂》,"诗人借助黄河——中华民族的母亲河这一形象,表现了中华民族不畏艰险、坚强不屈,勇往直前的伟大精神,抒发了千千万万中华儿女共同的感情"④。这些理解可以被认为是忠实取向的,与编者希冀传递和倡导的道德价值具有内在一致性。然而,并不是所有师生的理解与编者的意图严格吻合。比如1951年,刊载于《人民教育》上的黄庆生老师

---

① 课程教材研究所编著:《新中国中小学教材建设史(1949—2000)研究丛书(中学语文卷)》,人民教育出版社2010年版,第259页。
② 洪宗礼、柳士镇、倪文锦主编:《母语教材研究》(4),江苏教育出版社2007年版,第117页。
③ 洪宗礼、柳士镇、倪文锦主编:《母语教材研究》(4),江苏教育出版社2007年版,第226页。
④ 洪宗礼、柳士镇、倪文锦主编:《母语教材研究》(4),江苏教育出版社2007年版,第384页。

对《背影》一文的理解,指出这是"一篇很不好教的课文",并且认为文章所谓的父爱,实际上是一种资产阶级的颓废情调,不符合当时的政治斗争与思想要求。(黄庆生,1951)无独有偶,就《背影》这篇课文,也有老师认为其已经失掉意义了。(左海,1951)还有老师把《背影》作为与朱德的《母亲》相对的反面教材理解,进而使学生在资产阶级家庭情感与无产阶级家庭情感的不同的比较中,反对前者肯定后者。(白盾,1951)这些理解将编者意欲通过《背影》这篇经典选文传递的亲情这种道德价值彻底扭曲甚至颠覆了,似乎其真的已经丧失了存在于语文课程中的必要。当然,也有老师就背影进行了某种新解,比如韩军老师认为《背影》充溢着生命与死亡意识,表达的是生命如"影子闪过,匆匆促促,虚幻短暂"的主旨,[①]尽管这一理解引发了激烈的争论,但也丰富了对这一名篇所承载的道德价值的认知,即对生命的道德。

由上述师生对语文课程知识道德价值的具体理解可知,权力阶层或主流意识形态借由课程编者下渗的道德价值并不会绝对忠实地被师生所理解,师生在道德价值理解上表现出了相对独立性,他们的理解既可能与课程编者的意图相吻应,也可能与课程编者的意图相背离,甚至出现颠覆式和错误的理解。正因此,我们研判语文课程知识的道德价值,除了解析文本层面经由课程编者裁决的理想的道德价值之外,还应该关注运作层面的经由师生理解的现实的道德价值,基于此,在编者道德价值理解的合理定位和师生道德价值理解的有效规限中方可更好实现语文课程知识的道德价值。

二、域外扫描:国外母语课程知识的道德价值实践

对于道德价值的探求,是任何国家、任何社会形态教育发展的必然追索,这与教育的终极旨趣使人成人不无关系,但也与教育的社会控制功能实现密切相关。在学校教育场域,课程是育人的最重要载体,也是实现社会控制的重要方式。就母语课程而言,不论国家意识形态和社会所处形态如何,其在对未来社会成员进行道德价值灌输及其社会控制上,都有着"先天"的优势,这种优势生成于语言是社会文化,尤其是社会价值观念的主要载体,作为社会象征符号的语言是社会意义的外化形式,亦是个人思想形成与表达的中介,社会通过对象征符号的控制来控制其成员思想的形成类型与表达方式,从而试图达成一种深层的控制,即意义的控制(或符号的控制)。在这个意义上,我国语文和国外母语具有内在的共通性,前文已经对我国语文课程知识的道德价值进行了审视,这为语文课程知识道德价值更好实现的再探究明晰了本土基点。

[①] 韩军:《生之背,死之影:不能承受的生命之轻——〈背影〉新解码(上)》,《语文教学通讯》2012年第2期。

那么,放眼世界,域外母语课程知识的道德价值图景又是如何,其会带给我们怎样的启迪与反思,又会给予我们怎样的参考与借鉴,等等,这是我们探究国外母语课程道德价值图像的意义所在。按照前文对我国语文课程知识道德价值的分析框架,对国外母语课程的道德价值审视亦从选文维度、内容维度和理解维度三个维度进行展开。具言之,国外母语课程的选文如何确立道德价值,内容如何呈现道德价值和理解如何生成道德价值是我们透视其课程知识的道德价值的视点。当然,由于国外母语课程与我国语文课程的风格特点、编排方式、呈现形式等不尽相同,这就特别需要按照具体问题具体分析的原则,从道德价值本身的认知出发,析出其课程知识的道德价值内蕴,再从选文、内容和理解的维度进行客观的研判。如此,对于国外母语课程知识道德价值的透视,不是仅仅停留在平面的事实描述,而是深入到道德价值背后的原理探寻,从而彰显国外母语课程知识道德价值实践之于我国语文课程知识道德价值实现的镜鉴意义。

(一)选文维度的道德价值

国外母语课程由不同的教材体系组成,一般分为以培养学生语言文字等基本语文能力为重的教材和以培养学生文学道德素养为重的教材,比如英国母语教材就有《英语》和《英国文学》等,美国的母语教材有《语言》《文学》《语言世界》《文学世界》《美国文学》《英国文学》《文学入门》《享受文学》等,日本的母语教材分为《国语表达1》《国语表达2》《国语综合》《现代文学》《古典》《古典讲读》等,这些不同的教材都是母语课程目标实现的重要依托,只是不同的教材具体承载和价值及需达成的目标不同而已。就母语课程所担负的道德价值而言,其主要是由文学类教材实现,因此,可以借由文学类教材的选文情况透视国外母语课程知识的道德价值选择状况。实质上,尽管对于道德价值的具体理解可能存在国别的差异,但毋庸置疑的是,国外母语课程同样重视渗透一定的道德价值。总的来看,国外母语教材编写的指导思想在道德价值体现上具有如下共性:1.注重文学教育与学生个性的发展;2.注重本民族文化和多元文化的传播;3.注重价值观和情感态度教育;4.注重与现代社会生活的联结。[①] 在这种指导思想的指导和规约之下,国外母语课程特别是以文学为侧重的教材在选文上势必会体现这种价值导向。那么,国外母语课程选文究竟渗透了何种具体的道德价值,这种道德价值又是如何具体体现的,这种通过选文体现道德价值的方式能给予我国语文课程的道德价值实践什么样的启示,等等,基于这样的思考,具体分析了美国和法国文学类母语教材选文,以期打开外国母语课程以选文实现道德价值选择的密码,为我国语文课程在选文维度的道德价值更好体现找寻域外经验。

美国母语教材种类众多,为了更有效透视其选文维度的道德价值,选择了近年来

---

① 洪宗礼、柳士镇、倪文锦主编:《母语教材研究》(5),江苏教育出版社2007年版,第7页。

在我国影响较大的,由学者马浩岚编译的《美国语文——美国著名中学课文精选》教材进行具体分析。该教材由六个部分组成,各个部分自成一个主题,整体上按照年代的推进依次编选课文。第一部分主题为"文明的交会",由《第一次美洲航海日志》《弗吉尼亚史》和《罪人在愤怒的上帝手中》等五课组成;第二部分主题为"国家的诞生",由《富兰克林自传》《独立宣言》和《在弗吉尼亚州大会上的演讲》等五课组成;第三部分主题为"国家的发展",由《穿越大裂谷》《自然》和《瓦尔登湖》等六课组成;第四部分主题为"分裂、和解与扩展",由《葛底斯堡演说》《内战中的声音》和《密西西比河上的生活》等七课组成;第五部分主题为"不满、觉醒与反抗",由《在另一个国家》《被遗弃的韦瑟罗尔奶奶》和《幽灵进来的那一夜》等五课组成;第六部分主题为"繁荣与保护",由《前七年》《女勇士》和《作了抵押的心》等六课组成。① 这本教材共有34课,以年代编排,从主题来看,大致描绘了国家从诞生到发展、繁荣的整个历程,所有的选文串联起来,实际上是以文学文本的形式描绘了一部轨迹清晰的国家发展史。正因此,无论是国家诞生时期选文所传递的自信和热情的呼声,还是国家战争时期选文传递的不满与觉醒的声音,抑或是国家发展时期选文传递的希望和珍惜的吁求,都反映了浓郁的国家主义取向,在这个意义上,美国母语课程选文的道德价值具有鲜明的国家政治色彩,所谓多元的道德价值在本质上被单一的国家政治道德价值所取代和同化。

同样,法国母语教材也有众多版本,为了集中深入探讨其道德价值,选择了由博达斯出版社根据国家教学大纲于1997年出版的《文学》教材进行具体分析。以该教材第二卷中的19世纪文学选文为例,有如下主题单元:"浪漫主义的萌芽:'我和世界'""雨果:世纪的传说""缪塞:智慧的冲突""司汤达:浪漫的奔放""浪漫主义:在梦想与现实之间""巴尔扎克:创造一个世界""波德莱尔:反抗与现代意识""福楼拜:文体的力量""左拉与莫泊桑:自然主义及其他""魏尔伦与兰波:走向现代诗歌"和"世纪末的散文:远离流派"等。② 表面上看,这些主题单元是以19世纪法国文学发展脉络为主线组织的,但如若从文学与政治的关系审视,以重要文学家为影子确定的这些主题及其在此之上选编的作品,实际上就是法国政治社会生活的写照,是透视法国政治社会发展的一面镜子。在"作家走向了政治舞台,而百姓走进了文学殿堂"③的时代,很难说作家与当局的政治生活没有关系。而纵观形成这些主题的作家,都是在当时具有重要地位并产生深远影响的代表,在某种程度上已经成为当时政治社会意识形

---

① [美]本杰明·富兰克林、[美]马克·吐温等著:《美国语文——美国著名中学课文精选》,马浩岚,编译,中国妇女出版社2009年版,目录。
② 洪宗礼、柳士镇、倪文锦主编:《母语教材研究》(7),江苏教育出版社2007年版,第166—169页。
③ 洪宗礼、柳士镇、倪文锦主编:《母语教材研究》(7),江苏教育出版社2007年版,第174页。

态的"代言人",无论他们肯定、鼓励、倡导的主流价值观,还是他们讥讽、批判、反抗的非主流价值观,在深层次上都与当时政治社会价值导向相一致,换言之,作家通过作品反映的价值观,无论是正向引导还是反向回击都暗合当时主流政治社会的意识形态。因由此,作家才可能获得不断"上位"的资格,其作品也才可能被大众熟知。实际上,任何国家任何社会的文学都不可能完全剥离政治意识形态而独立存活,这是由文学属性与政治本质的内在关联所决定的,问题在于,文学到底是在何种意义上表征或承载政治意识形态,这不仅需要探讨文学文本自身的思想内涵问题,而且需要探究作为母语课程知识选择的文学文本价值属性问题。就该本法国教材而言,其以文学发展的脉络作为表层组织,以代表主流价值形态的作家及其作品形成深层关联,实际上将主流阶层的价值定位、价值导向、价值期待等深植其中,基于此选择的母语课程知识在道德价值的负载方式、组织形式和深层渗透上显得更加隐蔽,也因此可能更有效彰显并发挥其润物无声的道德价值功能。

(二)内容维度的道德价值

通过教科书实现主流意识形态和权力阶层价值观的渗透,是任何国家教育发展都十分重视的问题。母语教科书作为进行道德教化和价值观培育的重要载体,在主流意识形态及其道德价值下渗过程中发挥着举足轻重的作用。尽管不同国家发展的历史、传统、文化、政治、体制等"基因"不同,但其都注重发挥母语教科书的育德价值。但由于各国母语教科书编写体例的差异,承载道德价值的具体方式也不尽相同,为了便于与我国语文教科书的道德价值承载进行相关比较,这里着重从内容维度进行考察国外母语课程知识的道的价值图像。

首先,在探究中体认道德价值。比如由英国麦克米伦出版公司2001年出版的题为《里里外外》(Inside Out)的教科书就以主题探究的方式进行编排,其中设置了以"家"为主题的单元,[①]从"家对你意味着什么?"这一设问开始,依次引用九人对"家"的理解:1.家是我头顶上的一片天(高邦,27岁,英国);2.家是一张温馨的床(惠云,15岁,韩国);3.家是我付出的所有努力和牺牲(威纳,76岁,塞尔维亚);4.家是温暖、关爱和安全(安得维尔,30岁,克罗地亚);5.家是我妈妈所在的地方(杜塞珀,28岁,意大利);6.家是我晚会期间回去换衣服的地方(伊凡,19岁,俄罗斯);7.家是我大多数的回忆所在(约瑟夫,70岁,捷克);8.家是我可以尽情痛哭而没有人干涉的地方(娜塔丽,14岁,美国);9.家是你总想回去的地方(乔治,34岁,阿根廷)。由此启发学生对"家"这一熟识概念的探究兴趣。进而选入《理想的家》《以"风水"方式开始一天的生活》《"自由号"游轮》和《"漂浮的摩纳哥"即将环游世界》等篇目,使得教科书不仅承担起了本民族文化传承的重要使命,而且观照了别国的文化景致,彰显了母语课程对于

[①] 洪宗礼、柳士镇、倪文锦主编:《母语教材研究》(7),江苏教育出版社2007年版,第15页。

学生"大德"培育的重要价值。这种没有生硬的说教和强势的灌输,但对于进行探究的学生来说,编者严肃地把他们引入一个漫长而广泛的时空领域里,引导他们从人生的时间过程中去认识"家"这个他们往往不假思索的概念,去体验这个概念的丰富和深沉的含义;引导他们去进一步关心和体会自己的父母、祖辈正在或已经为家庭、为自己所做出的奉献。在倾听他人和反思自己的实践中,学生无疑会更客观地认识自我,或更体谅和尊敬父母,会更体验亲情的宝贵。[①] "家"在这一探究过程已经成为一种精神意向和道德载体,似乎没有爱家、感恩等道德价值的直接表达,但似乎处处可见这种道德价值的影子。

其次,在主题中凝结道德价值。比如美国斯科特·福斯曼公司出版的六年级《语言》教科书,全书共有12个部分构成12个主题:相处、转折点、探索、公平、迎接挑战、异域、初到美洲、交流、野外探险、同语、开发宇宙和变化,[②]这些主题在训练学生语言能力的同时注重对学生进行文学教育,而每一主题所对应的一篇文章,其实质上承载着与主题一致的道德价值。同样,美国斯尔沃·伯德特和吉恩公司出版的八年级《语言世界》也有10个主题:个人写作、时空探索、美国在成长、周围世界、著名美国诗人、早期空中旅行、理解过去的线索、美国的艺术、幻想世界和神话,[③]与这些主题对应的文章也无不植入了某种特定的道德价值。上述英美两国语文教科书的选文的共同特点在于,都是首先通过确立人文主题,进而以符合主题意蕴的选文负载道德价值,可以说,这种把道德价值渗入语言教材中的方式更加隐蔽,也更好体现了母语工具性与思想性的统一。再比如,加拿大纳尔森公司1981年出版的,由著名学者克莱顿·格雷夫斯和克里斯汀·麦克芒德主编的《英语文选》,有如下主题:朋友和冤家、轻笑与寒战、眼泪和笑声、杰出人物、追求、幸存等,这些主题"表现了积极的生活态度、正确的人际关系和对科学的热爱与探索,使学生有独立的进取精神和互助的合作精神,并对培养青少年良好的心理素质、行为规范以及完美的人格,有潜移默化的作用"[④]。总的来看,以主题的方式组织内容,能够集中反映课程知识所承载的具体道德价值类型,但国外主题呈现出明显的多样性特征,道德价值不仅仅局限于政治道德价值,而且注重以人际交往为重点的社会道德价值和以个体发展为旨趣的个人道德价值的实现。

最后,在关系中反思道德价值。比如日本光村出版社1994年6月出版的初中《国语》第三册第七单元中的选文《35亿年的生命》,通过对生物演化过程中人类与其

---

① 洪宗礼、柳士镇、倪文锦主编:《母语教材研究》(7),江苏教育出版社2007年版,第26页。
② 洪宗礼、柳士镇、倪文锦主编:《母语教材研究》(5),江苏教育出版社2007年版,第87—88页。
③ 洪宗礼、柳士镇、倪文锦主编:《母语教材研究》(5),江苏教育出版社2007年版,第89页。
④ 洪宗礼、柳士镇、倪文锦主编:《母语教材研究》(7),江苏教育出版社2007年版,第529页。

他生物之间关系的概述,阐明了人类善待自然界生物的道理,将科普知识与道德教化融为一体。又如教育出版社2001年4月出版的高中《新现代文》(国语)第一单元中的选文《感受树的生命》也是着眼人与自然的关系,说明了人类与自然息息相通的道理,引导学习者在感受树的生命的同时,思考与其息息相关的人类的生命,传递的是对生命敬畏的道德价值。① 此外,也有从母语与人的生活世界的关系出发,体现选文在"人道"这一层面的道德价值,引导逐渐成熟的青少年学会严肃地思考人生的意义,并逐渐理解和体验人生的苦与乐、生与死、顺境与逆境、成功与失败、物质与精神、自我与他人、瞬间与永恒、理性与非理性等重大生活课题,这既是母语课程担负的严肃的人文教育内容,也是母语课程义不容辞的责任。② 总的来看,这一层面的道德价值渗透是在培养学生的关系思维过程中,引发学生或对人生意义,或对自然环境,抑或对生命历程等的反思,由此形成学生基于自我体认的道德感受、道德判断、道德认同和道德内化,进而促成课程知识道德价值的实现。总的来看,国外母语课程知识道德价值的负载在内容层面,突出了以探究体认道德价值,以主题凝结道德价值和以关系反思道德价值的承载方式,展现了母语课程知识的道德价值负载更加隐蔽、更加灵活、更加多样的特点,这为我们思考语文课程知识的道德价值负载问题提供了有益的借鉴。

(三)理解维度的道德价值

国外母语课程的价值旨趣、政策制度、编排体例、风格传统、运作方式等与我国语文课程不尽相同,课程知识在国外母语课程中的表征形式、存在方式等也与我国文选型语文课程存在迥异之处,因此,国外母语课程知识的道德价值承载和实现方式理论上自然与我国语文课程知识的道德价值承载和实现方式不同。基于这样的假设,分析国外母语课程知识道德价值的承载与实现机制,从理解的维度进行考察,以期有助于深入认识国外母语课程知识的道德价值图谱。具体而言,从国外母语课程标准的道德价值目标定位的分析入手,进而考察国外学者对这种道德价值的诠释,最后分析我国学者对这种道德价值的领悟,构建一种由外而内,由彼及此的道德价值理解框架。这样考量的理由在于:一方面,与我国语文课程标准一样,国外母语课程标准也是其课程发展的指导性文件,对课程标准中的道德价值要素进行分析,可以透析国外主流意识形态或权力阶层布设的道德价值格局,这是进行母语课程知识道德价值研判的规定性尺度;另一方面,由于中外母语教育发展的背景、脉络、旨趣不同,专家学者理解的母语教育或母语课程也存在差异,就国外母语课程而言,处于不同域中的解读者,其对母语课程知识道德价值的理解是否一致,理解的差异在多大程度上影响其

---

① 洪宗礼、柳士镇、倪文锦主编:《母语教材研究》(7),江苏教育出版社2007年版,第264—270页。
② 洪宗礼、柳士镇、倪文锦主编:《母语教材研究》(5),江苏教育出版社2007年版,第31页。

道德价值的实现,这种理解的区隔有没有调和的必要以及如何调和等,这是进行母语课程知识道德价值解析的发展性尺度。

总而言之,之所以要分析国外母语课程标准中的道德价值规约,就是要透视国外母语课程的道德价值定位,明确其道德价值意图;之所以要分析国外学者对于母语课程道德价值的解读,就是要以其人之思解其人之意,审视其道德价值本质;之所以要分析国内学者对于国外母语课程道德价值的理解,就是要发掘国内学者的理解立场,诊断其道德价值区隔。简言之,从课程标准的本质规定和中外学者的不同解析中审思国外母语课程知识道德价值的图像,有益于我们基于多重证据深化对国外母语课程知识道德价值的理解,而这是探寻其之于我国语文课程知识道德价值镜鉴的桥梁。

1.文本载道:课程标准的考察

国外母语课程有鲜明的语言和文学之分,母语课程标准文本中体现的道德价值也是通过文学或语言课程标准来反映的。比如,美国马萨诸塞州2001年6月修改后的英语语言艺术课程标准的指导原则3中明确提出,"除了学习英语国家的文学作品,学校还要求学生接触美国社会其他民族的文学作品及世界上其他国家和文化的文学",在指导原则9中指出,学生"认识到他们的同学也是彼此不同的独特个体,对班级、学校、社区和国家贡献自己的思想、志向和才能",在指导原则10中指出,"有效的英语语言艺术课程标准在鼓励尊重他人不同家庭背景的同时,提高学生对他们共同基础的认识,使他们能够积极、负责任地参与学校生活和未来的公民生活"。[①]这一课程标准反映了美国母语对学生世界眼光和公民意识培育的重视,这也正是其所渗透的道德价值。

又比如,日本文部科学省2004年1月修订后的小学学习指导纲要(教学大纲)中指出国语目标是:"培养学生恰当表达及正确理解国语的能力,在提高语言交流能力的同时,培养其思考力、想象力和语感,使其对国语产生浓厚的兴趣,提升对国语重要性的认识。"[②]基于此,进一步指出教材选择应考虑以下几点:1.有利于提升学生对国语的兴趣,并养成尊重国语的态度;2.有利于培养学生的表达能力、思考能力、想象力和语感;3.有利于培养学生对事物准确、公正的判断能力和态度;4.有利于培养学生科学的、逻辑的思维方式,开拓他们的视野;5.有利于培养学生乐观的生活态度和坚强、正确地面对人生的态度;6.有利于培养学生学会尊重生命并关心他人;7.有利于培养学生热爱自然,欣赏美好的事物;8.有利于培养学生对本国文化和传统的理解与热爱;9.有利于培养学生"我是日本人"的意识,养成热爱祖国、殷切希望国家和社会

[①] 洪宗礼、柳士镇、倪文锦主编:《母语教材研究》(6),江苏教育出版社2007年版,第98—99页。
[②] 洪宗礼、柳士镇、倪文锦主编:《母语教材研究》(6),江苏教育出版社2007年版,第240页。

发展的态度;10.有利于学生理解世界各国风土人情及文化,树立国际合作意识。① 可以看出,日本课程标准在国家层面,注重个人对国家热爱、忠诚的道德价值,在个体层面,注重学生自我健全人格的养成和积极人生态度的培养,体现了国家道德价值与个体道德价值的和谐统一。

2.自我解读:国外学者的观点

国外母语课程标准蕴含着鲜明的道德价值,这也是已形成的共识,然而,这种蕴涵在课程标准中的道德价值在很大程度上还是理想性的、权力性的、向导性的,究竟如何将这种道德价值下移至道德实践之中,进而对我国母语课程知识的道德价值探讨提供参依,这还需要作为理解中介的国外学者的读解。正所谓"由国外学者来谈本国的语文教育,可以保持原汁原味,能更为真切地了解外国教育的全貌和实情。'如鱼饮水,冷暖自知',外国学者谈本国语文教育有切身体验,评述往往切中腠理"②。

比如,美国的高中语文教材"讲究语文学习的过程与方法,注意语文学习的情感、态度和价值观,使学生通过语文学习,不断地充实精神生活,提升精神境界。总的说来,美国高中语文教材的编写,强调人文素质教育,注意培养良好的公民素质,增强公民对民主制度的理解和认识,拓展公民的视野,培养个人兴趣爱好和合作精神"③。此外,美国高中语文教材"都非常重视教材内容的人文化,显现课本在学生人格培养方面的功能。这表现在通过教材中的文学作品的教学,对学生进行美感熏陶,让学生在自主的有个性的语文学习中得到独特的体验,形成积极向上的精神面貌和健康的人生态度"④。由此,古典文学作品在美国高中语文教材中都占有相当分量。可见,美国母语课程对学生人性和人格塑造所承担的重要意义,这种对塑造完满人性和健全人格的追求以及对培养未来良好公民的诉求是美国母语课程知识的重要道德价值体现。

再比如,日本母语教科书在内容选择上明确指出,要"公正对待政治、宗教,不得倾向于特定的政党或宗教派别,不得非议特定的政党或宗教派别的主义或信条;题目及题材的选择和处理不能妨碍学生对学习内容的理解,不得偏重于某个领域或事项,整体上要协调""要特别注意与其他学科学习指导纲要所规定的范畴或领域、道德及特别活动的内容不得互相矛盾或重复;图书内容要充分考虑到儿童身心健康和安全以及培养健全的情操"⑤。可以看出,日本母语课程既非常重视政治道德价值的渗透,明确了母语课程的政治道德尺度,同时注重到如何才能将母语课程知识负载的道

---

① 洪宗礼、柳士镇、倪文锦主编:《母语教材研究》(6),江苏教育出版社2007年版,第247页。
② 洪宗礼、柳士镇、倪文锦主编:《母语教材研究》(8),江苏教育出版社2007年版,第2页。
③ 洪宗礼、柳士镇、倪文锦主编:《母语教材研究》(8),江苏教育出版社2007年版,第15页。
④ 洪宗礼、柳士镇、倪文锦主编:《母语教材研究》(8),江苏教育出版社2007年版,第20页。
⑤ 洪宗礼、柳士镇、倪文锦主编:《母语教材研究》(8),江苏教育出版社2007年版,第119页。

德价值被学生更好地接受这一问题,从文道关系的角度来审视,日本母语课程知识的道德价值体现出了对道的规限与对文的重视,使文道统合于语文课程知识之中。

3.本土理解:国内学者的观点

通过对国外母语课程知识本身道德价值的分析和国外学者对其进行的解析,为我们更好理解国外课程知识所蕴含的道德价值提供了域外之眼,然而,国外母语课程知识所承载及其运作的这种道德价值能给予我国语文课程实践什么样的启示或借鉴,还需要观照国内学者究竟是如何理解国外语文课程知识的道德价值的。换言之,我国语文课程知识的道德价值在审视、改进、优化的过程中,如果要汲取国外的营养,重要的前提或中介是我国学者如何理解国外母语课程知识的道德价值。基于这样的认识,通过国内一些有影响力的语文教育学者对外国母语课程的相关评介,以期透视他们所理解的国外母语课程知识的道德价值,进而探讨国外相关实践可能在什么意义上给我们以参依。

比如,美国七年级《文学宝库》第一单元主题"发现",第四单元"挑战",编者正是通过一篇篇生动的范文,使学生懂得只有经历挫折和困难,并鼓起勇气克服这些困难,人们才能发现自己的潜能,才能更好发展。编者还通过作品人物向学生说明,人要不断为自己确定新的目标,才能让自己向更高阶段发展和进取。再比如,七年级《文学》则从理解他人、欣赏他人优点、对自己所做决定的后果负责、处理生活中的各种矛盾、迎接困难和挑战、探险和开发未知的勇气、发现和实现自我价值、成长中的烦恼等方面,注重培养学生的思想品德和道德修养。[1] 可以看出,我国学者所理解的美国母语课程知识的道德价值与其课程标准和美国学者的理解具有内在的一致性,都是通过一定的选文及其内容来实现一定的道德价值功能。而在国内学者看来,日本母语课程的改革反映了日本社会发展的迫切需求,母语课程知识的道德价值具有鲜明的国家意志色彩,比如日本在国际事务中屡受其他国家指责甚至排斥是因为其民族的自我封闭倾向化较浓厚,因而母语课程就要求指导学生建立积极地与他人交往的意识,并学会善于正确与他人交流。[2] 可以看出,国内学者认为日本母语课程知识重视对学生交际能力的培养是迫于社会吁求和国家需要,在此理解下,母语课程知识促成人的自身发展和实现的内在价值渐趋被国家需要的外在价值所替代。我国学者对美国和日本母语课程知识道德价值理解上存在的差异,实际上为我国语文课程知识的道德价值实践提供了某种反思径向。

---

[1] 洪宗礼、柳士镇、倪文锦主编:《母语教材研究》(5),江苏教育出版社2007年版,第140页。
[2] 洪宗礼、柳士镇、倪文锦主编:《母语教材研究》(5),江苏教育出版社2007年版,第318页。

三、比较反思：中外母语课程知识的道德价值检视

课程知识是学校育人最重要的依托，探求知识的育人价值是教育研究的核心问题。在知识育人的实践进程中，围绕选择什么样的知识培育什么样的人这一焦点，展开了持久的论争。一方面，不同的经济社会文化对未来建设者的要求大相径庭，另一方面，人自身的发展和实现诉求也处于不断变化中。在社会的需要与人的自我实现之间始终存在着某种博弈，这反映在育人载体的课程知识上，就变为课程知识的选择、组织、评价等一系列价值问题。在课程知识的价值确定和实现过程中，又无法回避价值主体、价值客体、价值确认、价值改善、价值重建等基本问题。由此，关于是谁的价值、为谁的价值、理想的价值、实践的价值和生成的价值等就成为课程知识价值问题探讨的核心议题。诚然，选入课程中的知识，即课程知识是从广袤的知识海洋中依据一定的标准筛选、按照一定的原则组织、根据一定的计划运作的特定的知识体系，是一种"法定性"知识。如此炼制的课程知识实际上不可能是客观的、中立的、不变的，其必定是主体性的、价值负载的、更新的。就语文课程知识而言，道德价值是其重要的内在价值，这意味着我们对语文课程知识价值的探讨有必要进行道德维度的观照。

具体而言，语文课程知识到底负载了什么样的道德价值，这种道德价值是如何表征的，这种道德价值是如何被理解的，这是探讨语文课程知识道德价值问题的基本向度。而就国外母语课程知识而言，其也负载着特定的道德价值。然而，国外母语课程知识的道德价值实践能否给我们的本土实践以启示和镜鉴？我们究竟应该如何汲取国外的有益探索以促使自我改进？这是相关讨论展开的逻辑起点。基于前文对我国语文课程知识和国外母语课程知识道德价值的透视，确立了从选文维度、内容维度和理解维度进行中外母语课程知识道德价值比较分析的"三维一体"框架。其中，选文维度的比较，旨在探明中外母语课程知识是如何通过筛选准入彰显特定的道德价值的；内容维度的比较，旨在透视中外母语课程知识是如何通过具体的内容落实道德价值目标的；理解维度的比较，旨在反思中外母语课程知识是如何通过不同的理解凝聚道德价值共识的。正所谓比较的意义，不只在于探究异同，更在于找寻借鉴。因此，进行中外母语语文课程知识的道德价值比较，不只是要清晰中外母语课程知识的道德价值存在何种异同，而且要分析国外母语课程知识的道德价值具体实践能给我国语文课程知识的运作及其道德价值的实现以怎样的可供借鉴的经验。

（一）选文维度的道德价值比较

就母语课程而言，选文是课程知识的重要表征，尽管中外母语课程的具体形态不同，但都有选文这一核心课程知识要件，且就课程知识的道德价值而言，选文是道德价值运作链条上的首要环节。梳理中外母语课程选文，研判选文如何承载道德价值

以及承载了什么样的道德价值,这种道德价值是不是与课程目标所规定的价值相一致,以此展开比较分析。具体而言,从选文承载道德价值的方式、类型以及与目标的一致性三个层面进行具体的比较,以清晰中外母语课程选文维度的道德价值选择逻辑。

层面一,僵化与灵活:选文承载道德价值的方式比较。选择什么样的作品承载道德价值,直接决定了道德价值的表达方式。一般来说,如果选文具有来源广泛、题材多样、主题丰富等特点,其承载道德价值方式也将比较灵活;选文来源偏狭、题材单调、主题干瘪等,将会致使其承载道德价值方式的僵化。在我国语文课程发展的过程中,出现了文道关系的"钟摆现象",即课程要么过于重视文的一端,要么过于重视道的一端,课程知识的道德价值摇摆于文与道的钟摆进程中,与此相应,在文受重视的时期,一些讲究字词句读、辞藻章法的语言文学范本顺理成章进入语文课程;在道受重视的时期,一些具有政治色彩、意识训导的政论时文大张旗鼓进入语文课程。如此,我国语文课程选文承载道德价值的方式长期以来处于僵化之中,这大大降低了选文道德价值负载的效能。国外母语课程的发展呈现出多样化的态势,以文学类课程而言,其选文来源比较广泛,既有主流作家的经典名篇选入,也有反映身边琐事的随笔性篇目选入,这既确保了选文对特定道德价值承载目标的实现,也使得高高在上的圣人伟人的道德价值平稳落地。此外,国外母语课程不仅通过榜样人物塑造、道德故事叙述等方式承载道德价值,还注重从与环境、他人等互动中辨明道德价值,使得道德价值从灌输和外推走向参与和内生,从而活化了选文承载道德价值的方式。

层面二,单一与多元:选文承载道德价值的类型比较。道德价值可以根据不同的标准划分出多种类型,大致而言,按照价值主体分,有个体道德价值和群体道德价值;按照价值对象分,有于人的道德价值和于物的道德价值;按照价值属性分,有稳定性道德价值和动态性道德价值;按照价值序列分,有预设性道德价值和生成性道德价值;按照价值实现方式分,有工具性道德价值和人文性道德价值。选文能否有效达成实现道德承载的目标,关键的指标之一便是其承载道德价值类型的丰富程度及其不同类型道德价值的组合效果。当然,不同类型道德价值之间并不是严格区隔的,不能以彼此割裂的观点看待不同类型的道德价值。总的来看,我国语文课程选文在价值主体上,更加注重群体道德价值;在价值对象上,更加注重于人的道德价值;在价值属性上,更加注重稳定性道德价值;在价值序列上,更加注重预设性道德价值;在价值实现方式上,更加注重工具性道德价值。与我国不大相同,国外的母语课程选文对个人道德价值、于物的道德价值、动态的道德价值、生成的道德价值和人文性的道德价值较之我国语文课程选文而言更加重视。当然,这并不是说我国语文课程选文不注重个体的、于物的、动态的、生成的和人文性的道德价值,也并不是说国外母语课程选文不注重群体的、于人的、稳定的、预设的和工具性的道德价值,只是其有不同的侧重。

当然，理想的方式应该是在不同类的道德价值之间实现功能的优化组合，以发挥重组和整合的优势，在这个意义上，域外和本土的实践可以互为借鉴。

层面三，密切与弹性：选文承载道德价值与目标的一致性比较。选文维度的道德价值首先通过文本选择这一行为得以落实，因为文本选择是一项复杂的系统工程，文质兼美只是成为课程知识的先在和基础条件，能不能有效体现教育宗旨和课程目标成为选文的重要考量。在具体的选文过程中，教育宗旨和课程目标既是影响选文的"看得见的手"，表现在选文必然要体现其规定；同时，教育宗旨和课程目标也是影响选文的"看不见的手"，表现在选文何种意义上与其吻合应是个程度性问题。实际上，就中外母语课程发展的实践而言，选文在主观上都不可能疏离教育宗旨和课程目标的规限而运作，不同在于客观层面选文在何种意义或何种程度上与教育宗旨和课程目标是一致的。如果按照选文与教育宗旨或课程目标的一致程度，把选文的价值取向分为忠实取向与调适取向的话，基于忠实取向的选文承载的道德价值表现出与教育宗旨或课程目标较高的一致性，基于调适取向的选文承载的道德价值与教育宗旨或课程目标的一致程度具有一定弹性。我国语文课程有全国统一的课程标准，以培养未来建设者和接班人为总目标，选文基本上坚持忠实取向，即忠实体现国家的教育方针政策和课程理念目标，正因此，选文受到政治社会意识形态的鲜明影响，选文的道德价值随政治道德价值的变迁而变迁。国外母语课程深受其教育体制的影响，在国家课程政策、标准之下还有多种课程计划、方案等，这些都是引导区域课程发展的重要文本，由此不同区域的母语课程在不违背国家教育大政方针的前提下，有多重具体的道德价值实践方式。因此，国外母语课程选文基本上坚持调适取向，道德价值具有较明显的地域性和境遇性，选文承载的道德价值在整体上与国家总体教育宗旨相符，但在细微处更倾向于与本地区的实际境况相对应，从而彰显了选文所承载道德价值与教育宗旨或课程目标之间的弹性。

（二）内容维度的道德价值比较

选文最终促成了道德价值的筛选，即哪些道德价值可以获准进入母语课程并让学生接受。完成道德价值筛选之后，需要探究更好的道德价值实现方式，即选文本身负载的道德价值如何通过拆分、重组、凝练、升华、优化等表征出来，这里涉及的是内容问题。毕竟，形式不能脱离内容而存在，只有选文之形没有内容之实的母语课程道德价值定会落入空隙。换言之，进入母语课程的道德价值如何以具体的内容表征出来，即用哪些内容担负获准进入母语课程的道德价值，这就要对内容维度的道德价值进行解析。具体而言，中外母语课程的内容是如何组织架构以表征道德价值的？是如何运作以强化道德价值的？又是如何变化以更新道德价值的？这是在内容维度进行中外母语课程知识道德价值比较的基本思路。

首先，平面抑或立体：内容架构表征的道德价值比较。进入课程领域的内容总是以一定的方式组织架构起来的,总体上讲,课程内容的组织架构首先应该符合课程组织的基本原则和逻辑,其次应该符合课程价值的旨趣及其实现的需要。着眼于母语课程知识的道德价值,其内容架构势必应该有效体现其道德价值。我国语文课程内容的架构一般由提示性内容、课文内容、解释性内容、练习内容和拓展性内容等组成,其中,提示性内容规定了某篇课文或某一单元的道德价值方向,为道德价值定位;课文内容以具体的人物、故事、意象等呈现道德价值;解释性内容包括了作者简介、作品创作背景、重点词句的意涵等,作为道德价值理解的支撑;练习内容是确证并强化道德价值的重要部分;拓展性内容是道德价值进一步延展和深化的必要补充。总体而言,我国语文课程内容架构所表征的道德价值基于线性的思维逻辑展开,基本沿循"引出—表达—解释—加强—拓展"的思路布设。国外母语课程内容的道德价值表征更加重视立体式思维,注重学生与历史、与情境、与生活、与自身等的多重对话,以此让道德价值真正与自己有关。比如学者马浩岚编译的《美国语文——美国著名中学课文精选》,内容就由阅读指导、背景知识、文学与生活、文学聚焦、课文本身、问题指南和作品累积等部分组成,其中,文学与生活、文学聚焦、问题指南和作品累积等部分特别重视学生的在场,即密切联系学生实际,让学生在设身处地中悟道。这种把学生视为与作者、与内容、与文学、与生活等对话内容的架构方式体现出的是立体式思维,即超越平面式的发出与接受,不断质疑问难、密切联系自身,从而使得道德价值更加富有生气。

其次,单向抑或交互:内容运作强化的道德价值比较。课程文本中呈现的内容是一种静态存在,这种内容只有在教学场域中与师生发生关系才可能具有生命活力。然而,特定的课程文本内容究竟如何与师生发生关系,发生什么样的关系,这既与编者的课程观有关,也与教师的教学观有关。具言之,编者秉持忠实的课程观,那么课程内容的重点就会极力体现主流意识形态和权力阶层的道德价值观念,而且这种道德价值观念往往是以天经地义和不容置疑的姿态进入课程,教师和学生只需要把编者的这种意旨落实到具体的教学实践中即可。同理,教师秉持忠实的教学观,那么课程内容就变为传道授业解惑的法定依托,只要按照教参和课程内容本身进行按部就班的教学以忠诚于编者的道德价值意图即可。长期以来,我国语文课程内容在运作层面过分迷信编者权威及其意图,而忽视了师生作为价值主体对课程内容的再理解与再开发,如此导致课程内容的道德价值成为单向度的传递与接受。反观国外母语课程内容的运作,其鲜明的特点是注重师生基于自我经验的理解、探究甚至质疑,在道德价值层面,注重探讨是谁的道德价值,如何会是这种道德价值,这种道德价值何以与自我有关,等等,这种运作方式使得课程真正从静态的封闭式文本跃升为动态的开放性文本,由此体悟的道德价值更容易使学生内化于心。

最后,突变抑或渐变:内容变化更新的道德价值比较。课程内容在根本上是要符合主流意识形态和权力阶层的价值期待的,在这一点上各个国家都是一致的。由于不同时期政治经济文化的发展状况不同,主流意识形态和权力阶层的价值愿景也不同,因此,课程内容总是处于变动之中。然而,课程内容的变化应该在何种意义上以何种程度吻应变化了的主流意识形态及其道德价值期待,这是关乎母语课程内容确证及其课程旨趣实现的关键性问题。检视20世纪我国语文课程发展的历程,文道关系失衡的重要诱因就是主流意识形态和权力阶层的道德价值对语文课程内容本身价值的僭越,课程内容的突变使其在一定时期内成为政治的传声筒和锦囊,似乎课程内容只能在对政治负责的过程中才能实现价值,淡化甚至无视课程内容对人发展的内在旨趣,这种对外在价值的张扬和对内在价值的蒙蔽使得课程内容脱轨失序。国外母语课程内容尽管也无可置辩地承载了主流意识形态和权力阶层的道德价值愿景,但课程内容的变化似乎更加符应母语课程本身的逻辑,即在坚守母语课程定位、性质、特征的框架内进行改变,以发挥母语课程在培养公民这一核心旨趣上的独特价值。简言之,国外母语课程内容的变化是在保持母语母性这一基本前提下,在着眼公民培养这一终极旨趣中适时做出调整,如此,既确保母语课程内容对主流意识形态和权力阶层的道德价值担负,也确保母语课程本身的属性不被异化。可以说,国外母语课程内容的变化在道德价值负载上显得更加稳健。

(三)理解维度的道德价值比较

母语课程知识的道德价值最终需要通过主体的理解获得实现,主体的理解程度直接决定其道德价值的实现程度,然而,不同的主体对同一课程知识的道德价值理解可能大相径庭。在主观层面,不同主体的价值立场、理解水平、动机态度等不同,在客观层面,不同主体身处的时代条件、社会环境、文化氛围等不同,这些都成为影响主体进行道德价值理解的重要变量。这里意欲探讨的问题并不是各种变量如何影响主体的道德价值理解,而是着重探讨不同主体所理解的道德价值之间的一致性,即应然的道德价值理解与实然的道德价值理解,设计者的道德价值理解与实践者的道德价值理解,本土的道德价值理解与域外的道德价值理解,它们彼此之间的一致性究竟如何的问题。就实践而言,对道德价值理解的一致性最终影响母语课程知识道德价值的实现效能。

其一,应然与实然:理想与现实中的道德价值理解比较。母语课程知识到底应该负载什么样的道德价值,换言之,在道德层面,母语课程知识应该致力于使人成为一个什么样的人,这是思考一切母语课程乃至母语教育问题的原点。一般来说,有什么样的母语观就有什么样的母语课程价值观,也就有什么样的母语课程知识道德价值观,这是一个应然性的问题,反映了理想层面的道德价值认知。然而,理想中的道德价值认知能否落实到相应的实践中或者落实的程度如何,这又成为一个现实性问题,反映了实践层面的道德价值运作。我国语文课程知识的道德理解在应然层面着力于彰显对于社会主义事业的建设者和接班人培养的目标,因此课程的选文、组织、实施、评价等都围绕这一核心目标展开,具体实践中通过提示语的道德价值引导、课文内容中的道德价值标榜和练习中的道德价值强化等环节力争实现应然的道德价值与实然的道德价值的一致。国外的母语课程以培养公民为总目标,课程知识在致力于使学生成为公民的同时,注重其多方面道德价值的培养,正因此,现实中的道德价值理解更加富有弹性。加之国外母语课程的种类丰富,现实中的道德价值理解更加多元。实质上,中外母语课程知识都在致力于将理想层面的道德价值理解落实到现实中,以实现应然的道德价值理解与实然的道德价值理解的统一,但由于中外母语课程的旨趣并不相同,因此,实践层面的母语课程知识的道德价值理解自然有别。外国母语课程知识在现实层面的道德价值理解的开放、多元与丰富特质是其给予我国语文课程知识道德价值理解的有益启迪。

其二,相一与疏离:预设与生成中的道德价值理解比较。课程编者依据主流意识形态和权力阶层的价值期许进行课程的编制,因此,呈现出来的课程文本不可能是价值无涉的客观知识载体,而是经过了价值的筛选与提炼。在道德价值维度,母语课程知识既负载预设的道德价值,也彰显生成的道德价值。预设的道德价值是编者意旨的体现,集中反映了编者的意图和经由编者这一中介传递的主流意识形态及其道德价值;生成的道德价值是师生体悟的结果,反映的是价值受者具体体验和认知的道德价值。由于价值施者与受者的立场、出发点等并不可能完全相同,使得预设的道德价值与生成的道德价值之间不可能实现无缝对接,只能不断缩小和弥合此二者之间的区隔。长期以来,我国语文课程知识的道德价值理解似乎都是确定的、唯一的,这体现在编者对课程文本的道德价值解读一般只有一种主流观点,师生的理解只有符合这种观点才可能被认为是正确的,如此造成文本道德价值内涵的单调干瘪和乏善可陈。表面上看,预设的道德价值与生成的道德价值似乎是相一的,但实际上这种一致是以遮蔽甚至限制生成的多样可能性为前提的。反观国外母语课程知识的道德价值,尽管也渗透编者的道德价值预设,但更注重师生基于自我体悟的道德价值生成。由此,课程文本呈现的道德价值走出权威或单一的理解,走向了灵活的生成,探究、反思、质疑成为现实中道德价值生成的基本方式。可以看出,国外母语课程知识的道德价值理解正是在注重多元生成中反向落实了预设的道德价值,这是我国语文课程知识的道德价值在处理预设与生成关系时可以反思和借鉴的。

其三,自觉与他觉:本土与异域中的道德价值理解比较。课程知识具有地域性和境遇性的特质,同样的课程知识在不同的地域和境遇中可能会有截然不同的理解。因而,观照不同的地域和境遇及其文化生态,对课程知识及其价值进行多元的理解,可能打开课程知识理解的另一扇窗。具体而言,分析国外学者如何看待我国语文课程知识的道德价值,其意义不仅在于丰富我们自己的相关认知,而且在于唤起我们进行相关反思的自觉;同样,探究我国学者如何理解国外母语课程知识的道德价值,其意义不仅在于提升我们的认知水平,而且在于涵养我们对异域观照的自觉。近些年,我国学者积极译介了一些国外母语课程资料,这些资料既是我们了解异域母语教育发展的视窗,其本身所蕴含的本土学者的智慧更值得学习,实质上,这些自觉的学者对国外母语课程知识道德价值的理解在很大程度上影响着国外母语课程价值理念在我国语文课程实践中的"命运"。遗憾的是,在教科书这一层面,基于对21世纪以来我国教科书研究的分析发现,教科书的国别比较研究主要集中在中美、中日之间,而对其他国家的观照不足,[1]这提醒我们还有必要继续加大对国外教科书的关注以汲取更均衡的营养。值得一提的是,随着汉文化在国际社会的兴起,国外学者给予我国语文课程发展格外的观照,诚然,由于文化传统、价值立场等的差异,国外学者对我国母语课程知识道德价值的理解未必完全符合我们的预设或初衷,但国外学者的理解对我们丰富认识、反思自我等具有重要的镜鉴意义。对于国外学者就我国语文课程进行研究的关注,本身就是我国语文课程本土自觉的体现。在多元文化交融的当下,探讨语文课程知识的道德价值,特别需要扩展视域,既要着眼于国外母语课程知识道德价值的研究,也要着眼于异域学者对我国语文课程知识道德价值的研究,如此,在自觉与他觉的互动发展中,更好实现新阶段我国语文课程知识的道德价值使命。

本章小结

母语课程知识负载道德价值,这已被中外母语课程实践所诠释。那么,究竟如何认识母语课程知识的道德价值,中外母语课程知识的道德价值实践的过往之路如何读解以及未来发展路在何方等,这是我们进行母语课程知识道德价值实践审理的总体思考。具体来看,我国语文课程知识的道德价值实践图景是什么样的,其经历了什么样的嬗变历程,国外母语课程知识的道德价值实践理路如何,其有何鲜明的特点,中外母语课程知识的道德价值实践方略存在怎样的异同,国外的实践可能给予本土改进何种借鉴,等等,这些问题是本章讨论的重点内容。结合中外母语课程知识的具体实践方式和运作逻辑,建立选文维度、内容维度和理解维度"三维一体"的分析框架,以期多层面、多角度地对中外母语课程知识的道德价值实践进行审理。其中,选文是母语课程知识道德价值实践运作的起始阶段,完成了道德价值的筛选;内容是母语课程知识道德价值实践运作的中间阶段,完成了道德价值的表征;理解是母语课程知识道德价值实践运作的达成阶段,完成了道德价值的确认。从起始阶段的筛选,到中间阶段的表征,再到达成阶段的确认,形成了母语课程知识道德价值实践运作的一个完整链环,这也正是从选文、内容和理解三个维度进行母语课程知识道德价值实践

---

[1] 张铭凯、靳玉乐:《我国教科书研究的新世纪图景——基于CiteSpace知识图谱的分析》,《全球教育展望》2017年第3期。

审理的内在逻辑。实际上,母语课程知识的道德价值实践运作是一个循环往复的过程,每一次的道德价值确认都成为新一轮道德价值选择的起点,这也是我们为什么要基于动态的、过程的、生成的视角进行母语课程知识道德价值实践审理的理据和思考所在。

研究发现,我国语文课程知识的道德价值在选文维度,深受政治社会变迁影响而表现出鲜明的政治道德价值取向;在内容维度,突出了人文性内容的道德价值而对工具性内容的道德价值挖掘不够;在理解维度,突出了基于编者理解的理想道德价值而淡化基于师生理解的现实道德价值。国外母语课程知识的道德价值在选文维度,对文本的文学化处置使其政治道德价值更加隐匿;在内容维度,注重基于学生探究和反思的道德价值生成;在理解维度,注重师生实际体认的道德价值与编者理想预设的道德价值的一致性。基于此进行比较反思:在选文维度,从选文承载道德价值的方式、类型及其与目标的一致性三个层面展开比较,发现我国语文课程知识道德价值承载方式比较僵化、道德价值承载类型较为单一、道德价值承载与目标之间关联密切;与之相对,国外母语课程知识的道德价值承载方式比较灵活、道德价值承载类型较为多元、道德价值承载与目标之间保持弹性。在内容维度,从内容的架构、内容的运作和内容的更新三个层面进行比较,发现我国语文课程知识以线性思维表征道德价值、以单向运作方式强化道德价值、以突变模式更新道德价值;相反,国外母语课程知识的道德价值以立体思维表征、以交互方式运作、以渐变模式更新。在理解维度,从理想与现实、预设与生成和本土与异域三个层面进行比较,发现我国语文课程知识的道德价值理解突显对理想道德价值的忠实理解、注重预设道德价值的落实、唤起对异域学者研究的自觉,而国外母语课程知识的道德价值理解注重实然的多元共生理解、强调基于师生经验的生成性理解、强调理解的全球意识和世界眼光。

总体而言,本章所描绘和审视的中外母语课程知识的道德价值实践图景,一方面建构了基于选文、内容和理解"三维一体"的母语课程知识道德价值实践审理的框架,为进一步深化反思我国语文课程知识的道德价值实践问题提供了方法论参考;另一方面澄明了中外母语课程知识的道德价值脉相,为继续提升我国语文课程知识的道德价值实践的有效性和由此探寻优化语文课程知识的道德价值实现的进路具有启示意义。

第五章　语文课程知识的道德价值重证

教育的终极旨趣在于育人,使学生成为具有独立品格的个体和社会担当的公民是一切教育工作矢志不渝的追求。然而,教育究竟凭借什么去达成育人的目标,最重要的载体之一是课程,更具体地说是课程知识。正因此,所谓教育培养了人,更确切地说是课程或课程知识哺育了人。语文作为母语学科,在塑造国民性上具有先天的母性特质和优势,同时,语文作为人文性学科,在人性培育和道德涵养方面具有独特价值。语文学科的这种优势发挥和价值彰显需要借助课程知识这一中介得以实现,通过课程知识的选择、组织、运作和评价等实践,语文课程的母性特质和人文属性得以凝结,进而成为具体实践层面语文学科育人价值发挥的实质依托。由此,语文课程知识当然地附着了道德价值的意涵,而通过语文把人培养成为一个道德之人的追求就是语文课程知识道德价值研判的意义所在。即便如此,"如果我们仍然高唱完人教育和不计实利地求学问的老调,我们就绝不会了解人文学科被管治的方式……相反地,只有弄清楚每次零星的周旋、转译和转化,如何将人文学科的理想和规训,与管治的道德和技术联系起来,我们才能了解(实况)"[①]。语文发展过程中出现的文道关系"钟摆"及其由此引发的争论,实际上都表明了语文课程知识在道德价值负载及其实现过程中陷入困境或走向迷失。那么,就语文课程而言,为什么会出现文道关系的失谐,为什么会出现道之于文的僭越和文之于道的无奈,为什么会出现文道关系的钟摆和偏转,文道关系的争论是不是真的会成为一个喋喋不休却又难有定论的尴尬命题,文道关系发展的未来进路与和谐状态又会是什么,等等,这些是语文课程知识视界中文道关系探讨再出发的必然之思。

具体而言,语文课程知识的价值认知如何牵引并吻应了文道关系的诉求,语文课程知识的价值选择如何落实以致加剧了文道关系的偏转,语文课程知识的价值运作如何强化甚至促成了文道关系的钟摆尴尬,等等,这是从语文课程知识的价值维度思考文道关系的具体视点。进言之,在道德价值维度,语文课程知识的道德价值认知、选择、运作等环节应该坚持什么样的取向、依据什么样的原则、遵循什么样的规律等,这关系到语文课程知识道德价值的实践品性和效能。换言之,什么样的语文课程知识道德价值观、什么样的语文课程知识道德价值选择原则、什么样的语文课程知识道

[①] [美]华勒斯坦等著:《学科·知识·权力》,刘健芝,等编译,生活·读书·新知三联书店1999年版,第205页。

德价值运作实践才有助于语文课程知识道德价值的更好实现,也才有益于语文课程视界中的文道关系和谐,最终有益于语文课程知识育人价值的有效落实,这些是语文课程知识道德价值实践的基础性问题。实际上,探讨语文课程知识的道德价值及其实现,还有一个最基本的问题无法回避,即语文课程知识的道德价值尺度问题。上述这些问题,无论是理论层面的迷思,还是实践层面的困局,归根结底源于对语文课程知识的道德价值尺度这一最基本问题理解的惰性。基于这样的思考,从语文课程知识的道德价值尺度的研判着眼,探寻理论和实践两个维度的语文课程知识的道德价值重证逻辑,以期在深层次上唤起语文课程知识的道德价值理解自觉,进而求解语文课程知识道德价值问题的理论迷思与实践困境,为语文课程知识的道德价值实现的进路抉择厚植理性认识基础。

一、语文课程知识的道德价值尺度

(一)尺度及其内涵

古希腊智者派的代表人物普罗泰戈拉曾提出过一个著名的命题:"人是万物的尺度,是存在的事物存在的尺度,也是不存在的事物不存在的尺度。"① 那么,究竟何为尺度? 一般来说,尺度的原始意义是尺寸、尺码及其度量,在现代汉语使用过程中逐渐具有标准、规范、准则、原则、准绳和基准等意思,进而引申为衡量事物性质、特征、度量的标准、规范。哲学大师黑格尔曾对尺度进行过深刻论述,他在存在论的视域下将尺度理解为包含三个范畴的概念:"质""量"和"尺度"。具体来看,第一个范畴"质",是"表示一个范围内的简单规定";第二个范畴"量",是表示"一个范围内的分化阶段,是对于有限事物的界说";第三个范畴"尺度",是表示"由分化回复到简单的自身联系"。② 由此,"尺度是质与量的统一,是完成了的存在。存在本质上在于规定自身,它在尺度中达到完成的规定性"③。尺度之变的机理在于,"定在的量的规定可以改变,不致影响其质;同时这种不影响质的量之增减也有限度,一超出其限度,就会引起质的改变"④。总而言之,"凡一切人世间的事物——财富、荣誉、权力、快乐、痛苦等——皆有一定的尺度,超越这尺度就会招致沉沦和毁灭"⑤。由此推之,尺度是事物质与量的规定性,是事物本质、规律及其内部关系结构、性能、状况等规定性的统一。

---

① 北京大学哲学系外国哲学史教研室编译:《古希腊罗马哲学》,商务印书馆 1982 年版,第 138 页。
② [德]黑格尔著:《小逻辑》,李智谋,编译,重庆出版社 2006 年版,第 88 页。
③ [德]黑格尔著:《小逻辑》,李智谋,编译,重庆出版社 2006 年版,第 114 页。
④ [德]黑格尔著:《小逻辑》,李智谋,编译,重庆出版社 2006 年版,第 115 页。
⑤ [德]黑格尔著:《小逻辑》,李智谋,编译,重庆出版社 2006 年版,第 114 页。

即便如此,基于不同的视域、不同的背景、不同的主体,对同一事物的尺度会有相异甚至截然不同的理解。在时空坐标中定位尺度,就相对时空中的某一特定的事物而言,其在特定条件下应该有一种合理的尺度,在这里,特定事物和特定条件是某一尺度确定的充分条件。当然,就绝对时空中的某一特定事物而言,其总是处于永恒的变化发展中,合理的尺度也会发生相应的变化以保持其合理性。可以说,尺度是一种关系性存在,这种关系既是主体与客体之间矛盾运动所产生的,也是事物内部自身变化发展生成的。从人与事物的关系这一层面审视,尺度就是人这一主体与事物这一客体基于互动而形成并呈现出的合理规定性。因此,着眼于人与事物的关系这一维度理解尺度,其内涵在于事物如何与人发生互动以及基于这种互动最终呈现出一种什么样的规定性,这种规定性如何成为处理人与事物关系的一种原则、准绳和规定等。简言之,在人与事物的关系视域中,尺度就是一种过程的、动态的规定性生成和存在,合理的尺度既有助于测度人与事物的关系使其始终保持在和谐之态,也有助于调节人与事物的关系使人和物的价值都能获得更好地实现。

(二)道德价值尺度及内涵

如果我们把道德理解为一种调节人类社会发展进程中各种关系的中介或者桥梁,那么道德价值就是在调节这些关系中发挥的功能、意义或作用。然而,道德价值的功能、意义或作用并不是凭空发挥的,其在根本上也是一种价值评判,是主体根据一定的标准、原则、需要进行的价值筛选。由此,道德价值可以被理解为道德生活领域里具有价值属性(不论是正值还是负值)的活动、行为或事实。[①] 在这个意义上,道德价值问题就成为一个事实与价值不可分离的问题。一方面,价值不可能脱离事实而存在,没有了事实,价值就失去了赖以存在的客观基础;另一方面,事实也不可能脱离价值存在,没有了价值,所谓的事实也就失去了生命的色彩。可以说,在道德领域,不存在脱离事实的价值,也不存在失却价值的事实,事实与价值虽各有所属,但并非毫不相干。问题在于,我们如何理解道德的价值属性与事实属性,即什么样的道德只具有事实意义而什么样的道德才具有价值意义?这是探讨道德价值问题的基础。比如,我们讲述了一个与道德有关的故事、塑造了一个与道德有关的人物、绘制了一幅与道德有关系的图画、举行了一次与道德有关的活动、描述了一种与道德有关的行为等,这些还仅仅停留在道德的事实层面,即客观的道德事实呈现。只有当对这种道德事实做出价值判断的时候,才会使其具有价值层面的意义,即就这种事实有何道德意义、功能、作用等做出价值评判时才是价值论范畴中的道德。

简言之,道德价值在客观层面是一种事实呈现,在主观层面是一种价值评判。实际上,处于具体现实中的道德价值是事实与价值的统一,人们总是通过一定的事实衡

[①] 龚群著:《道德哲学的思考》,河南人民出版社2003年版,第50页。

量、评价甚至裁决其价值,也总是通过一定的价值认知、排序甚至取舍改进其事实,如此,在事实与价值的相互作用中促进道德价值的变化、更替甚至重建。因此,道德价值无论从何种意义上都不可能脱离人这一根本主体,可以说,既是人创造了道德的事实,也是人评价着道德的价值。没有人的存在,也就无所谓道德价值的问题,在这个意义上,人是道德价值的根本价值和元价值,也应该是道德价值的尺度。然而,人作为道德认识的主体,"往往从自己的立场、利益、兴趣及爱好出发认识社会道德现象,从而使道德认识的结果具有强烈的主体性特征"[1]。此外,由于人的存在方式不满足于"是如此",而是要创造"应如此",这使得人本身成为一种价值性的存在。[2] 如此一来,人所处的社会文化环境、经济发展状况、意识形态诉求等都是影响道德价值尺度的客观因素,特定境遇中道德价值尺度具有规定性。同时,人的认知水平、价值立场、主体期待等是影响道德价值尺度的主观因素,动态进程中的道德价值尺度具有发展性。正因此,道德价值尺度成为一个既有外在规定性又有内在发展性特征的概念,对其内涵的探讨也有必要着眼这一特性进行展开。

具体而言,在外在规定性层面,道德价值尺度是社会运作的必然结果,表现为社会事实的价值规范和准则。在这个意义上,"行为领域里的伦理事实的价值依据在于与社会共同体相关的以及与一定的社会文化背景条件相关的规范和规则。应当看到,在任何一个人类社会里,都存在着这样两类价值规范。一类是千百年来人们的共同生活所形成的共同生活规则,一类是在一定的社会背景条件下的特定社会的价值规范。这后一类社会规范,体现了一定的历史相对性和文化传统的价值相对性,而前一类规则,则反映了社会共同体的共同生活需要,因而,具有更长久得多的价值真理的意义。"[3]因此,由于社会共同体长期以来形成的共同生活规则和特定社会的价值规范使得与之相应的道德现实和道德需要都具有社会规约的印痕,社会规定性成为道德价值的外在尺度。某种道德只有与社会发展方向一致并符合社会发展的现实诉求,才能成为社会共同体的生活需要,从而被视为有正值意义的价值,不断获得推崇和强化;相反,某种道德如果与社会发展脱节或成为社会发展的阻滞,就不可能成为社会共同体的价值规范,进而会被视为具有负值意义,最终在社会主流中祛魅直至消逝。总而言之,社会层面的规定性成为道德价值尺度的外在规约,道德价值只有在与社会发展相一致时发挥其意义。

在内在发展性层面,道德价值尺度是个人理解的结果,表现为个体实现的价值动力与期许。在这个意义上,道德价值一定是出自行为者内心的有道德的行为,这个根

---

[1] 吴瑾菁著:《道德认识论》,社会科学文献出版社2011年版,第260页。
[2] 鲁洁著:《道德教育的当代论域》,人民出版社2005年版,第5页。
[3] 龚群著:《道德哲学的思考》,河南人民出版社2003年版,第51—52页。

源在于,受到人格尊重作为个人权力的起码要求,使得我们不得不承认行为的道德价值在于内在性的根据。① 这就是说,道德价值的实现必须是发自主体内心的体认、理解与期待,只有与个体的自觉自愿与自我实现关系起来的道德,才具有正值价值,否则即便做出看似道德的行为,也不可能具有真正的道德价值。"在任何情况下,一个人的私心的范围和性质,在很大程度上可以规定他的自我的性质。"② 这也就不难理解,为什么现实生活中总有那些披着道德外衣开展的非道德行为,也总有那些看似以道德的方式进行教育实质上很难甚至根本不会产生道德的效果的情况,这恰恰是在道德价值理解上忽视了基于主体内在体验的价值共鸣的形成。毕竟,"道德规范作为社会规则,在任何时候都具有一定的外在他律性,但作为个体行为者而言,只有将这种外在规范性的他律转化为内在自律并拥有行为自主性的权利,才可以评价一个行为者本身的行为的道德意义"③。这说明,道德价值之于个体作用的真正发挥,不仅要关注到作为外在他律的引导性和规定性,而且要重视个体对这种外在他律的内在转化、吸收与认同。由此,道德价值尺度的内在发展性就是主体对社会规范性转化、吸收和认同的程度。

(三)语文课程知识的道德价值尺度内涵

教育不仅要按照现实存在的物质世界这一外在尺度来塑造人,同时还应当用人的自由心灵这一内在尺度来发展人。④ 那么,语文课程知识应该如何表征语文学科文道相合或工具性与人文性的统一,语文课程知识应该具有什么样的特质,语文课程知识如何确保语文的体性与品格,等等,这些既是探讨语文课程知识的基本性问题,也是追问语文课程知识道德价值尺度的前提性问题。基于这样的思考,本书从语文课程知识的工具性、人文性和工具性与人文性的统一三个层面具体探讨语文课程知识的道德价值尺度内涵。

首先,工具性是语文课程知识道德价值的基本尺度。语文课程是掌握祖国语言文字和进行其他学科学习的基础,而语文的这种基础性恰恰要求其具有工具性。这种工具性具体表现在两个方面:一方面,语文课程无论如何发展都不该也不能放弃对学生进行"字、词、句、篇、语、修、逻、文"的语文基本能力培养,如果淡化甚至丢弃了这一根本,语文就会因无根而飘摇欲坠;另一方面,语文课程存在和发展的重要动力是对其他学科的奠基,学生基本的理解能力、价值观念、学习品质等的培养都是语文课程的重要担负,没有语文课程所奠定的这种基础,其他学习的开展就难以进行。由此

---

① 龚群著:《道德哲学的思考》,河南人民出版社2003年版,第56页。
② [美]C.拉蒙特著:《作为哲学的人道主义》,古洪,等译,商务印书馆1963年版,第238页。
③ 龚群著:《道德哲学的思考》,河南人民出版社2003年版,第56页。
④ 鲁洁著:《道德教育的当代论域》,人民出版社2005年版,第114页。

而论，语文课程的工具属性是其基本的特点，这也是语文课程知识何以具有工具性特点的根由。然而，在道德价值层面考量，语文课程知识的这种工具属性何以蕴涵一定的道德价值，换言之，工具性语文课程知识如何担负应有的道德价值，这是在工具性层面探讨语文课程知识道德价值尺度的基本问题。在这里，首先应该明确的是，语文课程知识的工具性从来都不是硬生生的器物意义上的工具，而是融入人的理解、感情、判断、立场、期待等人文温度的工具。由此，在何种意义上理解、带着何种感情、基于什么判断、秉持何种立场、抱有怎样的期待等，这是语文课程知识的工具属性何以蕴涵道德价值的基本认识。问题是，语文课程实践中究竟应该如何发挥工具性课程知识的道德价值，使其既不会成为冰冷生硬的器物工具，也不会成为失去工具本性的形式工具，换句话说，工具性语文课程知识在道德价值的体现和实现中如何防止固化和迷失，这就特别需要强调其工具本性和工具尺度。

事实上，语文课程知识的工具性所反映和实现的道德价值具有极强的隐蔽性，通常是通过对字词的运用、语篇的揣摩、练习的强化等一方面落实对语文基本工具的认识，另一方面实现深层次的工具控制。语文课程知识的工具控制实际上是一种思维方式和价值导向的控制，通过对字词句篇的引导性分析和主题内容的确定性理解，所传递的是这种字词句篇应该在这种情境中使用，这种内容的主题应该被这样理解等。由此，表面上看是对语文工具性的彰显，即如何用语文，深层看是通过这种工具性植入了某种特定的道德价值并通过工具的运行得以强化，即如何看语文。

即便如此，语文课程知识的工具性不应该被其所负载的道德价值遮蔽甚至埋没。工具性语文课程知识的价值首先而且最重要的必然应该是如何正确规范使用祖国语言文字，如何正确理解课程内容及其表达手法，真正把如何用语文的工具价值发挥出来。尽管工具性语文课程知识不可能不负载道德价值，但以其天然或应该负载道德价值为由一味强调发掘工具性背后的道德价值实际上是对语文课程知识工具品性的僭越，当然不利于语文工具属性的彰显和工具价值的实现。因此，以折损甚至消解语文课程知识的工具属性来换取所谓道德价值的实现，实际上是一种本末倒置，应当确立起工具性是语文课程知识道德价值的基本尺度的认识。

其次，人文性是语文课程知识道德价值的内在尺度。人文性是语文学科的重要特性，在课程层面，语文是通过选文具体体现并实现其人文性。语文课程的人文性表现在对人的思想道德的涵泳、对人的意识观念的塑造、对人的品质人格的培养等方面。人文性作为语文的体性之一，不同时期受到的重视程度不尽相同，同一时期受重视的具体方面也大相径庭，这使得语文课程的人文性成为一个人尽皆知但众说纷纭的话题。那么，"我们究竟如何来充分彰显以立人为中心的语文学科之人文教育品格？概言之，即以自由陶冶为中心，回到孩子，回到孩子与文本之间的生动联接以及基于这种联接的鲜活创造"①。据此检视我国的语文课程实践,长期以来对人文性理解的偏狭,使得具有丰富意涵的人文教育品质矮化为思想道德的规训甚至政治意识的灌输,这种忘却了孩子的实践终而导致语文课程长期陷入与政治难以扯清的泥潭之中。这样一来,语文课程的人文性到底应该是什么,课程知识如何体现这种应然的人文性就成为横亘在语文课程实践及其课程知识选择中必须要解决的问题。特别是随着社会的发展和多元文化的交汇,语文课程如何彰显其固有的人文性并与时俱进地丰富人文性的内涵,这成为一个摆在语文课程发展面前亟待需要探究的问题。

实质上,无论是政治性对语文课程丰富人文性的遮蔽也好,还是时代境遇对语文课程人文性拓展的要求也罢,都存在一个基本的前设性问题,即语文课程抑或语文课程知识的人文性尺度是什么？人文性何以成为语文课程知识道德价值的尺度？诚然,在人的主体性维度,关于人的精神的陶冶、品格的锻造、人性的张扬等都是语文课程及其课程知识的人文担负;在人与物的关系性维度,保护环境、爱护公物、善待动植物等也是语文课程及其课程知识的人文考量;在个体与社会国家发展维度,对国家的忠诚、强烈的使命感和责任感、立志报国的信念等亦是语文课程及其课程知识的人文诉求。简言之,使人成为主体人、成为关系人、成为国家人,这是语文课程及其课程知识的必然担负,也是其人文性彰显的内在诉求。

问题在于,语文课程知识运作如何妥善处理这几者之间的关系,才能既体现语文课程知识的人文性,又发挥语文课程知识的道德价值。如果从语文课程选择的角度回眸语文课程的发展,由于对人文性理解的偏误和惰性,导致语文课程知识既没有形成科学的知识体系,也没能有效彰显语文课程知识的道德价值。比如,一定时期对政治意识形态的强调使得语文课程知识丰富的人文意蕴扭曲成政治教化和思想训育的符码。这种以突显某一种道德价值而消解甚至无视其他道德价值的做法,从语文学科的自身发展来看,损害的是语文学科的人文性特质,从语文学科的目标旨趣来看,遮蔽的是语文学科的丰富育人价值。因此,语文课程知识的人文性彰显既不能因为强调某种单一的道德价值而消解或遮蔽其他道德价值,也不能对人文性进行矮化式或膨胀式理解而消散或淡化其固有的道德价值,这些不仅是语文课程知识选择的道德考量,而且是人文性对语文课程知识道德价值尺度的内在规约。

最后,工具性与人文性的和谐是语文课程知识道德价值的理想尺度。工具性是语文学科本体属性,人文性是语文学科的内在属性,工具性与人文性统一共同构成语文学科的基本属性,语文课程知识必然要在彰显工具性与人文性的过程中实现其价值。工具性与人文性既然是语文学科不可偏指的双重属性,那么,语文课程知识也应该体现工具与人文这两重属性并且处理好此二者的关系。然而,在语文课程的发展

---

① 刘铁芳:《重申语文教育的立人使命》,《高等教育研究》2015 年第 4 期。

过程中,工具性与人文性并未能建立良好的关系。如果基于文道关系检视20世纪语文课程知识的道德价值构建,实际上刻写了文与道的失谐进程。对文或道的单方面重视,既没能如愿实现语文课程知识的工具性价值也没能有效实现语文课程知识的人文性价值,而是让此二者在彼此的脱轨失序中走向了歧途。那么,语文课程知识的道德价值实现应该如何处理工具性与人文性的关系,进而实现此二者的和谐统一,这是语文课程知识道德价值实践的基本问题。过往的实践已经表明,工具性与人文性关系抑或文道关系的失谐无益于语文课程知识道德价值的实现,也无益于语文课程育人旨趣的达成。正是在这个意义上讲,文道统一或工具性与人文性的统一成为语文课程知识价值选择的基本尺度也是最终尺度,文与道、工具性与人文性此二者不可偏指,应合而论之。

工具性与人文性相统一,并不意味着语文课程知识选择中工具与人文平分秋色,更不意味着语文课程知识的组织要各自为政,而是要倡导你中有我,我中有你的深度融合。回眸历史,对语文工具性的强调使得语文丰富的人文意蕴被遮蔽,单纯靠工具性知识以实现道德价值的使命必定走向生硬的说教和干瘪的灌输,语文之美在这样的机械式传授中消失殆尽。着眼当下,对语文人文性的强调使得语文本身的工具性被忽视,只指望人文性知识以实现道德价值的使命自然走向空洞的泛泛而谈和虚幻的难以言说境地,语文之真在这样的虚无表征中犹如空中楼阁。失美失真的语文不仅暗淡了自身的魅力,也折损了其育人的价值,这是对语文课程知识道德价值尺度把握失准造成的直接后果。

历史的覆辙和现实的尴尬至少可以明示:语文课程知识的道德实现不能以工具性僭越人文性,也不该以人文性僭越工具性,工具性与人文性二者的和谐共促是语文课程知识道德价值实现的有效动力。当然,以怎样的具体方式实现语文课程知识工具性与人文性的统一,这关系到课程知识的选择、组织、运作、评价、调适等多个环节,前提是我们首先应该确认并且达成这样的共识,那就是无论我们在何种意义上做出理解,也不论在何种境遇中进行理解,工具性与人文性统一是语文课程知识道德价值的最终尺度,否定了这样的认识,语文课程知识实践要么滑向重文轻道的迷途,要么误入重道轻文的歧路,终将无益于语文课程知识道德价值的有效实现。

二、语文课程知识的道德价值重证之理论逻辑

基于不同的视点,可以对语文课程知识的道德价值尺度类型做出不同的划分,比如:从主客体的角度,可以分成主体的尺度与客体的尺度;从预设与生成的角度,可以分为理想的尺度和现实的尺度;从存在形态的角度,可以分为绝对的尺度与相对的尺度;等等。这些关于语文课程知识的道德价值尺度的基本理解为语文课程知识的道德价值重证奠定了学理基础,而着眼于知识的实践过程,这一角度就语文课程知识的

道德价值进行重证,可以从知识的理解、知识的选择和知识的运作三个层面具体展开。其中,知识理解为语文课程知识的道德价值定位,知识选择为语文课程知识的道德价值定型,知识运作为语文课程知识的道德价值定性。

(一) 知识理解与道德价值定位

认知是行动的前提,这表现在认知对实践的指引、规范、修正等方面。由于认识论视野的不同,人们对知识的理解本身就存在迥异。比如,在理性主义认识论代表笛卡尔看来,由感官获得的知识是混乱的,动物也可以由此获得知识,而由思想获得的知识才清晰可靠,且只有人类才可以由此获得知识。与此相对,在经验主义认识论者看来,人类所有的知识都来源于感觉经验,都是对外部世界的反映,据此培根提出了四种"假象",指出假象使得人们的观念不能完全反映外界事物的本质,真正的知识应该是对外界事物的忠实的反映。在此之后,出现了以实用主义认知论者为代表的知识观,在他们看来,知识就是行动的"工具",从而跳出了从知识与主体或客体的联系进行判读,着重于知识的"有用性"。由此可以看出,在不同的认识论视野中,知识本身的内涵及其所指存在着鲜明的差异,那么知识的价值也就自然因此而不同。比如,理性主义认识论者因注重知识获得对思想所起的作用,因而会重视知识的思想性价值;经验主义认识论者因注重知识对客体属性的忠实反映,因而会重视知识的精准性价值;实用主义认识论者因注重知识对行动的有用性,因而会重视知识的实践性价值。

然而,无论基于何种视野对知识及其价值的解析,都不能回避人这一能动的主体在知识发现、创造、理解等方面的意义,换言之,无论是强调知识的思想性或强调知识的客观性抑或强调知识的实用性,其都不可避开知识之于人的意义与价值,在这个意义上,知识终究是属人的。这也自然而然引出一个新的问题:知识应该在何种程度上促进人的发展?追问知识促进人的发展首先应该探明知识与人生的意义,事实上,知识不仅为人生所赖以可能的社会关系的建构提供智力的工具,同时也为这种社会关系的正当性提供辩护。此外,知识可以使我们不断丰富自身的理智系统,正是依赖于知识,我们的思想才能站在我们之外的立场来审视我们自己的选择,才能不断地追问我们选择的合理性和价值意义,从而使我们能够选择更加适宜自己的生活方式和发展方式。总而言之,知识与人生有着密切的关系,某种意义上可以说是知识造就了人生。问题在于,知识所成就的人生在何种意义上才是真正有价值的,或者在何种意义上才应该是被倡导的,这还必须区分知识的导向问题。如果我们只强调知识的客观性、正值性和价值无涉性,而忽略了知识的主观性、负向性和价值负载性,就会陷入知识的牢笼,既不能积极发挥知识的应有魅力,也不能有效规避知识的可能危害。如何发挥知识对人本身及人生的意义,首先取决于人们所持有的知识观及其对知识价值的认知,知识的价值发挥程度也有赖于人们对知识的认知结果。然而,"个人不论他能力有多强,总受到自身有限机体、有限生命的限制;即使在个人精力最旺盛的时期,他所能感知的范围,思考的领域和运用的工具,无论在广度、深度和精度上也都是有限的"①。因此,认知是知识何以发挥价值及其发挥何种价值的基础,而认知尺度是知识在何种程度发挥价值及其评判这种价值效能的基础。

课程知识是从浩瀚的知识海洋中进行筛选并被赋予"法定性"特质的知识类型,不同的知识观及其知识价值观对课程知识的认知具有先导性影响。此外,课程知识是学校教育的最重要依托,而课程知识观通过影响课程知识的具体运作最终成为影响学校教育目标实现的重要中介。在这个意义上,学校教育的目标是否实现以及实现的程度都与课程知识的价值发挥密切相关。语文课程知识是彰显语文特色、确保语文品性、实现语文目标的重要支撑,持有什么样的语文课程知识观,直接关系到语文课程知识价值的实现。在认识论视野中检视语文课程知识价值观的发展,发现这样的嬗变轨迹:受斯宾塞"什么知识最有价值"的追问,语文课程知识趋向于追求"字、词、句、篇、语、修、逻、文"等确定性、技能性价值,以期培养学生实实在在的语文能力;随着课程知识客观、中立、确定性理解被质疑,阿普尔等又提出"谁的知识最有价值"的质问,隐藏在课程知识中的权力、阶级等意识形态被挖掘,语文课程知识趋向于探讨对学生的价值意识、思想道德、价值取向等形成方面的价值发挥,进而培养学生的语文素养。如果说"什么知识最有价值"的追问掀开了课程知识的价值面纱的话,那么"谁的知识最有价值"则触及了课程知识价值的根基。

对课程知识价值的认知映射到语文课程知识,集中表现为语文课程知识应该具有怎样的价值、语文课程知识实际发挥着什么样的价值、语文课程知识价值的理想维度与现实维度如何更好弥合等一系列问题。诚然,语文课程知识作为从知识海洋中筛选并按照一定的原则组织起来供学校教育使用的知识,不仅具有一般知识的共通品性——与个人与人生的关联,而且具有一般知识所不具备的独特品性——对语文体性的涵养和对文道统一的承载。因此,语文课程知识的道德价值最终是在知识性质彰显的过程中体现出来的。一方面,侧重于工具性语文课程知识,确保了语文课程知识道德价值实现有了坚实的抓手;另一方面,侧重于人文性语文课程知识,使得语文课程知识道德价值实现保有一定的张力。而无论是工具性语文课程知识还是人文性语文课程知识,最终都是语文课程知识道德价值实现不可或缺的。然而,由于"道德认识主体,既是现实的个体,具有个性特征,又是共同体及社会,具有共性特征;既是自由的,又是在活动中受到制约的;既是在认识活动得以发展,又是在实践中发展着的"②,这使得语文课程知识道德价值总是处于认知挖掘阶段,所谓语文课程知识

---

① 欧阳康著:《社会认识论导论》,中国社会科学出版社1990年版,第177页。
② 吴瑾菁著:《道德认识论》,社会科学文献出版社2011年版,第69页。

的道德价值不可能真正如预期中的那样不打折扣地实现,也正因此,语文课程知识的道德价值才获得了某种不断生成的活力。当然,对于工具性的认知和人文性的认知,是语文课程知识道德价值实现的基本前提,而如何理解语文课程知识的工具性与人文性,实质上定位了语文课程知识的道德价值。

(二)知识选择与道德价值定型

经由选择并通过审查是课程知识获得"法定性"继而进入学校场域的前提,也是课程知识的价值在学校教育中得以具体实践和实现的基础,因此,选择成为课程知识运行链环上的重要关节。这样一来,如何选择、选择什么、谁来选择等一系列问题便接踵而至。

表面上看,如何选择课程知识似乎是一个技术性问题,选择什么样的课程知识似乎是一个价值性问题,谁来选择课程知识似乎是一个权力性问题,实际上并不尽然。课程知识从来都不可能旁落于主流意识形态和权力阶层之外,课程知识的选择在根本上依然是统治阶级或权力阶层通过挑选"代言人"而实现,是权力阶层和主流意识形态的价值取向、价值观念的反映与传递。正是在这个意义上,"纳入学校课程的知识从一开始就是由社会形成的。我们认为理所当然的关于什么是'基本技能',什么是知识的'核心'领域,什么是知识地图上的界限的观念,都是一门复杂的政治学的产物,是由更广的社会权力分配形成的"[1],进一步说,"学校中的知识形式不论是显著或隐藏的,都与权力、经济资源和社会控制有关……知识的选择,即使是无意识的,也都与意识形态有关"[2],当然,在不同的社会文化背景和国家体制中,主流意识形态和统治阶级对课程知识选择的介入程度不同,这也使得课程知识选择的灵活性大相径庭。即便如此,与主流意识形态或权力阶层的价值取向相吻应是课程知识获得"法定性"的根本基础,在这个意义上,课程知识的选择终归是基于权力主体的权力话语实践。正如日本学者佐藤学指出的,"这种知识是在现代被视为真理与真实的学术(科学、技术与艺术)中,被政府、教育部的审定这一'滤纸'通过的知识"[3]。由此,被认为是合法的课程知识,恰恰成为复杂的权力关系、身份等级、种族、性别、宗教团体不断斗争及相互妥协等共同作用的结果,[4]这使得我们对于课程知识的某种习惯性认知可能会被解构,理想层面我们认为课程知识应该是不同主体综合协商和决定的过程,

---

[1] [澳]罗伯特·W.康奈尔、李复新、马小梅:《教育、社会公正与知识》,《华东师范大学学报》(教育科学版)1997年第2期。
[2] 陈伯璋著:《意识形态与教育》,师大书苑有限公司1988年版,第176页。
[3] [日]佐藤学著:《课程与教师》,钟启泉,译,教育科学出版社2003年版,第22页。
[4] [美]M.阿普尔,L.克里斯蒂安-史密斯主编:《教科书政治学》,侯定凯,译,华东师范大学出版社2005年版,第2页。

现实中似乎我们也确实在倾听一些来自不同主体的声音,但实质上,真正对知识准入具有决定权的依然是特定的利益集团。① 课程知识具有什么样的价值? 其有多大价值? 如何发挥其价值? 这些实际上已经不是由知识本身所决定的了,而是被置于代表权力阶层和主流意识形态价值观的选择主体中,知识的生命能否在课程中得以绽放就看其能否契合权力主体的选择标准等。

通常来看,知识能否进入课程领域成为具有法定价值的课程知识,除了主流意识形态和权力阶层价值观的深层影响之外,还有这样几个因素:一是知识是不是有助于推动学科的发展;二是知识是不是符合时代社会发展诉求;三是知识是不是有益于学生的健康成长等,这也是课程知识选择过程中会考虑的方面,但不管是社会需要、学科需要还是学生发展需要,都无法在根本上影响课程知识的权力实质,所谓课程知识的价值早已不是那个对什么知识最有价值的外在生疑而升级成了对谁的知识最有价值的内在质询。当然,这并不意味着我们就会放弃对课程知识客观性、科学性、确定性的寻求,如果失却了这些品性,课程知识也将会陷入自我迷失的境地。既然主流意识形态和权力阶层不可能轻视对课程知识选择的干预,所谓课程知识的道德价值也势必印刻主流意识形态和权力阶层的道德吁求,课程知识的选择进而成为其布道、传道、扬道的重要手段。这样一来,课程知识在何种程度上反映主流意识形态和权力阶层的道德价值诉求,课程知识的其他道德价值承载如何处理与主流意识形态和权力阶层的道德价值关系,这成为课程知识道德价值实现的选择尺度。

我国语文课程具有鲜明的文选型特征,由此,语文课程知识的选择可以通过选文的情况进行透视。正如上文所分析的,课程知识的选择在本质上是一个权力运作过程,语文课程知识的选择亦是如此。具体来看,语文课程选择什么样的课文,由谁来选择这些课文,为什么要选择这些课文,这些问题的回应在根本上也与权力密切相关。语文课程知识的道德价值嵌入在选文中,因而,希冀通过选文负载一定的道德价值在实质上也渗入了权力的因素。从这个角度来看,一些深层次的问题逐渐被揭示,比如语文课程中的选文的道德价值源于谁,选文的道德价值为了谁,等等。通过榜样人物的塑造、英雄事迹的讲述、圣人精神的感召等传递的道德价值,到底是何种意义接近了现实,换言之,语文课程知识选择的道德价值真的适合了学生的生活吗?

诚然,语文课程知识所应该承载和传递给青年学生的道德价值无疑是要被学生所接受和内化的,如果真的与学生的生活世界相去甚远的话,学生又怎么能够产生情感的共鸣进而引发道德的共振呢? 长期以来,语文课程选文在文质兼美的总导向下,秉持了"高大上"的原则,一方面注重对历史伟人的极大赞颂,表现为一种伟人叙事;

---

① 刘丽群著:《教科书内容的选择与形成——知识准入课程中的国家介入》,湖南师范大学出版社 2013 年版,第 104 页。

另一方面不忘对历史黑暗的批判,表现为一种批判叙事。这在培养学生向伟人学习,树立对社会黑暗的批判精神等方面无可厚非,但选文却又以对常人叙事的淡化反衬伟人叙事的高明,以对古代社会黑暗的揭露彰显现代社会的文明,这种对此的褒扬和对彼的贬抑是一种非此即彼的简单二元论选择思维,刻写的是片面的历史,塑造的是单向度的道德。正如有研究者所指出的,语文教科书对于不同时代文化内容的选取,未必重视"历史的真实",而重在某种精神与价值的凸显。但语文教育既不是历史教育,也不是价值观教育,语文教育的实质价值不外于引导学生对自身所处意义世界的理解与表达。语文教科书对不同时代文化内容的选取不应有违于此。唯有在此基础之上,方可再考虑将一个什么样的历史文化世界呈现给学生。

因此,语文课程知识的道德价值也应该建立在学生对自身所处的意义世界的理解与表达之上,语文课程选文无论负载什么样的道德价值,无论渗入什么样的权力,都应该观照学生的意义世界,而不是一味地将主流意识形态和权力阶层的道德价值观进行自上而下的灌输。总而言之,选择使得语文课程知识的道德价值得以定型,到底要选择什么样的课程知识实现道德价值,这深受包括主流意识形态和权力阶层的价值诉求、时代社会发展境遇等的掣肘,但无论如何,唯有着眼于学生及其意义世界的选择,才可能确保语文课程知识道德价值的合理负载,也才可能确保这种语文课程知识道德价值的更好实现。

(三)知识运作与道德价值定性

语文课程知识的道德价值实践是一个系统的过程,这一过程由不同的环节及其尺度组成,其中,认知环节及其尺度定位了语文课程知识的道德价值,即理想层面的语文课程知识道德价值是什么;选择环节及其尺度定型了语文课程知识的道德价值,即落实于课程层面的语文课程知识道德价值怎么样;运作环节及其尺度定性了语文课程知识的道德价值,即现实中的语文课程知识道德价值如何运演。在实践层面,课程运作是课程知识道德价值最终得以实现的基础,其又由多个具体层面组成,比如教科书的选用、教师的课程理解、学生的课程理解、课程实施取向和课程评价导向等。

在教科书选用层面,选择什么样的教科书?为什么选择这种教科书?除了受教科书本身品质的影响,实质上还是一种权力博弈。主流意识形态和权力阶层试图通过控制教科书市场,从而确保其所倡导的主流价值和权力形态合法化进入学校教育中。在教师的课程理解层面,教师如何理解课程及其课程知识的价值,直接决定着教师会把什么样的课程价值传递给学生。因而,"师定课程"成为课程实践场域中的先在课程。当然,在基于教参、基于课标等规定性文本之上的教师课程理解很难跳出主流意识形态这只"无形的手"的干预,从而出现一种理解中的"拉扯"。在学生的课程理解层面,学生作为有思想的能动主体即会对课程知识的价值做出自我的理解,这种理解可能是丰富多样的,但教师受自身角色的牵绊总会将其带有主流意识形态色彩的理解或隐或显地施加给学生,试图达到统一甚至同化学生理解的目的。由此,教师的理解和学生的理解可能产生区隔,但最终学生只能接受并以处于理解优位的教师的理解修正自我。在课程实施层面,教师的课程实施取向会对课程知识的价值体现产生重要影响,忠实取向更偏向于既有课程知识价值的传递,缔造取向更偏向于内在课程知识价值的生成。因由此,忠实还是缔造成为课程知识价值运作的重要变量,在根本上,其与教师长期形成的课程教学哲学有关且不易改变。在课程评价层面,教师的课程理解、学生的课程理解乃至教科书的选用都会受到评价的牵引与规约,在某种意义上,有什么样的评价就可能有什么样的理解与选择。通过评价,在外在上调整课程知识的选择、表征、组织等,在内在上改变课程知识的价值、旨趣等,由此使得评价成为课程知识道德价值实现的牵引绳。

在道德价值的维度考量课程知识的运作,实际上是将课程知识置于动态的过程中进行审视,一方面,课程知识只有在具体的运作中才能彰显、实践其价值;另一方面,课程知识的道德价值只有在实践运作中才能被丰富、被优化。因而,可以说,有什么样的具体运作就有什么样的课程知识价值实践和实现,正是这样的运作使得课程知识的价值最终得以定性。

语文课程知识在本质上属于人文性知识,这意味着其具有更强的创生性、更活的理解性和更大的变化性。首先,语文课程知识会深受时局形势,特别是政治意识形态的影响,附着鲜明的时代性色彩;其次,语文课程知识深受个体理解价值取向,特别是编者和读者理解一致性的影响,形成理解的多样性;最后,语文课程知识深受社会文化传统,特别是历史发展的影响,需要进行破旧立新的重建。由此,语文课程知识总是在解构与建构中向前发展,其道德价值也在这一过程中不断更迭、不断改变。

考究20世纪语文课程的发展,几乎每一次课程标准或教学大纲的颁布,都会有新的语文教材与之相伴,语文课程的选文及其内含着的道德价值也会发生不同程度的变化。比如清末民初对于传统文化的弘扬、抗战时期对于革命精神的渲染、1949年后对于爱国品质的强调、改革开放时期对于艰苦创业精神的推崇、当前对于公民人格的培育等,这些都是特定时期语文课程所彰显的主导价值,也是这一时期语文课程知识负载的道德价值重心。从这个角度来看,语文课程知识的道德价值深受时局的影响,成为反映特定时局道德价值诉求的一面镜子。此外,在教科书选用层面,我国语文教科书走过了一纲一本和一纲多本的交替时代,如今又有朝着一纲一本的趋势发展,权力阶层正是通过对教科书版本的控制实现了对其意识形态价值的传递。在师生理解层面,由语言文字表征的语文课程知识本身就有多种解读内在特质。理论上讲,师生可以对语文课程知识的价值形成多重理解,从而丰富增益其价值内涵。实际上看,师生对语文课程知识的价值只有唯一的可以被认为"正确"的理解,而这种所谓的正确当然是以与主流意识形态相吻合为标准,也当然是权力阶层认为的正确。

因而，语文课程知识道德价值在师生理解维度，成了典型的无限可能与有限实践的交汇。与此同时，在课程实施和评价层面，由于长期以来对语文教育少慢差费的诟病，使得语文课程实施难以跳脱课标和教参的圈囿，加之评价的僵化和功利取向形成了语文课程实施与评价中的惰性思维，长此以往，语文课程知识可能蕴涵的丰富道德价值或固化或缩水成某种单一的道德价值，这既消解了语文课程知识内在价值的充分发挥，也使得语文课程知识的育人价值不断降格。

那么，语文课程知识究竟应该如何彰显其道德价值，同时又保有语文课程本身的体性，就运作层面而言，如何把基于认知定位的道德价值与基于选择定型的道德价值真正落实，需要把握好课程运作的尺度。具体来看，教科书选择中的博弈、师生理解中的区隔、课程实施与评价中的惰性都是语文课程知识运作中的关键变量，也都影响并形成着语文课程知识的道德价值尺度。处理好彼此之间的关系，是基于运作定性语文课程知识道德价值的基础。

三、语文课程知识的道德价值重证之实践逻辑

作为彰显语文学科品性以及语文课程育人价值的语文课程知识，在实践中，究竟如何确立其自身的价值尤为关键。而道德价值作为语文课程知识重要的内在价值，如何打通语文课程知识与其道德价值落实的实践之路，从而确保语文课程知识的道德价值更好实现，探寻语文课程知识道德价值重证的逻辑是必然之思。实际上，这一重证逻辑不仅包括理论的引领，而且包括实践的跟进。上述已从理解、选择与运作三个层面对语文课程知识的道德价值重证的理论逻辑进行了探讨，据此继续从认知、选择与运作三个层面探讨语文课程知识道德价值重证的实践问题，以建立从理论思辨到实践行动一脉相承的研判逻辑。

（一）认知确证：道德价值的共识达成

道德问题是关乎人类社会发展及其人本身的重要问题，而道德价值问题是道德问题的核心。就道德价值的实践过程而言，认知对道德价值尺度实现具有重要的作用，这一方面表现在认知是人的能动性活动，人如何认识、体悟、评判道德及其价值，是人基于自我意识作用的结果；另一方面表现在认知是行动的先导，认知的立场、水平等对实践性活动具有重要的规引作用。在道德价值尺度及其认知的过程中，首先需要明确认知的主体，即谁在认知道德、道德价值以及道德价值尺度。当然，如果把道德认知主体视为道德实践中的人的话，那么，这个人是单独的、个体的人，还是类群的集体的人，这将非常关键。原因在于，个体的道德需要与集体的道德需要未必是完全吻合的，甚至可能在某些时候出现区隔甚至背离，由此可能造成基于个体视角的道德价值与基于集体道德价值认知的分野，道德认知到底是谁在认知以及为谁认知等一些深层次的尖锐问题随之而来，最终致使认知层面道德价值尺度的迷惑。

当然，处于一定社会境遇中的人，既是个体之人，也是群体之人，问题的关键是，认知主体在道德价值认知抑或道德价值尺度裁定时，究竟应该以我之为我的自我代言者出现，还是应该以我之为集体的群体代言人出现，这恐怕是影响道德价值尺度的认知关键。有研究者认为，认识的主体既是社会又是与社会相统一的个人。主体既在类（社会）的表现之中，又在个人的表现之中。[1] 这一理解将认知的主体界定成个人，但表明了个人的双重属性。也有研究者进一步指出，道德主体不是道德自身，而是与道德发生关系的有意识、有活动、有目的的人或人格化了的团体、集团、阶级等。基于这一理解，道德认知的主体就成为伴随于道德的关系性存在，既是独立人也是集体人。实际上，无论我们如何理解主体及其内涵，在道德领域中，主体必然是具备个体性和群体性的人，因为道德最终是关乎人的问题，忽视个体体悟的道德不会有个体价值，忽视群体诉求的道德也不会有整体价值，道德价值就是这样与作为个体的个体和作为类群的个体密切相关的一个关系性概念。然而，"认识对象不是自在存在的事物、物质或客观实在，而是它们当中与主体发生关系的部分；不是它们自然地成为主体的对象，而是主体按照图式有选择地设定、创立的"。[2] 在这个意义上，道德价值尺度的实现势必要通过认知的重新确证厚植基础。具体而言，一是积极对待不同认知主体对道德价值的理解；二是密切主流的道德价值与大众的道德价值之间的关系；三是注重对道德价值理解的动态平衡性。如此，不断丰富、拓展、清晰主体对于道德价值的理解，从而以不断加深的主体间的道德价值共识奠基道德价值尺度的实现。

由上论之，在认知维度探寻语文课程知识的道德价值尺度实现的基础，需要思考并解决好如下三个问题：首先，语文课程性质如何彰显语文的本真意涵？其次，语文课程的人文性与道德价值的关系如何理解？最后，语文课程知识的道德价值应该在何种意义上得以丰富？对这三个问题的反思性理解，不仅有助于理解语文课程及其课程知识的性质，而且有助于彰显语文课程知识的道德价值。

具体来看，语文课程的性质问题与语文学科品性是种属的关系，即有什么样的语文学科品性认识就可能有什么样的语文课程性质理解，长期以来，关于语文学科工具性与人文性的"钟摆"性认识，使得语文课程徘徊在本真语文的边缘，造就了语文视界中的文道关系失谐。当定位偏向于文时，语文课程的人文性被轻视甚至抵制；当定位偏向于道时，语文课程的工具性被消解甚至淡化。如此，语文课程既没有起到表征语文本真意涵的作用，也没有承载起语文学科育人价值的真正有效发挥，以致诸如语文是什么和语文课程是什么的基本问题成为老生常谈却又乱象丛生的争议领域。从关系

---

[1] [苏]M.A.帕尔妞克主编：《作为哲学问题的主体和客体》，刘继岳，译，中国人民大学出版社1988年版，第67页。

[2] 周文彰著：《狡黠的心灵——主体认识图式概论》，中国人民大学出版社1991年版，第201页。

思维和人本主义的角度来看,语文学科或语文课程的终极旨趣是育人的,其最重要的价值和意义在于育人性,特别是对于具有国家情怀的国民性的培育上具有别的学科难以肩负的使命。

跳出工具性与人文性探讨语文课程乃至语文学科性质问题,就是要着眼于语文培养什么样的人,为谁培养人这两大核心问题寻求价值共识。语文课程具有重要的人文意蕴,这是其道德价值实现的基础,但这并不意味着要更好实现语文课程的道德价值就要矮化对人文性的追求甚至把人文性等同于思想道德性。在人文性与道德性的关系上,应该坚守人文为体,道德为用的基本立场,将人文性视为语文课程道德价值实现的源泉,将道德性视为语文课程人文性落实的重要支点,基于此,既不让人文性遮蔽道德性,也不让道德性僭越人文性。最终,让语文课程人文性与道德性各安其位、相促发展,共同实现语文课程的育人价值。无论工具性与人文性所代表的语文课程性质的论争,还是人文性与道德性所代表的语文课程内在价值的论争,在实质上都暗含着这样一个命题:语文课程知识的价值尺度特别是道德价值尺度到底应该被如何定义。正如前文所述及,道德价值是一个关系性概念,不同主体的道德价值理解完全可能大相径庭,问题是作为语文课程知识这一特定物所负载的道德价值,在很大程度上并不是个体的,而是全体的,这也就意味着语文课程知识的道德价值具有某种内在的规定性和通约性,规定性意味着某些道德价值不因个体的理解而发生变化,通约性意味着某些道德价值对群体成员具有共性意义。需要指出的是,语文课程知识道德价值的这种规定性与通约性也应该在语文本体性的范围内理解、拓展、丰富。

总而言之,语文课程知识的道德价值认知根源于主体对语文学科和语文课程性质的理解,又受制于语文学科和语文课程知识内在价值实现的影响,具有易变性、内在性和复杂性。正因此,着眼于发挥语文学科和语文课程的育人价值,充分观照并有效调和不同主体的道德价值理解和诉求,不断发掘并彰显语文课程知识的道德品性,进一步增强语文课程知识的道德价值共识,在认知层面确证语文课程知识的道德价值内涵,这是其道德价值尺度实现的重要基础。

(二)选择确实:道德价值的有效负载

任何行为都是选择的结果,选择意味着价值的取舍,也是价值实践的条件。然而,个体与群体的选择逻辑并非是一致的,由于立场、视角、期待等主观因素和地位、权力、形势等客观因素的影响,个体之间、群体之间以及个体与群体之间表现出多重价值博弈,价值的选择最终成为一种博弈的过程。在根本上,"统治阶级的思想在每一时代都是占统治地位的思想。这就是说,一个阶级是社会上占统治地位的物质力量,同时也是社会上占统治地位的精神力量。支配着物质生产资料的阶级,同时也支配着精神生产的资料,因此,那些没有精神生产资料的人的思想,一般地是受统治阶级支配的"①。由此,集体的选择实际上就是支配集团与被支配集团之间的博弈,而支配集团往往又在这场博弈中处于优势地位,其选择的导向及其结果最终有机会得以被认同和实践。在个体层面,选择不仅产生个体间的博弈,而且促成个体与群体间的博弈。就个体之间而言,不同个体的自身定位、理想追求、所处境遇等不同,他们都希望获得充分的自我实现,比如作为精英阶层代言人的个体和作为知识分子成员的个体,其选择不仅存在差异,还可能潜藏着冲突。就个体与群体之间而言,个体有自我价值实现的需要,会自然而然地出于自身发展做出相应的选择,而由一定社会成员构成的群体不可能对个体千差万别的选择保持沉默,为了社会控制的需要,群体总是想方设法对个体选择进行规限以确保群体价值理想的实现。

　　在课程领域,选择的核心领域和关键环节是对课程知识的选择,选择什么样的课程知识,已经不只是基于对什么知识最有价值的科学性追求,更是基于对谁的知识最有价值的权力性辩论。课程作为一种知识性文本,自然也具有意义性。具体到课程知识内部,在静态层面,课程知识负载了什么样的价值以及为什么会是这样?这些价值是由谁选择又代表着谁的利益?在动态层面,课程知识负载的价值是如何变化的以及这种变化何以发生?这些价值的变化有无规律可循以及未来的变化趋向可能是什么?这是课程知识价值选择的应有思考,也是以选择确实课程知识的价值并促成其尺度实现的必然之路。当然,课程知识的选择作为一种价值博弈行为,除了从选择本身进行相应的审视之外,还需要观照与这种选择密切相关的种种因素,比如权力在课程知识选择中的重要地位。从知识与权力、地位与权力、利益与权力等错综交织的权力网格中去审视权力及其运作,课程知识实质上是处于权力优位的力量对知识、地位、利益等进行的再造,课程知识在这个意义上具有了深刻的权力烙印。因此可以说,课程知识的选择并非简单的知识问题或技术问题,而是权力问题,课程知识的价值尺度实现也不可能跳脱权力的笼子。这样一来,我们所要追问的是,课程知识的选择究竟该如何保持与权力的恰当关系进而实现其价值?换言之,课程知识价值实践中的选择行为如何既不无视权力又不盲从权力?这是通过选择确实课程知识价值的重要视点。

　　就语文学科而言,工具性与人文性的统一既是语文课程的基本属性,也是语文课程知识选择的基本原则。但在权力的视域中,如何更好实现语文课程知识的道德价值,特别需要处理好选择中的以下几对关系:一是传统经典与现代时文的权衡;二是文学名篇与政论文本的互补;三是历史世界与生活世界的协调。

　　就第一对关系来看,关于经典和时文的权衡是语文课程选文中的一对典型关系。

---

① [德]马克思、[德]恩格斯著:《马克思恩格斯全集》(第3卷),中共中央马克思恩格斯列宁斯大林著作编译局,译,人民出版社1965年版,第52页。

一方面,语文课程有责任担负起对祖国优秀传统文化的传承和对传统优良道德风尚的发扬,传统经典篇目作为表征优秀传统文化和优良道德风尚的缩影,入选语文课程理所应当;另一方面,语文课程不能仅停留在对传统的传扬上,还应该在反映时代主旋律的过程中彰显时代价值,因此,时文的编选成为语文课程选文的重要考量。既然传统性和时代性都应该是语文课程选文重要标准,那么,究竟如何平衡此二者的关系就值得仔细斟酌了。一般而言,传统经典经过了历史的沉淀和检验,内蕴着更加丰厚的价值;而现代时文作为时代价值诉求的映射,往往是主流意识形态作用下的产物,其价值还有待凝练、升华和沉淀。作为语文课程知识的选文,应该强调传统经典性适当兼顾时代性。

就第二对关系来看,语文课程具有鲜明的文选性特点,文学篇目在语文课程选文中占有重要比重,而政论文在不同时期的语文课程中的比例相差明显。简单地讲,文学篇目具有鲜明的文学性,注重对学生文学品性的涵养,而政论文具有鲜明的政治性,注重对学生进行主流意识形态的灌输。语文课程发展过程中出现的文道关系的论争,实质上就是关于语文课程文学性与政治性的争论,政论文的过度选入势必会强化语文课程的政治意识形态色彩,这既不利于语文课程自身品性的彰显也会损害语文课程育人价值的发挥。当然,主流意识形态和权力阶层不会放弃通过选文进行的政治价值观的渗透,问题在于这种政治价值诉求如果只以增加政论文选择比例的方式实现的话,未免过于简单、机械;而这种生硬的价值强塞难以让受者真正内化于心,其价值势必也大打折扣。在这个意义上,语文课程的选文还应该坚持文学性为主并着重挖掘文学篇目本身可能负载并实践的政治价值。

就第三对关系而言,对历史世界与现实世界的关注是语文课程选文的内在价值诉求,然而,长期以来语文课程选文偏向了历史世界的叙事,而冷落了对现实世界的观照,反映的是彼时彼事彼人而非此时此事此人的图景,由于时代境遇的不同,从而在客观上造成了当下理解的困境。作为课程选文接受者的学生当然是生活在当下并且面向未来的,如果一味地向他们描绘历史图像而忽视了对当下以及未来生活的观照和预测,如果一味地用自上而下的权力运作规制他们应该怎样而轻视他们想要怎样,那么,这不仅难以激发学生的兴趣让他们在感同身受中深入体悟,而且难以让学生产生情感共鸣从而凝聚价值共识。因而,语文课程的选文应该对学生现实、真实生活世界进行观照,让时代性价值与学生的生活世界真正相遇。总而言之,通过选文确实语文课程知识的道德价值,就是要以突出经典性、文学性和与生活世界的联系等为原则和价值尺度,以此促成语文课程知识道德价值的更好实现。

(三)运作确保:道德价值的过程协同

知识的价值是在运作中具体实践和实现的,正因此,静态呈现的知识只有知识之形,而动态运作的知识才具备知识之实。基于这样的认识,探究知识的价值性不仅要关注知识的形式价值,而且要重视知识的实质价值。伴随人们对知识理解的转向与深化,现代知识的中立性、客观性与普遍性被挑战,后现代知识的文化性、境遇性和价值性认知逐渐确立。所谓后现代知识的价值性,就是所有的知识生产都是受着社会的价值需要指引的,价值的要求已经代替求知的渴望成为后现代知识生产的原动力;所有知识本身是体现着一定的价值要求的;所有的知识在传播过程中都是受着权力因素制约的,都是社会总体权力实践的一部分。在这一意义上,知识本身成为价值负载物,且知识的价值实现成为一种权力运作。正如麦克·F.D.扬指出的,掌握权力的人将企图限定什么是知识,不同的群体如何获得知识,在不同知识领域之间以及在使用知识与生产知识的人之间什么样的关系是可以被接受的。[①] 由此,知识在运作中实现了与权力的合谋。知识在权力的干预下,理所应当地具有了阶级性和政治性,进而成为主流意识形态传播和权力阶级价值观下移的重要载体和手段。

在教育领域,知识的这种权力性或政治性得到了充分的诠释与运作,正如有学者所言:有史以来,对权力和特权的传递问题所提出的所有解决方案中,没有任何一种方式比教育系统所提供的解决办法掩藏得更好,因而也更适合那些要一再使用最封闭权力和特权的世袭传递方式的社会。教育系统的解决方式就是在阶级关系结构的再生产中发挥重要作用,并在表面是中立的态度之下掩盖它履行这一职能的事实。[②]然而,权力运作渗透的知识如何更好实现其内在价值而不是被经由权力植入的外在价值所僭越,这是知识价值问题的重要思考维度。就教育领域中的知识与权力关系而言,其集中表现为课程知识与权力的关系,事实上课程知识本身就是权力运作的结果,课程知识的价值及其实现也渗透着权力的影子,如果认识不到这一点,就无法解析课程知识的价值实质。具体而言,课程知识是以什么样的方式运作的,是由谁来运作的,运作的目标指向是什么,等等,都与权力不无关系,而运作的逻辑最终决定了课程知识的价值实现效能。因此,从权力与运作的关系着眼,有助于打开课程知识价值的天窗,而课程知识价值实现的尺度也由此确保。

语文课程知识具有人文性知识的特质,重在对人品性的涵养、人格的塑造、价值观的培育、内心世界的丰富,而这些都关乎人的道德发展,由此,语文课程知识应该尽可能着眼于人作为主体的精神需要的满足。但正如上文所论,进入教育场域中的知识特别是拣选出来的课程知识与权力密切相关,这意味着语文课程知识的价值实现也不可能超越权力的规约,问题在于,语文课程知识的运作应该如何处理好与权力的

---

① [美]迈克尔·W.阿普尔著:《意识形态与课程》,黄忠敬,译,华东师范大学出版社2001年版,第36页。
② 张意著:《文化与符号权力——布尔迪厄的文化社会学导论》,中国社会科学出版社2005年版,第190页。

关系,进而更好彰显其人文性知识的特质同时更好实现其内在道德价值,最终使得语文成为涵养德性的源泉。具体到运作层面,可能需要探讨如下几个问题以有效落实语文课程知识的道德价值:第一,语文教科书的选用应该坚持引导取向还是规制取向;第二,语文课程理解如何确保唯一与多元之间的张力;第三,语文课程发展如何平衡好个人需要与社会诉求的关系。

就教科书选用而言,我国语文走过了自由制、国定制、审定制等阶段,不同的教科书选用制度造就了课程知识价值的不同实现逻辑。一般而言,基于自由制的教科书选用比基于国定制的教科书选用在课程知识价值实现上更加具有弹性和灵活度。语文教科书的选用到底是自由制还是国定制抑或是审定制,不仅仅是教科书本身的问题,更是一个政治性问题或者权力问题。主流意识形态和权力阶层为了更好实现社会控制,必然会加强对教科书这一重要中介的管控,然而由于不同时期具体的政治、经济、文化生态不同,统治阶级对教科书选用的干预强度会有所不同,这是理解语文教科书选用权力本质的基本共识。因此,寄希望于通过语文教科书市场的自由化以更好实现课程知识的道德价值无疑是乌托邦式的,严格规制也只会削弱甚至单调语文课程知识的道德价值,可以尝试的做法可能是以引导性的价值取向活化教科书的选用。

就课程理解而言,语文课程知识因其人文知识的特质而表现出较大的意义空间。而人文知识具有一种鲜明的个人"风格"。对人文作品的阅读不是和一个科学范式的对话,也不是和一个时代的对话,而是和一个活生生的心灵的对话。由此,不同个体对特定语文课程知识的理解完全可能具有差别甚至可能出现天壤之别。遗憾的是,长期以来我们对于语文课程知识理解确定性和唯一性的追求,大大遮蔽了理解的多样性和丰富性。特别是语文课程知识负载的道德价值只可能是这种而不可能是其他,这既湮灭了道德价值生成的可能性,也削弱了对学生道德发展的意义。当然,这里说的多元理解并非意味着乱解与妄议。在正确价值取向下鼓励多元理解,这是语文课程知识道德价值丰富的内在诉求,也是语文课程知识价值实现的可行方式。

就语文课程发展而言,社会诉求与个人需要一直都是语文课程的本体担负。问题在于,语文课程究竟应该如何平衡好社会诉求和个人发展之间的关系,毕竟语文课并不是社会课。社会发展过程中强加给语文课程的责任,在某种意义上已经超越了语文的能力,这已成为语文课程知识不可承受之重。无论在何种意义上,语文首先是语文本身,尔后才可能具有其他意义。这就是说,我们探讨语文课程知识的道德价值,除了要解读社会需要语文承担什么样的道德教化责任之外,更需要求解学生自身希望通过语文获得什么样的道德认知、实现什么样的道德发展、成为一个什么样的道德个体。简言之,语文课程发展势必要在权衡社会诉求与个体需要的基础上既不顾此失彼,也不舍本逐末,唯有此方可能更好实现语文课程知识之于社会和个人的双重道德价值。总而言之,在运作层面确保语文课程知识道德价值尺度的实现,就是要坚守教科书选用的引导性取向、课程理解的多元生成和课程发展的个体观照。

本章小结

语文课程知识蕴涵丰富的道德价值,这是通过语文课程进行道德价值传递进而实现道德教化的根本前提。然而,在语文课程实践中,就其道德价值的争辩从未停止,只是不同时期或隐或显、或强或弱。这说明,尽管语文课程知识蕴涵道德价值已成为共识,但究竟如何有效体现并实现语文课程知识的道德价值,还是一个备受质询且众说纷纭的议题,何以如此,恐怕与对语文课程知识的道德价值实质的模糊认知不无关系。那么,在理论研判和实践审理的基础上,如何重证语文课程知识的道德价值,这成为促进语文课程知识道德价值更好实现的理性之思。正是基于这样的理解,本章在反思语文课程知识的道德价值尺度的基础上,重点从理论和实践两个层面探讨了语文课程知识的道德价值重证问题,以期建立起语文课程知识道德价值重证的理实一体化的系统逻辑。整体上看,本章从分析语文课程知识的道德价值尺度着眼,随之分析了语文课程知识道德价值重证的理论逻辑,进而讨论了语文课程知识道德价值重证的实践逻辑。

具体而言,对语文课程知识道德价值尺度的探讨从尺度及其内涵、道德价值尺度及其内涵和语文课程知识的道德价值尺度及其内涵三个层面进行了逐层深入,通过探讨明晰了这样三点认识,即工具性是语文课程知识道德价值的基本尺度、人文性是语文课程知识道德价值的内在尺度和工具性与人文性的和谐是语文课程知识道德价值的理想尺度。在对语文课程知识道德价值尺度进行内涵解析的基础上,就语文课程知识道德价值重证的理论逻辑展开探讨,具体从知识理解、知识选择和知识运作三个层面对语文课程知识的道德价值展开理论层面分门别类的探析,基于此提出知识理解为语文课程知识的道德价值定位、知识选择为语文课程知识的道德价值定型和知识运作为语文课程知识的道德价值定性的观点。通过对语文课程知识道德价值尺度的内涵的解析和语文课程知识道德价值重证的理论逻辑的研判,奠定了语文课程知识道德价值重证的学理基础。由此展开进一步讨论,探寻语文课程知识道德价值重证的实践逻辑。与语文课程知识道德价值重证的理论逻辑的分析一脉相承,对语文课程知识道德价值重证的实践逻辑的探讨也从认知、选择和运作三个层面展开,并提出基于认知确证的语文课程知识道德价值共识达成、基于选择确实的语文课程知识道德价值有效负载和基于运作确保的语文课程知识道德价值过程协同的观点。

总的来看,本章围绕语文课程知识的道德价值尺度内涵、语文课程知识的道德价值重证之理论逻辑和实践逻辑三个问题进行展开,明晰了语文课程知识道德价值尺度的内涵、廓清了语文课程知识道德价值重证的理论逻辑、指出了语文课程知识道德价值重证的实践逻辑,这对于对语文课程知识道德价值的理性认知深化和语文课程知识道德价值的实践误区匡正都具有一定的意义。当然,语文课程知识的道德价值本身也是一个主观性很强的话题,可谓仁者见仁、智者见智,在这个意义上,语文课程知识的道德价值尺度似乎只能以个体为尺度,但果真如此的话,必将陷入语文课程知识道德价值不可研判的泥潭或难以研判的畏惧中,无益于语文课程知识道德价值彰显和实现,也无益于语文课程育人旨趣的达成。何况,语文课程作为学校课程体系中的重要组成,对学生进行道德教化、价值引领和人格培育等是语文课程应有的责任担当。正因此,本书在普遍意义上探讨语文课程知识的道德价值重证问题,旨在通过反思凝聚语文课程知识的道德价值共识,由此为语文课程知识道德价值的实践推进和有效实现清理认识阻障,寻觅实践动力。

第六章　语文课程知识的道德价值实现

在知识的价值层面进行考量,语文课程知识内含着道德价值;在文道关系的视域中进行解析,语文课程知识的道德价值表现为关系性的存在。因此,语文课程知识就其道德价值意蕴而言具有潜在性和动态性。一方面,语文课程知识的道德价值总是以语言文字符号进行传递的,而这种语言文字符号本身以及由此构成的话语无不渗透着道德的影子,道德价值自然而然潜在于语文课程知识之中;另一方面,语文课程知识的道德价值还是一种基于关系的动态存在,之于不同主体、不同境遇、不同取向等的语文课程知识道德价值不尽相同,确切地说,语文课程知识的道德价值是与其面临的主体、境遇、取向等相遇的结果。简言之,语文课程知识的道德价值是内在负载与外在互动共同作用而成的,其是一种动态性和生成性的存在。

因此,所谓语文课程知识的道德价值不可能是一劳永逸的,也难以等量齐观,确立动态过程认知是研判语文课程知识道德价值的认识论基础。进一步说,语文课程知识的道德价值不可能不受时局的牵绊,也不可能不受主观理解的影响,关键问题是我们如何确立起语文课程知识的道德价值实现机制,让语文课程知识的道德价值负载既能在时代责任担负中彰显灵活性,也能在语文体性捍卫中追求确定性。如此一来,语文课程知识的道德价值问题就下移成具体的实践和实现问题,即究竟应该如何更好实现语文课程知识的道德价值?有没有一种思路、原则、策略等可以去追寻或探求?这恐怕成为继我们如何理解语文课程知识的道德价值之后更为紧要也更为难缠的问题。

一般而言,课程知识的实践逻辑由选择、组织、运作、评价和确证几个环节环环相扣而成,课程知识的价值也是在各个环节作用发挥的基础上得以实现的。正由此,课程知识实践中的各个环节的作用发挥程度直接影响课程知识的价值效能,有效或最大限度实现课程知识的价值势必要充分发挥课程知识实践过程中的作用及其合力。基于这样的认识,有必要分别探讨影响课程知识价值实现的各个环节,从而为课程知识价值更好实现探寻合力。具体到本书所探讨的语文课程知识的道德价值问题,本章着重从选择、组织、运作、评价和确证五个环节探讨语文课程知识的道德价值实现进路,并且基于文道关系的视点,建构理念、实体、实施、评价和旨趣等五个维度与课程知识运作五个环节的关联系统,最终在文以载道、文以传道、文以明道、文以鉴道和文道和合的联动机制中促成语文课程知识道德价值的有效实现。

一、理念：文以载道的语文课程知识选择

语文课程知识具有道德价值，但究竟如何通过课程知识的选择，恰到好处地实现道德价值的负载，这是一个历久弥新的话题。恰到好处，意味着道德价值负载既不僭越语文课程知识的其他价值，也不轻视甚至无视语文课程知识的道德价值嵌入。而就语文课程知识的一次实践过程而言，选择是起始环节，语文课程知识的道德价值最初由选择什么样的语文课程知识而决定。然而，检讨语文课程知识的道德价值实践，存在着如下认识误区亟待矫正，否则既可能蚕食语文课程知识道德价值的有效实现，也可能将语文课程带入歧途。这些认识误区包括：第一，否认语文课程知识与道德价值的相依性，从而将此二者割裂而论；第二，认为语文课程知识的道德价值是课程实施过程中生成的，课程知识选择不是决定因素；第三，坚持语文课程知识的道德价值更好实现需要加大道德价值内容的选择力度，从而以量增实现提质；第四，认为语文课程知识的道德价值是处于持久运动中的概念，讨论不可能获得共识；第五，秉持语文课程知识的道德价值是主流意识形态课程权力的体现，所谓的讨论只会扮演传声筒的角色。

具体来看，第一种误区割裂了语文课程知识与道德价值的统一性，在文道关系的视域中观照，实质上是否认了文道统一的认识论，这样的认识将至少产生两种严重的后果，一是对语文课程知识工具性价值单方面强调而忽略其人文性价值，二是对语文课程知识人文性价值单方面强调而忽略其工具性价值，而这两者都致使语文课程知识维度的文道关系失衡。第二种误区强调了课程知识道德价值的生成性，而忽视了道德价值的预设性，实质上，选择什么样的语文课程知识本身就会经过道德的筛子，而由语文课程知识负载什么样的道德价值实际上也有先在规定性。无视这种先在规定的预设性，很可能导致语文课程道德价值生成过程中的乱生成与伪生成。第三种误区旨在通过简单机械的加减逻辑实现语文课程知识的道德价值负载，把语文课程知识的道德价值简单理解为道德内容选择的多少，这实际上轻视了语文课程知识道德价值负载的复杂机理，单纯增加或减少道德价值内容将会损害语文课程知识的价值结构。第四种误区意在强调语文课程知识道德价值的复杂性，但极端到认为只能在动态中把握语文课程知识的道德价值，使得语文课程知识的道德价值虚幻、悬置，这种忽视语文课程知识道德价值特有规定性和共通性的观点，实际将语文课程知识道德价值研判推向了不可知论的泥潭。第五种误区将语文课程知识道德价值选择视为权力阶层的事情，忽视甚至拒斥学者专家、师生主体等的作用发挥，这将使得语文课程知识道德价值实践只能在权力的裹挟下亦步亦趋，全然没有探究性、反思性，长此以往形成思维惰性，既不可能推进语文课程知识道德价值的改善，也有碍于语文课程知识道德价值的自觉。

总而言之，作为具有人文属性的语文学科，我们既不应一味地进行机械式强化以"向政治理性就范"，"也不可以因为人文学科具有高尚的道德和理性目的，而把事情看成是一个注定失败的强行干预，原因是这些看法仍假设了科学和政治、培育与功用、人格与志业之间有基本的对立"。① 据此而论，语文课程知识道德价值的实现，必须首先从理念层面矫正相关认知的误区，以建立文以载道的语文课程知识道德价值选择机制，具体从如下三方面以正理念。

(一)道德价值是语文课程知识的内在价值

语文课程知识具有多重价值，相对于培养学生听说读写基本能力的外在价值而言，对学生品格的塑造、情操的陶冶、价值观的形成等是其内在价值。而语文课程知识内在价值实现的终极旨趣在于使人向善，这与其道德价值目标具有高度的一致性。在这个意义上，道德价值是语文课程知识的内在价值，而且是更深层、更上位的内在价值。诚然，工具性与人文性是语文课程知识价值的双重内涵，道德价值在本质上属于人文性价值维度，因而，重视语文课程知识的道德价值就是要重视语文课程的人文意蕴，让语文具有人文生命色彩。问题在于，我们如何确保语文课程人文性的彰显就会转化成语文课程知识道德价值的实现，或者说，语文课程知识道德价值的实现如何依托语文课程人文性的显现，这自然已经不是一个此消彼长或非此即彼的对立问题，而是一个你中有我彼此相依的共生问题。长期以来，语文课程实践一直在工具性与人文性之间摇曳，尽管现已形成工具性与人文性统一的共识，但究竟是如何统一，怎样才算统一，与其说是一个悬而未决的问题，倒不如说是一个不愿提及的话题。

如此一来，语文课程定性的模糊导致了语文课程知识选择的乱象，进而无形中蒙蔽了语文课程知识的道德价值实现。实际上，之所以出现这种尴尬，与对道德价值在语文课程中的定位不无关系，具体来看，如果剥离或忽视道德价值在语文课程知识中的内嵌性，将使得语文课程成为机械的工具，从而消解其人文性；如果张扬或强化道德价值在语文课程知识中的地位，将使得语文课程成为绚烂的气泡，从而消解其工具性。而语文课程知识中的道德价值定位直接影响语文课程知识的选择，且最终影响语文课程知识内在道德价值的实现。正因此，更好实现语文课程知识的道德价值，就不能寄希望于道德内容选择的增减，更不能遮蔽甚至无视这种内在价值，而是要注重对潜隐在课程知识内部的道德价值的发现与挖掘。当然，如何在语文课程知识中有效渗入道德内容，这对作为课程知识选择者的专家学者提出了高要求，但语文课程知识的道德价值实现不可能越过这一步。那么，课程专家如何把道德价值这一语文课程知识的内在价值有效传递给课程实践者并且被他们所认同和悦纳，这就成为一个

---

① [美]华勒斯坦等著：《学科·知识·权力》，刘健芝，等编译，生活·读书·新知三联书店1999年版，第206页。

关键性问题。换言之,道德价值作为语文课程知识内在价值这一认知,不能仅仅停留在课程专家层面,更为迫切的是如何获取课程实践者的价值共识。

因此,基于道德价值实现的视点进行语文课程知识的选择,就是要确立道德价值是语文课程知识的内在价值这一认知,就是要矫正语文课程知识选择中关于知识与道德分离或知识与道德貌合神离的误区,就是要使语文课程知识的选择与其内在价值的实现都有道德价值的坐标定位。最终,使得道德价值真正内嵌于语文课程知识之中而不是流落于语文课程知识之外,注重对语文课程知识中道德价值的探究与发掘而不是宣讲与灌输,从而唤起语文课程知识选择中对内在道德价值的重视,为语文课程知识道德价值的更好实现觅得基因、奠实基础。

(二)道德价值以特定的语言文字形式表达

"语言文字不仅仅是一套符号系统和交际工具,而且体现着认识世界的思维方式、蕴含着丰富的民族文化。汉语义主象形,反映了中华民族的心理特点,凝聚着深厚的民族情感。"[1]语文课程知识的典型特征是语言文字性,其价值也通过具体的语言文字表达出来,道德价值作为语文课程知识的内在价值,渗透在字里行间、句段篇章之中。

这种由语言文字表达的道德价值具有两方面的特点:一是用语言文字本身所具有的感情色彩进行引导,比如用"伟大""善良""热爱""美好""舍己救人"等词语,往往表达的是正向的价值,即应该被肯定和宣扬的价值;相反,用"凶恶""冷漠""反感""丑陋""自私自利"等词语,往往表达的是负向的价值,即应该被否定和拒斥的价值。二是用上下文之间的语意关联进行隐射,比如通过描写环境的恶劣、条件的艰苦衬托人意志的坚毅、信念的坚定,通过塑造见利忘义、卖国求荣的反面人物形象表达对忠诚道义、誓死不屈的正面人物的崇敬等。正因为语文课程知识的道德价值是以语言文字的形式具体表达的,以语言文字构成的文本就成为道德价值实现的重要依托。如是,"那些值得向他们学习怎样生活的英雄人物的壮美的道德行为,对于孩子们来讲,犹如灿烂的光辉,为他照亮了周围的一切,英雄们的形象在学生们的心里燃起强烈的愿望,他们立志要做这样勇敢的人"[2]。当然,任何语言文字构成的文本都是一定价值的物态表达,一方面,文本的创作者、选择者、使用者都是特定的价值主体,他们都可以对文本所内蕴的价值做出自己的解读,从而实现基于文本的主体之间的对话,语文课程知识的道德价值就是在这种对话中得以生成;另一方面,以语言文字为表征的文本所蕴涵的价值具有有限性,语言文字只能最大限度地接近主体意欲表达的思想成为思想的外壳,而难以企及思想本身,语文课程知识的道德价值只能借助有限度的

---

[1] 郑国民:《关于我国九年义务教育语文课程改革的思考》,《课程·教材·教法》2000年第10期。
[2] [苏]B.A.苏霍姆林斯基著:《帕夫雷什中学》,赵玮,等译,教育科学出版社1983年版,第206页。

语言文字去表达。在这个意义上,探讨语文课程知识的道德价值问题就必然要观照到语言文字本身,除了篇章大意的解读之外,还需要深入语言文字之中进行研判。语文课程中的语言文字所承载的道德价值实质上经过了拣选、加工、提炼等过程,并非文学文本本身,这说明,语文课程知识的道德价值是"炼制"而成的,并非语言文字意义的简单流露。

语言文字作为话语的最基本构件,探究话语的价值和意义可以从语言文字着眼,实质上,构成话语的语言文字也并非价值无涉。认识到语言文字本身及其表达形式的道德价值内涵,就是探寻语文课程知识超越课文文本的新的道德价值实践路径。进言之,语言文字既然与道德价值难以割裂,那么,语文课程知识道德价值实现就有可探索的新路,即通过语言文字本身进行道德价值的植入、丰富和提升。总而言之,认同语文课程知识的道德价值是通过语言文字形式进行表达的这一观念,就是要在一定程度上矫正只能依靠文本内容、主题凝练等宏大方式进行道德价值实践的认识,从而让惯习性认知中作为纯工具性的语言文字也富含道德的意蕴,实现文与道的深层交融和相依共生。

(三)道德价值内嵌于语文课程内容之中

语文课程知识的道德价值是借助特定的文本内容传递的,特别是在教科书这一课程知识载体中,几乎不存在不嵌入道德价值的文本内容,因为无论工具性内容还是人文性内容,其目的都是为使人成为完满之人发挥作用,而完满之人首先是具有道德品性的人。文选型是我国语文教科书发展过程中积累的重要经验和形成的鲜明特点,由此,语文课程知识在教科书层面集中体现为具体选文及其内容。语文课程知识的道德价值在很大程度上都是由教科书中的选文及其内容构成的课程内容来实现的,在这个意义上,语文课程内容嵌入了道德价值的影子。既然道德价值是嵌入在语文课程中,具体来看是嵌入教科书中的选文及其内容之中的,那么,如何选择文本就成为一个至关重要的问题。

长期以来,我国语文教科书选文秉持"文质兼美"的选文标准,这里的"文"重点指称文学性,"质"重点指称思想性,这为语文课程内容确立了基本尺度。然而,作为语文课程知识的选文,如何"文质兼美",即如何兼顾文学性与思想性,这不仅是一个方法论问题,更是一个价值论问题。就文学性而言,作为语文课程知识的选文并不是纯文学文本,也不是文学文本的原初状态,而是经过了课程化加工;就思想性而言,作为语文课程知识的选文并不是纯政论说教文本,也不是作者意图的纯真反映,而是经过了价值性改造。无论是对文本的课程化加工还是价值性改造都是一种人的活动,即课程编选者按照一定的目的、原则、方法进行的实践活动,这一活动具有典型的价值性。就身份和角色而言,课程编选者是主流意识形态和权力阶层的法定代言人,他们进行的课程编选实践无论对文本进行怎样的处置,在根本上是对主流意识形态和权力阶层价值意旨的反映。也正是在这个意义上,语文课程内容理所应当地负载了道德价值,特别是与主流意识形态相一致的道德价值。由此,经过课程化加工和价值性改造进入语文教科书中的文本及其内容,如果从道德价值的角度审视,实质上已成为道德价值的载体,如果不能理解这一点,仅仅按照纯文学文本进行处置,既不可能洞见语文课程内容的价值实质,也难以实现语文课程内容的价值功能。

当然,认同文本内容负载道德价值,就有必要将讨论的重点转向由什么样的文本负载什么样的道德价值这一论域中。进一步说,就是要讨论语文课程内容已经负载什么样的道德价值又应该负载什么样的道德价值,这一道德价值通过文本内容实现的实践机理是什么等深层次问题。总而言之,确立语文课程知识的道德价值内嵌于语文课程内容之中这一认识,就是要在语文课程知识选择的过程中,注重课程内容的道德价值性,不仅从文本的形式内容而且从文本的实质内容着眼,从而真正实现文质兼美的选文旨趣,最终让语文课程知识既具有道德之形也具有道德之实。

二、实体:文以传道的语文课程知识组织

语文课程知识的道德价值必须借助一定的载体才能得以传承,有效的载体必然有其内在逻辑架构,这就是语文课程知识的组织体系。一般而言,语文课程知识的组织体系由彼此相连的三个子系统构成:上位的标准系统,中位的教科书系统和下位的教辅系统。这一体系在文以传道的价值指涉下整体架构,具体来看,标准系统又包括了教学大纲系统或课程标准系统,教科书系统包括助读系统、课文系统和练习系统,教辅系统包括教参系统和学辅系统。在道德价值的坐标中审视,标准系统规定了语文课程知识应该承传什么样的道德价值,属于道德价值的理想状态;教科书系统反映了语文课程知识实际承传了什么样的道德价值,属于道德价值的实然状态;教辅系统强化了语文课程知识理想道德价值的实践落实,属于道德价值由理想到落实的中间状态。

实际上,无论是标准系统、教科书系统还是教辅系统都是以物态形式存在的,其都是语文课程知识道德价值实现的重要物质载体,语文课程知识的道德价值实现势必要重视发挥此三者的合力。但如何确保标准、教科书、教辅等器物系统彼此发挥的作用及其合力,是有助于提升而不是消解甚至阻碍语文课程知识的道德价值实现效能,还需要探讨如下三方面的问题:其一,道德价值在标准系统、教科书系统和教辅系统中的不同地位问题。标准系统具有高度概括性和刚性,对道德价值具有规引和统摄意义;教科书系统具有意义性和生成性,对道德价值具有诠释和丰富作用;教辅系统具有辅助性和参考性,对道德价值具有旁证和强化作用。因此,语文课程知识道德价值的实现就是要把标准的规定与教科书的意义和教辅的强化统合起来,不能只依靠某一系统的作用发挥。其二,标准系统、教科书系统和教辅系统所传递的道德价值

一致性问题。标准系统、教科书系统和教辅系统都是课程专家研究的成果,都是语文课程知识价值实现的重要载体,但由于研发此三系统的课程专家未必是学术共同体,其对语文课程知识的道德价值理解难免产生区隔,因此,三系统所内嵌的道德价值是不是一致及其一致性程度将成为影响语文课程知识道德价值实现的重要变量。其三,道德价值认知更新对标准系统、教科书系统和教辅系统改变的限度问题。不同时期、不同境遇中可能有不同的道德价值诉求,但标准系统、教科书系统和教辅系统具有相对的稳定性,其难以对易变的道德价值做出及时的反映。换言之,道德价值认知的更新和诉求的变化对标准系统、教科书系统和教辅系统的改变是有时间局限的,只有那些被社会主流意识形态高度认同和权力阶层推崇的较稳定的道德价值才能成为语文课程知识系统变化的内在动力。由此论之,在器物维度的语文课程知识道德价值实现,就是要探索基于标准系统、教科书系统和教辅系统各显其用的合力作用,进而构建文以传道的语文课程知识组织机制。

(一)标准系统:道德价值的明确定位

课程标准或教学大纲在宏观上谋划了课程发展的目标,在微观上规引了课程的实践运作,而如何实现课程发展目标或推进课程实践运作,都离不开对课程知识的研判,在这个意义上,课程标准或教学大纲成为知识的"过滤器",为哪些知识有资格进入课程而成为具有法定意义的课程知识划定了准入条件。事实上,从社会学角度来看,课程标准形成过程与其说是根据对学生、社会及学科的研究结果而对知识进行价值判断与类型划定的一种技术过程,不如说是根据社会支配阶层的价值取向而对知识进行价值判断与类型划定的一种社会过程。在整个这一过程中,都充满着价值的碰撞与冲突及价值的肯定与否定。这说明,课程标准的形成其实是对知识的价值筛选和博弈过程,那么,语文课程标准形成过程中的价值博弈如何确保道德价值的合理定位,成为一个亟待关注的问题。从语文课程标准或教学大纲的发展历程来看,正是对知识价值理解的偏误才导致了语文课程知识镜像中的文道关系的错位,在深层次上,这是对知识的道德价值理解的失当而使其滑向了或强或弱的两端。此外,就道德价值的具体理解而言,长期以来课程标准中单方面凸显政治道德价值,而轻视甚至无视其他层面的道德价值,似乎语文课程知识的道德价值实现必须要在充当政治道德传声筒的过程中才能实现,语文课程知识丰富的道德价值被矮化成单调的政治道德价值,以至于时不时会有对语文课程成为政治课程的声讨与反思。

由此而论,如何在标准系统明确道德价值的归属与定位,是语文课程知识道德价值落实的前提条件,也是确保语文课程知识视域中文道关系和谐的基础。当然,如何在标准系统中为道德价值定位,首先取决于我们如何理解语文课程知识的道德价值。这意味着必须解蔽对语文课程知识的道德价值就是政治道德价值的认识藩篱,在标准中重新建立道德价值的目标系统。基于对道德价值是一个关系性概念的理解,可以从个人与国家社会、个人与自然环境、个人与他人三个维度重建道德价值目标系统。具体来看,个人与国家社会维度,着眼于个人如何建立与国家之间的道德关系,即个人应该怎样在国家愿景实现过程中发挥作用;个人与自然环境维度,着眼于个人如何处理与环境之间的道德关系,即个人应该为环境的保护和改善如何行动;个人与他人维度,着眼于个人如何发展与他人的道德关系,即个人应该在和谐人际交往中扮演何种角色。如此,将捆绑于语文课程知识中的政治道德价值卸载下来,从个体与国家、环境、他人三者的互动关系中,丰富语文课程知识的道德价值内涵,为基于标准的语文课程知识道德价值定位重新探寻思路。

(二)教科书系统:道德价值的切实落实

"教科书作为育人的最重要载体,其实质是一种价值存在,这种价值的形成和确认深受多种因素影响,因此,可以说教科书是多重价值诉求汇集而成的价值合体。"[①]在学校教育场域中,教科书是课程目标得以落实的最重要依托,对教科书的审定和控制成为课程运作过程中的重要环节,也成为教科书价值得以确证的必然之径。只有通过审定的教科书才可能成为合法化文本,从而获得流通的资质,进而才可能实现一定的价值。因此可以说,教科书的审定是教科书价值实现的必经环节。即便不同国家不同区域有不同的教科书审定政策,但就实质而言,教科书必须符合主流意识形态和权力阶层的价值意旨。"尽管国家没有去具体选择课程内容,但因为掌握了最终认可权,其实反过来也就掌握了课程内容的选择权和决定权。归根结底,课程内容是由国家来选择确定的。所以,关于教科书的编写或者课程内容的确定,关键不是看教科书是由谁编写,而主要看教科书是由谁来认可。"[②]简言之,对教科书进行审定是确保国家主流意识形态渗入学校教育的重要方式,教科书能不能准确、适切、有效地反映主流意识形态的价值诉求是教科书能否通过审定的必要前提,也是教科书价值能否最终实现的内在要求。语文作为我国母语,加之语文课程知识的人文性特质,语文教科书相较于其他学科教科书负载着更加鲜明的主流意识形态和权力阶层的价值诉求,国家历来都重视对语文教科书的审定与控制,以期更好实现语文课程的价值使命。就语文教科书的惯常体例来看,语文教科书一般由助读系统、课文系统和练习系统三部分组成,凭借教科书实现语文课程知识的道德价值势必应该发挥好这三部分的彼此作用及其合力。问题在于,到底应该如何优化助读系统、课文系统和练习系统及如何促进三者发挥作用,既使语文教科书内容符合主流意识形态的价值取向而顺利通过审定,也使语文教科书的道德价值更加鲜活生动而提升育人效果。实际上,这

[①] 张铭凯:《新语文教科书之"变":定量比较与质性解析》,《中小学教师培训》2017年第2期。
[②] 刘丽群著:《教科书内容的选择与形成——知识准入课程中的国家介入》,湖南师范大学出版社2013年版,第114页。

俨然已经不是一个单纯的编制技术问题,而是一个关系价值组织的理念问题。

具体来看,当前语文教科书的助读系统实际上以主题说明和内容介绍两部分组成,这本来可以很好地引导师生明确学习内容,为道德价值的实现廓清预设的基础,但遗憾的是主题说明和课文内容介绍直截了当地明示了道德价值,简单化了道德价值的丰富内涵,实际上可能折损道德价值的意蕴。课文系统以主题相关的一组课文构成的单元组成,主题组元有助于某种道德价值的集中表达,但由于缺少道德价值的冲突容易造成道德价值情境的单一认知,难以给学生真实的道德价值体验,从而削减了道德价值的实效。练习系统以每篇课文之后的相关练习和每个单元之后的综合练习组成,练习系统旨在强化课程内容的道德价值,但相较于国外母语教科书中丰富的、生动的、探究的练习形式而言,我国语文教科书中的练习系统显得单调、机械、生硬,这对于道德价值的巩固和深化效果有限。由此而论,语文教科书系统的道德价值切实落实应该在助读系统的默会引导、课文系统的多元组合和练习系统的丰富呈现中进行深入探索。最终,"是要将德育内容简单、直接的呈现转变为美好的阅读文本,以促进儿童对于人生、道德智慧的欣然发现,人生、社会境界的审美欣赏"[①]。当然,这样的探索必须保证语文教科书所落实的道德价值符合主流意识形态的价值诉求,和当前的教育发展实际以顺利通过审定进而获得进入学校场域的资质。

(三)教辅系统:道德价值的有效旁证

语文课程知识的道德价值在标准系统中得以定位,在教科书系统中得以落实,但处于定位与落实之间包括教参系统和学辅系统的教辅系统,是语文课程知识道德价值证实的重要中介。一方面,教辅系统可以通过有效引导教师和学生的道德价值理解,弥合标准系统和教科书系统之间可能产生的道德价值区隔;另一方面,教辅系统可以对标准系统和教科书系统传递的道德价值进行旁证和强化,以更好落实语文课程知识的道德价值旨趣。就此而言,教辅系统对于语文课程知识的道德价值实现绝不是可有可无的,充分发挥教辅系统的内在价值,不仅有助于语文课程知识道德价值的理解,而且有助于语文课程知识道德价值的实践。然而,检视我国语文课程教辅系统的发展现状,至少存在如下显著弊端:一是教辅市场鱼龙混杂,稀释了高质量教辅资料的作用发挥;二是教辅编制主体与标准和教科书编制主体的相对分离,导致道德价值理解的意义缝隙;三是教辅异化为教师教学业绩和学生学习成绩提升的工具,表现为对课标和教科书本体价值的僭越。这些乱象和误解的存在,势必使得教辅系统对语文课程知识道德价值实践的意义大打折扣。因此,着眼于发挥教辅系统对于语文课程知识道德价值实现的作用,就是要从教辅系统的价值实质和现存误区中寻找突围之路。就教辅系统的价值实质而言,其并不仅仅是语文课程知识价值理解的补

[①] 檀传宝著:《美学是未来的教育学:德育世界的探寻》,华东师范大学出版社2015年版,第117页。

充,而且是语文课程知识价值体系的重要组成部分,将教辅系统从语文课程知识的价值范畴中分离出去实际上是对语文课程知识理解的偏狭,也是对语文课程知识价值研判的失准。

由此,应该着力探寻教辅系统与标准系统、教科书系统的内在关联,切实发挥教辅系统之于语文课程知识道德价值实现的作用。就教辅系统现存的误区而言,有必要同时发挥第三方专业评价和市场调控的作用,确保高质量教辅的市场优势及其流通。此外,无论建立什么样的教科书选用机制,都有必要缩小标准、教科书与教辅三者之间的间距,以尽可能保持此三者意义表达的一贯性和吻合性。当然,教师教学观和学生学习观的纯化也是确保教辅功能返璞归真的关键因素,教辅的本真意义是帮助教师和学生更好地理解课程的意义与价值,而不是老师进行题海战术的"源泉",更不是学生考取高分的"法宝"。如此,在教辅乱象的治理中一方面实现其功能的矫正,另一方面有效发挥其之于语文课程知识道德价值实现的作用。总而言之,教辅系统对于语文课程知识道德价值的落实具有重要作用,但其作用的有效发挥必须要从市场乱象的治理中突围,从自身质量的提升中获得资质,从与标准系统和教科书系统的意义间隙弥合中体现价值,最终真正实现教辅系统对于语文课程知识道德价值实现的重要旁证和强化价值。

三、实施:文以明道的语文课程知识运作

课程实施是课程价值落实和目标达成的重要环节,实施的效能直接影响课程价值的实现程度和目标的达成程度。因而,课程的价值远不是依靠一个良好的课程方案就可以实现的,更重要的问题在于课程是不是得到了有效的实施。在这个意义上,探讨课程价值实现的问题有必要从课程实施这一视点着眼。课程实施的价值取向、课程实施的影响因素和实施中的师生课程理解等都是课程实施这一维度影响课程价值实现的重要变量,对此三方面与课程实施的关系进行具体分析,是基于课程实施探讨课程价值实现的必由之路。何况,"在人文学科的教学中,实际上实现的是人与人之间的一种心灵的对话与交流,是个体的人——学生与载负于教学材料之中的历史的人在精神上的对话与交流,并通过这种对话与交流达到两者的融合"[①]。由此而论,道德价值作为语文课程的重要价值,课程实施的状况势必也会影响课程知识的道德价值实现,因此,从价值取向、影响因素和课程理解三个方面审视语文课程实施,为基于课程实施的语文课程知识道德价值实现探寻学理逻辑和实践进路。

具体来看,就价值取向而言,语文教师秉持什么样的课程实施价值取向,就可能有什么样的课程实施实践,基于忠实取向、调适取向和创生取向的语文课程实施,其

[①] 鲁洁著:《道德教育的当代论域》,人民出版社2005年版,第119页。

道德实现逻辑是不同的。一般地,忠实取向的课程实施会尽可能将课程专家的课程计划循规蹈矩地执行,课程实施效能的衡量标准是被教师实施的课程是不是与课程方案的意旨一致或一致性程度,基于此取向的语文课程知识道德价值实现就变为对课程设计者预先植入的道德价值的忠实落实。相反,创生取向的课程实施坚持课程知识及其价值意义的动态性和生成性,课程实施效能的衡量标准是课程实施过程中是不是有效调动了师生的主体能动性及其在何种程度上发挥了师生对课程意义的丰富和生成作用,基于此取向的语文课程知识道德价值,实现其成为师生在开放意境中对课程知识价值的动态构建、诠释和生成。而调适取向作为忠实取向与创生取向的中间取向,基于此取向的语文课程知识道德价值实现表现为课程设计者与师生之间互动的结果,既不完全是对预设道德价值的忠实接受,也不完全是对预设道德价值的无限超越,而是注重学校的具体教育情境。就因素而言,一方面,课程实施中的重要主体,如校长、教师和学生等对课程的具体实施产生重要的影响;另一方面,课程实施的利益相关者,如教育权力机构、社会力量等也会介入甚至干预课程实施的开展。由此,语文课程知识道德价值的实现既要确保这几方面积极作用的发挥,也要处理好彼此之间的关系,以发挥这些影响因素对于语文课程知识道德价值实现的正向作用为旨归。就师生的课程理解而言,语文课程知识的道德价值最终还是要通过师生的理解得到确认或内化,师生理解的立场、水平、效能等不仅关系到语文课程知识预设道德价值能否有效实现,而且关系到语文课程知识生成道德价值是否合情合理。因此,语文课程知识道德价值的实现还必须着力于师生课程理解效能的提升。

总体而言,在课程实施中实现语文课程知识的道德价值,就是要以价值取向的互动共生为着眼点,以影响因素的正向合力为突破口,以师生理解的效能提升为抓手,由此构建文以明道的语文课程知识运作机制,进而确保语文课程知识道德价值的有效实践。

(一)价值取向的互动共生:道德价值生成的立场确认

价值取向对课程实施具有潜在的牵引作用,作为一种意志力量,其一方面规约了课程实施者对课程实施这一作为的理解,另一方面以某种主导价值取向对其他价值取向的超越指导课程实施的推进。如果按照一般意义上对课程实施价值取向的分类,即忠实取向、调适取向和创生取向,那么,课程的价值也会因为不同的取向而表征出不同的实现逻辑。忠实取向的课程实施观其课程价值实现更为"保守",更能反映既定或预设课程价值的落实;调适取向的课程实施观其课程价值实现更为"灵活",更能反映实际或情境课程价值的实现;创生取向的课程实施观其课程价值实现更为"开放",更能反映动态或生成课程价值的实现。由此观之,不同的课程实施取向引导下的课程价值实现方式是不同的,不能简单地说哪种取向的课程实施是好的,哪种取向的课程实施是不好的。换言之,就课程实施的取向本身而言,其不是一个关乎好与不好的价值判断,而是一个关乎适切与否的事实判断。

具体到语文课程知识的道德价值实现而言,课程实施取向对其影响总归起来要看这一取向是不是适合特定语文课程知识的价值属性,是不是有助于语文课程知识价值的彰显与实现。作为工具性与人文性相统一的语文课程,语文课程知识也表现为工具属性与人文属性的合一,即不存在无工具性的人文性知识,也不存在无人文性的工具性知识,即文道关系视野中的文中有道,道中有文。这就是说,语文课程知识的道德价值实现不可能寄希望于某种单一的价值取向,尽管忠实取向对语文课程知识工具价值的实现具有优势,调适或创生取向对语文课程知识人文价值的实现具有优势,但这并不意味着忠实取向无益于语文课程知识人文价值的实现,调适和创生取向无益于语文课程知识工具价值的实现。如果人为割裂三种价值取向之间的内在联系,实质上就是否认语文课程工具性与人文性的统一,也势必影响语文课程知识道德价值的有效实现。

事实上,尽管不同课程实施取向各有其优势与局限,但"三种取向之间不是绝对排斥和对立的关系,而是包容与超越的关系:相互适应取向是对忠实取向的超越;创生取向则是对相互适应取向以及忠实取向的超越"①。因而,语文课程知识的道德价值实现,有必要消解课程实施价值取向上的偏见和隔阂,不以某种价值取向实现对其他价值取向的"统治"或"同化"为基本立场,而在各价值取向各安其位、各显其能、相得益彰的互动共生中达成共识,最终助力语文课程知识道德价值的实现。当然,语文课程实施的价值取向与对语文课程性质的理解不无关系,"语文课的思想品德教育和审美教育寓于学生语文素养的形成与发展过程中,不能脱离学生语文素养的形成与发展另搞一套"②。这也要求我们必须认清语文工具性与人文性的边界,在课程实施中既不以强调工具性倡导忠实取向,也不以强调人文性倡导调适抑或创生取向,而是基于多重价值取向的互动达成价值共识,进而确认语文课程知识道德价值生成的立场。

(二)影响因素的正向合力:道德价值生成的动力保障

课程实施的影响因素对课程价值的实现具有重要的潜在影响,这表现在两个方面:一是作为课程实施影响因素的个体,如校长、师生等直接参与了课程价值的实践运作,二是作为课程实施影响因素的集体,如教育行政部门、社会力量等间接干预了课程价值的实现。由此而论,从课程实施的影响因素这一视点探讨课程价值的实现问题,应该从个体因素和集体因素两个层面进行观照。

具体来看,个体层面的校长、教师和学生是影响课程实施的关键人物,他们的课程观、课程实施观、课程素养等对课程实施都会产生直接的影响,这种影响既可能有

---

① 靳玉乐主编:《课程论》(第二版),人民教育出版社2015年版,第324页。
② 徐林祥、杨九俊:《关于语文课程目标百年嬗变的反思》,《课程·教材·教法》2012年第2期。

助于课程价值的实现,也可能有碍于课程价值的实现。比如校长秉持的办学哲学、办学理念中过分凸显升学率等目标的实现,那么课程价值就会矮化甚至异化为对考试分数有何贡献的单一工具性价值,这对于课程内在丰富的价值而言无疑是一种遗憾。相反,如果校长秉持的办学哲学、办学理念中彰显对完整的人的培养这一目标的追求,那么课程就会不断获得与生命、人格相关联的深远意义,这实际上不仅大大扩展、丰盈了课程的价值,而且成为课程价值实现的潜在动力,最终使得课程知识的价值获得有效实现。集体层面的教育行政部门和社会力量是影响课程实施的重要外在力量,其介入课程实施的方式及其作用发挥程度对课程价值实现也具有不可忽视的影响。教育行政部门对学校课程实施的比拼式、筛选式评价,大大限制了课程实施的活力;社会力量对学校课程实施旨在实现学生进入社会上层的功利化期待,加剧了课程实施对单一价值实现偏向的程度。

总而言之,影响课程实施的个体因素和集体因素都会对课程价值实现产生重要影响,而且这些影响既可能发挥正向作用,即助力课程价值实现,也可能发挥负向作用,即消解课程价值实现。这对于语文课程知识道德价值实现的启示意义在于:第一,语文课程知识道德价值的实现应该充分观照课程实施中的个体因素和集体因素的作用发挥,不能只强调作为直接作用者的个体因素而忽略作为潜在作用者的集体因素。第二,语文课程知识道德价值的实现要客观审视课程实施影响因素的正向作用和负向作用,想方设法促进正向作用的发挥抑制负向作用的发挥。第三,语文课程知识道德价值的实现要重视发挥影响课程实施因素的正向作用的合力,而不是单方面强调某一因素正向作用的发挥。当然,学校的办学哲学、办学理念、师生的课程观、教育行政部门和社会力量对语文课程实施的影响有可能是直接的、具体的,也有可能是间接的、潜在的,但其无疑都对语文课程价值实现产生着影响,这也是何以从课程实施的影响因素这一视点探讨语文课程知识道德价值实现的认知基础。正因此,将语文课程知识道德价值实现置于课程实施的具体过程中进行审视,以影响因素正向合力的发挥为撬杠,以期觅得基于课程实施的语文课程知识道德价值实现动力。

(三)师生理解的效能提升:道德价值生成的品质确保

"任何课程实践都蕴含着课程理解,没有对课程的理解,课程实践就成了一件难以理喻的事情。因为,课程实践是一种目的性的活动,它必然以'课程应是什么'和'可能是什么'的理性预期为重要环节和规范;否则,课程实践就是盲目的。"[①]正是在这个意义上,课程理解对课程实施的影响作用是直接的、具体的,一定意义上,有什么样的课程理解就有什么样的课程实施,尤其是课程实施具体运作过程中的教师和学生,其如何进行课程理解将对课程实施产生不可小觑的影响,课程实施也正是在对课

---

① 徐继存:《课程理解的意义之维》,《教育研究》2012年第12期。

程实施的具体影响中对课程价值的实现发挥作用。一般而言,师生的课程理解是有水平和层次的,而不同水平或层次的课程理解对课程价值实现发挥着不同的作用:处于低水平和浅层次的课程理解,对于课程价值的实现停留在按部就班的机械落实上;处于高水平和深层次的课程理解,对课程价值的实现跃升到有的放矢的动态生成上。而按照后现代课程理论的相关阐释,课程是文本与师生精神相遇的动态发展过程,这一过程是一种意义的建构与生成。在实施层面,课程的价值是作者、编者、师生之间通过对话形成的一种协商价值,这种价值实现的前提在很大程度上取决于此三者对话的品质。①

由此论之,将课程价值实现置于动态过程之中进行审视,更有利于课程与师生的精神相遇,也自然更有利于课程价值的生成。然而,作为与课程相遇主体的师生,其对课程及其价值的理解不可能是无限的,更不可能是随意的,这说明基于师生理解的课程价值实现也有一定的限度,即便如此,有效提升师生课程理解的效能,使基于师生理解的课程价值最大限度实现尤为重要。这里首先需要探讨的问题是,什么样的课程理解是有效的?认定师生课程理解有效的标准是什么?从课程作为一种法定文本和价值负载体两个层面进行考量,有效的课程理解第一是体现教育法案和课程政策的法度意涵,即吻合法定规约的理解;第二是符合课程自身价值意旨,即以人为本的理解。这就是说,课程理解无论如何彰显活力,都要以外在的法度和内在的价值为理解尺度,否则,既不可能发挥课程理解之于课程价值实现的重要作用,也可能将课程推向理解的岔道歧路。

语文课程的属性和语文课程知识的特点决定了语文课程及其课程知识价值的理解都具有很强的生成性,而这种生成在具体的课程实施实践中是以师生的课程理解效能为基础的,况且作为语文课程知识内在价值的道德价值,其本身也是一种关系性存在,特定课程知识之于不同主体的道德价值意义是不尽相同的,师生主体完全可以根据自己的体验、需要、水平等做出迥异的理解。问题在于,究竟如何确保这种理解是符合语文课程的本质属性的,同时是有助于语文课程知识道德价值实现的,这是师生进行课程理解的前提之思,也是师生课程理解效能提升的内在诉求。具体而言,师生课程理解效能的提升可以从以下方面着力:一是积极关注师生理解的边界,使其课程理解合乎逻辑;二是不断提升师生的课程素养,使其课程理解走向专业;三是有效提升师生的理解水平,使其课程理解迈向深入。如此,在师生课程理解效能的提升中,确保语文课程知识道德价值的生成的品质。

---

① 张铭凯:《新语文教科书之"变":定量比较与质性解析》,《中小学教师培训》2017 年第 2 期。

四、评价：文以鉴道的语文课程知识评价

课程评价是课程运作链条中的重要环节，但梳理人们对于课程评价内涵与外延的认识并非一致，这与人们所秉持的课程评价取向不无关系，总的来看，课程评价主要有三大取向：一是技术—目标取向，这一取向将课程评价理解为通过资料的搜集和分析，比照教育目标的达成程度，实际上是基于评价信息的获取提出相关课程改进建议。比如美国课程学者泰勒指出，"评价是一个确定实际发生的行为变化的程度的过程"[1]。二是价值—效果取向，这一取向把课程评价视为价值判断的过程，着重于对课程价值及其实现程度的评估。比如英国课程专家凯利指出，课程评价是评估任何一种特定的教育活动的价值和效果的过程。三是政治—文化取向，这一取向是在政治社会视域中理解课程评价，揭示了课程评价对课程中的意识形态等权力实质的揭示。比如贝茨认为，学校为不同意识形态的竞争场所，评价的重点在于以公义和价值作为评价准则，了解一定社会背景下学校、课程中存在的霸权状况。[2]

由此观之，课程评价论域中存在着不同的评价取向，我们究竟如何理解课程评价的实质以消解不同取向之间的纷争成为继续探讨课程评价问题的关键。其实，评价在根本上是一定主体对客体之于主体价值或意义的评估，存在于主体价值需要与客体价值负载的相互作用中。由此，"所谓课程评价，是根据一定的标准和课程系统的信息并运用科学的方法对课程产生的效果作出的价值判断"[3]。简言之，课程评价具有既是事实评估和也是价值判断的双重属性。然而，"在一个多世纪语文教育现代性的建构中，现代性的核心价值并非均衡地参与，在某一历史时段，往往其中一些价值以强势姿态介入，成为中心话语，另一些价值则处于边缘、甚至缺失状态，这种现象导致语文教育现代性的生成及发展呈现出不平衡性和单一性等特点"[4]。

那么，具体到语文课程知识的道德价值实现而言，如何有效发挥课程评价的积极作用，以此更好促成语文课程知识道德价值在其现代性价值坐标中合理定位进而有效实现，是课程评价效能彰显的重要刻度。观照现实，语文课程标准中内容标准或知识标准的长期缺位，在根本上阻滞了语文课程知识道德价值的确定，也蒙蔽了语文课程知识道德价值的实现。因由此，探讨如何更好实现语文课程知识的道德价值，势必要先对语文课程知识的道德价值负载做出评估，即廓清语文课程知识到底应该负载

---

[1] [美]拉尔夫·泰勒著：《课程与教学的基本原理》，施良方，译，人民教育出版社1994年版，第85页。
[2] 李子建、黄显华著：《课程：范式、取向和设计》，中文大学出版社1996年版，第356页。
[3] 靳玉乐主编：《课程论》（第二版），人民教育出版社2015年版，第348页。
[4] 刘正伟：《现代性：语文教育的百年价值诉求》，《教育研究》2008年第1期。

什么样的道德价值以及如何更好负载这种道德价值。这一问题不因课程评价取向的改变而改变,即无论我们秉持什么样的课程评价取向,语文课程知识必然要负载这样的道德价值,这是语文课程知识价值实现的内在诉求,也是语文课程知识属性彰显的本质规定。由此,建立分别对应道德价值的公共维度与个体维度、历史维度与发展维度和自足维度与开放维度的公德与私德、继承与创新和本土与外来三级互动的语文课程知识道德价值评价框架,进而在语文课程知识道德价值的科学评判中厚植其价值实现的基础、明晰其价值实现的方向。

(一)公德与私德:道德价值评价的双重观照

语文是我国的母语,语文课程知识首先应该彰显其母性特质。正因此,语文课程不仅要为培养学生成为一个完满的个体发挥作用,而且要为学生成为具有国家意识的群体成员有所担负,而语文课程这一旨趣的实现最终是由语文课程知识来实现的。这说明,语文课程知识在本质上具有使人成为独立之个体和群体之个体的双重价值,而在道德的范畴中观照,使人成为独立之个体正是语文课程知识的私德表征,使人成为群体之个体就是语文课程知识的公德表征,此二者共同指向把人培养成为一个什么样的人的课程知识终极价值问题。

具体而言,在私德层面,语文课程知识首先应该使学生认识自己,进而明白什么样的行为是道德的,什么样的行为是不道德的,并由此不断夯实学生的道德之知、陶冶学生的道德之情、锻造学生的道德之意、促发学生的道德之行。简言之,语文课程知识私德层面的道德价值就是要促进学生道德自我的实现。在公德层面,语文课程知识应该着力于培养学生的关系思维,明白个人的行为在什么意义上对他人、社会、国家是有益的,将自身置于关系性存在中进行思考、开展行动。简言之,语文课程知识在公德层面的道德价值就是要实现学生作为群体道德成员的角色转换。实际上,个体的道德自我和群体中的道德自我是相互依存的,个体只有成为道德自我才能更好在群体中发挥作用,也只有在群体的道德价值建构中才能更好实现自我道德。这对于语文课程知识建构的启示意义在于,必须在公德价值与私德价值的协调与互动中实现语文课程知识的道德价值。然而,究竟如何在评价中观照语文课程知识的公德与私德维度,这是课程评价维度语文课程知识道德价值实现的关键问题。

长期以来,我们要么过于注重语文课程知识的公德属性,语文课程知识被英雄、榜样、楷模等所渲染的基调充斥着;要么过于注重语文课程知识的私德属性,语文课程知识被善良、诚实、孝顺等表征的美德诠释着。表面上看,无论重视公德以培养学生的国家担当意识还是重视私德以培育学生的健全人格,这都无可厚非,问题在于,单方面强调语文课程知识的公德或私德,既不符合语文课程知识价值负载的内在机理,也不符合个体发展的内在诉求,这样的道德充其量只是单向度的道德,终究无益于国家社会的发展,也无益于个体自我的发展。诚如,正确理解的利益是整个道德的基础。但是,"在道德中成为问题的是人的独特利益,而这一独特利益之所以具有高度价值,正因为人知道它自身是绝对的东西,并且是自我规定的"[1]。因而,"只有把道德价值导向与道德行为原则区别开来,然后在提出统一的道德价值导向的前提下,允许道德行为原则的多元化或多层次化,才能形成最大限度的共识。这统一的道德价值导向就是社会发展与人的发展相统一"[2]。据此而论,着眼于课程评价助力语文课程知识道德价值的实现,势必应该妥善处理好公德与私德的关系,唯有对此二者不偏不倚和谐兼顾,才是语文课程知识道德价值的最好实践,也才是语文课程知识道德价值的内在意涵。

(二)继承与创新:道德价值评价的关系逻辑

我国语文教育有着悠久的历史,就独立设科算起也已有百余年的发展进程,语文教育研究有必要在着眼历史中走向自觉。实际上,研究历史的意义不仅在于发掘历史曾经发生了什么,告诫我们今天的行为何以不重蹈历史的覆辙,而且在于从历史规律的探寻中,找寻今天行动的合理路向。就语文课程而言,当前语文课程出现的种种问题,不能说与其发展的历史不无关系,如果忽略了历史,不仅无益于当前语文课程问题的解决,而且可能为更大问题的产生埋下祸根。具体到语文课程知识的道德价值负载这一问题,实际上任何时候都没有停歇语文课程知识道德价值的探讨和争论,但究竟为何会老调重弹,这除了不同时期对语文课程知识道德价值负载的诉求不同这一原因外,恐怕与长期以来我们对语文课程知识道德价值评价中的惰性不无关系,简言之,就是在语文课程知识道德价值评价中未能处理好继承与创新的辩证关系。

诚然,任何当前都由历史而来,沉迷历史的历史至上论和忽视历史的历史虚无论都是失当的,辩证的历史观就是要在历史发展的进程中以史为鉴、革故鼎新。在课程评价中如何看待历史,直接影响历史对当前的意义,何况评价对实践不仅具有诊断作用,而且具有导向作用。由此检视语文课程知识的道德价值实践,就是要倡明并合理化继承与创新的辩证关系。比如把社会主义核心价值观融入语文课程,实质上就是语文课程知识道德价值实践的时代表征,然而,在探讨这一问题的过程中,切不可为了实现社会主义核心价值观进入语文课程的目标而对语文课程知识进行机械化改造,似乎课程中融入社会主义核心价值观的元素越多越有利于其价值的实现,这种简单的思维逻辑实际上既是对语文课程知识系统的破坏,也是对语文课程知识道德价值的消解。

时代的进步和历史的发展是不可阻挡的潮流,语文作为我国母语担负的道德价值当然会发生变化,但这种变化绝不可能与其发展的历史泾渭分明。因而,时代的发

---

[1] [德]黑格尔著:《法哲学原理》,范扬、张企泰,译,商务印书馆1961年版,第112页。
[2] 王志刚:《论道德价值及其评价》,《陕西师范大学学报》(哲学社会科学版)2003年第4期。

展只可能丰富或创新语文课程知识道德价值负载的内容,并不会解构或质变语文课程知识道德负载的属性。这对于语文课程评价特别是语文课程知识的道德价值评价意味着:首先,明确语文课程知识道德价值负载的当前诉求并不是没有历史根由的,这是评价的认识论基础;其次,深化语文课程知识道德价值负载的实践需要探明历史与现实关联,这是评价的方法论依据;最后,有效实现语文课程知识的道德价值不能僭越其他价值,这是评价的价值论标准。如此,着眼于关系逻辑,处理好语文课程知识道德价值评价中继承与创新的关系,进而在厘清评价的关系中更好助力语文课程知识道德价值的实现。

(三)本土与外来:道德价值评价的视域融合

我国语文教育发展受国外母语教育发展的影响,特别是随着我国国际地位的提升和国际交往的频繁,语文作为我国母语肩负着神圣的时代使命。"为了提高民族自信心,培养爱国主义情感和高尚的道德情操,弘扬中华民族的传统美德和新社会道德规范,把我国建设成为一个具有现代物质文明和精神文明的国家,都要求我们必须高度重视语文教育。"①一方面,语文教育成为我国建立文化强国的重要支点;另一方面,语文教育成为推动汉文化走向国际社会的重要力量,一言以蔽之,语文教育唯有在更好担负和践履时代使命的过程中才能体现其价值。问题在于,语文教育究竟如何在激烈的国际竞争和密切的国际交流中履职,换言之,处于时代脉搏中的语文教育何去何从,这不仅关系到语文教育本身的发展,而且关系到语文教育之于时代发展价值的实现。当然,无论处于怎样的时代格局中,对于通过语文教育到底要把学生培养成为一个什么样的人的追索,是一个根本性问题。如果忽略了这一个根本问题,在复杂的时代格局中,很有可能将语文教育推向迷失的境地。实际上,语文教育的终极旨趣在于使人成人,而道德之人是其内涵之义。这就是说,无论时代如何变化,语文教育的处境如何,首先都应该发挥语文教育对人道德培育的作用。语文教育的这种使命落实到语文课程上,实质上就转化成在语文课程知识的道德价值评价中如何处理本土与外来的关系问题。

不可否认,语文课程知识的道德价值负载不可能只顾及本土传统,域外的价值观总是以各种方式渗入语文课程中,对国外道德价值的适当关注,既是道德价值多元化发展的要求,也是语文课程走向自信的必经之路。关键是在语文课程知识的道德价值评价中,如何把握好本土与外来道德价值负载的各自尺度,这关系到语文课程知识道德价值在空间场域中的实现效能。诚然,语文作为我国的母语,首先应该担负起培养国民性的使命,语文课程知识在这个意义上必然要对本土传统的道德价值进行有效负载。然而,仅仅着眼于培养国民的目标已经不能符合时代对人才规格的要求,

---

① 阎立钦:《我国语文教育与近代以来社会变迁的关系及启示》,《教育研究》1998年第6期。

"实际上,在这样一个高度交融的世界格局中,每个国家所培养的不应仅仅是具有家国情怀的国民,而且更应是具有国际社会责任感的世界公民"[1],对公民的培养成为语文课程新的重要使命,语文课程知识在这个意义上势必要对异域的合理道德价值进行负载,进而指向"共同意识"的形成。所谓"共同意识",就是"一整个阶级、一整个人民集体、一整个民族乃至整个人类所共有的不假思索的判断"[2]。

由此论之,对本土传统道德价值和外来合理道德价值的负载成为语文课程知识道德价值实现的必然方向,这之于语文课程知识道德价值评价的意义在于:首先,自觉发挥语文课程知识对本土传统道德价值的负载作用,以传统道德价值培育鲜明的国民性;其次,积极关注域外道德价值在语文课程知识中的渗入,确保其合理融入和有效含量;最后,弥合语文课程知识对本土传统道德价值和域外道德价值负载的区隔,以语文课程知识道德价值的丰富助力公民培养目标的实现。总而言之,语文课程知识的道德价值评价,在空间维度,既不能在单方面强调本土传统道德价值负载中迷恋自我,也不能在单方面宠魅域外道德价值融入中忘却自我,唯有在本土道德与域外道德的彼此关照中促成评价的视域融合,才能更好助推语文课程知识道德价值的实现。

五、旨趣:文道相依的语文课程知识确证

语文课程知识天然地负载道德价值,这是通过语文课程知识进行道德教化的根本前提。实践层面,文以载道的语文课程知识选择机制、文以传道的语文课程知识组织机制、文以明道的语文课程知识运作机制和文以鉴道的语文课程知识评价机制是语文课程知识道德价值实现的"四级联动"机制系统。这一系统逐级相连,层层相扣,共同架构起语文课程知识道德价值的实践桥梁。但就语文课程知识的道德价值实践而言,其还有一个归属性或方向性的问题,即语文课程知识的道德价值实践最终应走向何方,这是语文课程知识实践机制运作的终极旨趣。换言之,在文道关系的视域中建构起来的文以载道、文以明道、文以传道和文以鉴道的语文课程知识道德价值实践系统,其最终要把语文课程知识引向何种道德境遇之中,进而使得语文课程知识的道德价值更有效地实践与实现,这是语文课程知识道德价值问题探讨的旨趣所在。

然则,语文课程知识道德价值负载的天然性和语文课程知识道德价值实践的模糊性之间的区隔不仅阻碍了语文课程知识道德价值的实现,而且为语文课程乃至语文教育目标的达成蒙上了阴影。这样一来,处理好语文课程知识道德价值负载与实

---

[1] 张铭凯、靳玉乐:《我国教科书研究的新世纪图景——基于 CiteSpace 知识图谱的分析》,《全球教育展望》2017 年第 3 期。
[2] [意]维柯著:《新科学》,朱光潜,译,商务印书馆 1989 年版,第 103—104 页。

现之间的关系,就成为语文课程知识道德价值实现的重要考量。一方面,不可能只强调语文课程知识的道德价值负载,一味地将所谓的道德价值植入语文课程知识;另一方面,也不可能只追求语文课程知识的道德价值实现,以简单化思维和技术化方式建构实践路径。简言之,语文课程知识的道德价值实现,既不能以道德价值的负载遮蔽语文课程知识的本质属性,也不能以道德价值的实践僭越语文课程知识的多重价值。那么,语文课程知识的道德价值实现在具体的运作机制之外,还应该有一个确证机制,即我们如何理解语文课程知识的道德价值实践及其旨趣。毕竟,语文课程知识既不可能只负载道德价值,也不可能只实现道德意义。

在文道关系的视域中重新审视语文课程知识的道德价值,依然需要重证语文课程知识视界中的文道相依立场,并以此为尺度匡正语文课程知识的道德价值负载及其实践。而文道相依的语文课程知识道德价值实现,最终指向语文课程的返璞归真和语文课程的目标达成。具体而言,文道相依的语文课程知识道德价值确证机制以把握语文课程本体性之真为基础、以探索语文课程发展性之善为向度、以追求语文课程内在性之美为鹄的。由此,语文课程知识的道德价值实践就成为把握语文之真、探索语文之善和追求语文之美的过程,语文课程知识的道德价值也自然是在这一过程中得以确证。

(一)去伪求真:道德价值确证之要

语文学科具有工具性与人文性双重属性,且这两重属性彼此相依,不可分割。在课程知识层面,工具性与人文性具体由课程知识的工具性与人文性表征和落实。这就是说,单纯强调工具性或人文性,是对语文课程知识属性认知的偏误,也无益于语文课程知识价值的实现。"我们需要十分冷静和理智地看待知识教学的发展价值。因为,在历史上和现实中,存在过分推崇甚至盲目崇拜知识教学和随意贬低甚至放弃知识教学两种极端的倾向。"[①]具体到语文课程实践运作过程中,对工具性的过度推崇使得语文课程知识成为冷冰冰的工具,缺少了人文的温度,与之相对,对人文性的过分张扬使得语文课程知识走向浮夸和虚无,缺少了工具的实在,这两种实践偏差既是对语文课程知识属性的曲解,也是对语文课程知识内在价值的迷失。何况,语文课程知识道德价值必须在其固有属性的彰显中得以实现。由此,语文课程或语文课程知识的本真内涵到底是什么,到底如何处理语文课程知识价值负载中的工具性与人文性,这成为关系语文课程发展的根本性问题,也成为影响语文课程知识道德价值实现的关键性问题。在检视语文课程种种乱象之后,有必要对什么是真语文课程展开更加深入的探讨,进而在语文课程的归真路途中确证语文课程知识的道德价值。

---

① 陈佑清:《对知识学习与学生发展关系的重新审视》,《湖北大学学报》(哲学社会科学版)2011年第5期。

基于这样的认知,以课程知识的实践过程为分析思路,提出真语文课程的知识实践应具备如下特点:知识选择的确定性、知识组织的逻辑性、知识运作的灵活性和知识评价的引导性。何以如此?首先,语文课程知识选择中的任意随性,可能导致语文课程知识价值负载的负担,亟需在选择中明确语文课程知识的价值指涉;其次,语文课程知识组织中的五花八门,可能致使课程知识的价值消解,亟需在组织中凝聚语文课程知识的价值合力;再次,语文课程知识实施中的各抒己见,可能稀释课程知识的本真价值,亟需在实施中确立语文课程知识的价值谱系;最后,语文课程知识评价中的机械单调,可能诱使课程知识的价值扭曲,亟需在评价中厘定语文课程知识的价值序列。由此论之,语文课程知识道德价值的实现应基于过程课程观,将课程知识置于动态的进程中展开分析,从选择、组织、实施、评价等环节确保语文课程知识之真,并在此基础上促成语文课程知识的道德价值实现。

(二)以善致善:道德价值确证之实

"道德立足于向善的人性,道德的宗旨是善或追求善,它必须以此为目标,并且具有向善之可能条件。"[1]语文课程知识最终要引导学生朝着善的方向发展,这一旨趣要求语文课程知识自身具有善的品质。然而,长期以来对课程知识客观性、中立性和价值无涉性的确定认知,遮蔽了潜藏在课程知识之中的权力、意识形态、阶级等本质属性,从而助长了课程知识价值实践中的惰性、形成了课程知识价值认识的盲区。伴随着课程知识本质的深层解构,特别是知识社会学等学说的兴起,课程知识的主流意识形态或权力本性被揭示和批判,课程知识不再本本分分地作为课程目标实现的载体,而本身就是权力符号。正因此,有必要将课程知识把人培养成为一个什么样的人的问题的探讨转向对课程知识本身内含着什么样的目标预设和价值负载问题的探讨。这一转向具有两层意义:其一,课程知识本身内含的目标预设是课程育人价值实现的基础,厘清课程知识的目标预设有助于把握课程育人的方向;其二,课程知识的内在负载价值是课程育人价值实现的核心,发掘课程知识的内在价值有助于推进课程育人的深化。由此,对课程知识本身属性和意义的追问就成为研判课程知识价值实现的重要问题。

具体来看,探讨语文课程知识的道德价值及其实现,首先应该确证语文课程知识负载了什么样的道德价值,这种道德价值代表了谁的价值立场又以促成谁的发展为价值旨趣。实际上,无论是工具性的语文课程知识还是人文性的语文课程知识,都不可剥离与其黏合的道德价值,然而实践中往往忽略了工具性语文课程知识的道德价值负载,把道德价值实现的重任交由人文性课程知识独自担负,这助推了文道关系的实践失衡。既然语文课程知识的道德价值不仅存在于工具性知识之中,也存在于人文性知识之中,况且语文课程知识的道德价值经由主流意识形态和权力阶层的价值

---

[1] 徐宗良著:《道德问题的思与辨》,复旦大学出版社2011年版,第28页。

诉求过滤而呈现出来,这之于语文课程知识道德价值确证的启迪表现在:第一,兼顾观照工具性知识和人文性知识的道德价值内涵,确保此二者对语文课程知识道德价值实现的合力作用;第二,合理规限语文课程知识道德价值负载的意识形态性,确保语文课程知识育人旨趣的最终实现;第三,有效干预语文课程知识的运作实践,确保语文课程知识道德价值实现的全过程性。总之,语文课程知识的道德价值实现就是要通过语文课程知识本身之善和运作之善达到以善致善的目的,进而证成语文课程知识的道德价值实质。

(三)因德而美:道德价值确证之本

语文课程知识蕴含着丰富的道德价值,通过语文课程知识进行必要的道德教育是语文教育的内在诉求。何况,有效的德育本身并不是枯燥的说教和生硬的灌输,且"知识的根本立足点乃是个体自身,转识成智,化识为德,都需要立足个体生命的提升。这意味着个体置身知识学习情境中,需要不断地凸显进而回复到个体成人这一根本性目的,由此而让知识的学习走向个体德性的发展"[①]。正因此,探求知识与个体生活的关联以及生命的相遇是知识德育的新进路。就道德发展而言,符合个体生活境遇和生命体验的知识更容易被接受、认同和内化。在这个意义上,语文课程知识如何负载道德价值以及负载什么样的道德价值,实质上并非一个简单的技术问题,而成为一个与个体生命和精神发生关系的过程。知识对于德性的塑造正是一个"下学上达"的过程,"'下学而上达'的'学',当然亦须从日常生活的实践经验着手,可是它以上达天德为最终目标。用现代化的语言来解释,它的作用是把知识消化于生命,转化为生命所具有的德性"[②]。个体生命的丰富和精彩,是人生价值实现的重要表征。由此而论,语文课程知识能否助力个体生命的丰盈,关键取决于其内在价值能否实现以及实现的程度。就内在价值而言,语文课程知识以丰满人的精神世界、扩展人的生命价值为旨趣,这与其道德价值旨趣不谋而合。由此,从道德价值的具体实践中发掘语文课程知识的内在价值,是语文课程知识确证的路向之一。

概言之,国之大德、社会公德、个体美德都是语文课程知识的道德价值范畴,也是检验语文课程知识道德价值实现的标准。问题在于,如何在语文课程知识中有效实践这种道德,这既是语文课程知识建构需要考虑的问题,也是语文课程知识价值实现不能忽视的问题。然而,就语文课程知识的道德价值实现而言,无论如何权衡各种道德价值在语文课程知识中的地位与分量,都必然要着眼于其对于个体生命以及道德发展的意义,否则将可能消解或失却语文课程知识的重要内在价值。此外,语文课程知识道德价值承载的偏误和实践的迷失,大大折损了语文课程知识的道德价值意蕴,

---

① 刘铁芳:《知识学习与生命成长:知识如何走向美德》,《高等教育研究》2016 年第 10 期。
② 牟宗三著:《中国哲学的特质》,上海古籍出版社 1997 年版,第 34 页。

也最终致使语文课程知识与个体生命疏离。鉴于此,促进语文课程知识道德价值实践和实现有必要重新厘清以下关系:首先,语文课程知识的道德价值是国家、社会、个体道德价值的统一,此三者的良性关系是其价值实现的内在逻辑;其次,语文课程知识的道德价值是在与个体生命相遇并发生关系的过程中实现的,不能割裂课程知识的道德价值与人的道德诉求的关系;最后,语文课程知识的道德价值是预设与生成统一基础上的实现,应注重研判预设的合理性和生成的有效性之间的关系。总而言之,语文课程知识道德价值的实现,就是要在其各种道德价值担负和各种道德价值实践的过程中,不断确证课程知识道德价值本质,并基于此促成课程知识的道德价值与个体生命的相遇,最终将语文课程知识的道德价值实现过程推向一个美的历程。

本章小结

道德价值的实现是语文课程知识价值和语文课程乃至语文教育目标实现的重要内在诉求。语文课程知识天然地负载道德价值,但究竟如何有效实现这种价值是一个历久弥新的话题。可以说,对于语文课程知识道德价值实现的探索一直处于进行时,然而语文课程知识道德价值实现的效能是否真正获得了提高,这恐怕还是一个很值得斟酌的问题。当然,影响语文课程知识道德价值实现的因素来自方方面面,但有两个最基本的问题必须得以重视:一是语文课程知识到底是不是负载了该负载的道德价值,即这种道德价值是不是真正符合语文教育的品性;二是语文课程知识的实践是不是真正推动了其道德价值的实现,即语文课程知识是不是遵循了道德价值逻辑进行了道德运作。这两方面的问题是过往的语文课程知识的道德价值实践悬而未决的问题,推进和提升语文课程知识的道德价值实现进程必须就此进行厘清。

在文道关系的视域中进行考量,语文课程知识的道德价值实践的误区和实现的困境与语文课程知识视界中文道关系理解和运行的偏失不无关系,语文课程知识道德价值的探讨和道德价值的实现有必要在文道关系的重新解构和建构中实现突围、找寻进路。正是基于这样的思考,本章从系统过程论的角度重新解析文道关系,并据此展开对与之相应的语文课程知识的道德价值何以实现的系统探讨。概言之,这一系统以五大维度统摄且由与之对应的五大环节构成。其中,五大维度是指理念维度、实体维度、实施维度、评价维度和旨趣维度,与之相对应的五大环节是指文以载道的语文课程知识选择、文以传道的语文课程知识组织、文以明道的语文课程知识运作、文以鉴道的语文课程知识评价和文道和合的语文课程知识确证,这五大维度与五大环节依次对应,不仅贯穿于语文课程知识运作的全过程,而且明确了语文课程知识运作过程中的文道关系重心,有助于在系统思维中对语文课程知识的道德价值进行重新审视,最终在各个过程要点的作用发挥及其合力形成中确保语文课程知识的道德价值的有效实现。

具体而言，理念维度从确立道德价值是语文课程知识的内在价值、道德价值以特定的语言文字形式表达和道德价值内嵌于语文课程内容之中的认知共识中清晰语文课程知识的道德价值选择；实体维度从标准系统的道德价值定位、教科书系统的道德价值落实和教辅系统的道德价值旁证的载体作用中明确语文课程知识的道德价值组织；实施维度从价值取向的互动共生、影响因素的正向合力和师生理解的效能提升的过程实践中深化语文课程知识的道德价值运作；评价维度从公德与私德的双重观照、继承与创新的关系逻辑、本土与外来的视域融合的有效引导中匡正语文课程知识的道德价值评价；旨趣维度从去伪求真、以善致善和因德而美的价值自觉中实现语文课程知识的道德价值确证。由此，确立起语文课程知识视界中文以载道、文以传道、文以明道、文以鉴道和文道相依的文道关系系统认知，这不仅有助于推进语文课程知识视界中文道关系的研判，而且有助于文道关系视域中语文课程知识的道德价值建构。如此，促成文道关系的不断返璞归真和语文课程知识的及时有效更新，最终使得语文课程知识的道德价值得以更好实现。

结束语

　　立德树人是学校教育的重要旨趣,而课程知识是这一旨趣能否实现以及在何种程度上实现的根本依托,可以说,在具体的学校教育中,正是课程知识的力量影响着立什么德、树什么人的育人实践。语文作为母语,在培养受教育者成为一个什么样的人的实践中具有特殊的意义,而语文课程知识直接影响并在很大程度上决定了语文学科能否实现预期的育人目标以及这种目标实现的程度。尽管古今中外对于学校教育所育之人在目标、规格、途径等方面不尽相同,但在人的道德品性的塑造与追求上却殊途同归。特别是随着国际交往的密切与深化,对于道德价值共识的凝练成为学校教育培养公民目标实现的重要内在诉求。作为学校教育目标实现最重要载体的课程知识如何更好促进受教育者德性的发展,这既是课程知识的内在价值实现之诉求,也是道德价值共识形成的学校课程担当。由语文学科的特殊地位和属性所决定,语文课程知识在涵养人的道德品性、促进人的道德发展、提升人的道德格局方面具有独特的价值。正因此,强调语文学科道德性的呼声此起彼伏,却又不断受到"声讨",终而演绎了语文学科视界中文道关系的"钟摆现象",如此不仅影响了语文课程价值的实现,而且成为语文教育发展的掣肘。何以如此,在根本上源于对语文学科特别是语文课程视界中文道关系理解的莫衷一是和似是而非。

　　基于这样的认识,本书对语文课程视界中的文道关系进行了重新探讨。所谓语文学科的工具性与思想性或工具性与人文性之间的论争,实际上都是文道关系在语文学科视界中的具体表征。问题在于,无论强调工具性与思想性孰重孰轻,还是确证工具性与人文性孰先孰后,都难以改变语文学科视界中文道关系争论的喋喋不休和语焉不详。由此,清晰语文学科视界中的文道关系亟待突破既有思维圈囿,需要在对文和道的重新诠释中重解文道关系,并据此探寻文道关系的合理逻辑。具体而言,本书从文道关系探讨的历史回眸开始,扫描了文道关系在语文学科中的演进,进而将视域锁定在课程,将视点聚焦在知识上,着眼于语文课程知识的视界重新研判了文道关系,使研究论题具体化为语文课程知识的道德价值。据此,对语文课程知识的道德价值系统、道德价值实践、道德价值重证和道德价值实现等问题展开分别探讨,在整体上构建了语文课程知识视域中文道关系探讨的新框架。总体而言,将文道关系中的文具体化为语文课程知识,将道具体化为道德价值,使得语文学科视界中长期论争的文道关系在语文课程知识的道德价值这一全新论题中得以尘埃落定。这种诠释的思路,一方面有助于道德价值这一语文课程知识的重要内在价值得以彰显和实现,进而更好实现语文课程的育德价值;另一方面有益于引起对语文课程知识价值的深层反思,进而推动语文学科育人旨趣的返璞归真。当然,对语文学科视界中的文道关系的这种新诠释,并不是要突显语文课程的思想性或人文性,实际上,文道关系的"钟摆"实践已经表明,对文和道的偏指已经毫无意义。在文道关系的视界中,当前的问题已经不再是对语文学科或语文课程到底是不是或应不应该具有道德价值的纠缠,而应转向对其应该具有何种道德价值、践行着何种道德价值以及如何更好实现适合的道德价值的慎思,这也正是本书的致思路向和论证理路。

探讨语文课程知识的道德价值是一个重要的议题,这既是立德树人诉求实现的语文课程担当,也是语文课程自身发展的深化路向。着眼于文道关系的视角探讨语文课程知识的道德价值,同时以对语文课程知识道德价值的研判安置文道关系,这是本书的基本逻辑。语文作为母语,究竟指望语文课程知识把人培养成为一个什么样的人,这是一个严肃又复杂的问题,本书仅着眼于语文课程知识的道德价值这一层面进行了基本的理论探讨,所构建的恐怕也只能是语文课程知识道德价值分析的理论框架,至于语文课程知识的道德价值实现中可能还会遇到什么难题、遭受何种阻力等都还未能触及,这是本书的缺憾。此外,对语文课程知识道德价值实践的审理,也主要是借助一些史料汇编等资料进行展开,没有对相关原始材料进行深入挖掘,这是本书的不足。基于此,本书的后续深化,将会在实践层面重视对语文课程知识的道德价值实践困境的分析,在理论层面加强对相关一手资料的挖掘和深度解读,以期达成理论构想与实践观照、历史轨迹与当前进路相促的目标。总之,在课程改革深入推进,立德树人任务全面落实的背景下,探讨语文课程知识的道德价值问题,关乎语文课程的时代使命担负,也关乎语文教育的时代价值彰显,而唯有科学研判语文课程知识的道德价值,才可能更好助力语文学科育人价值的实现,最终以母语的道德体性涵养一代代学子的良好德性。

参考文献

一、著作类

[1][美]艾伦·奥恩斯坦,费朗西斯·P.汉金斯.课程:基础、原理和问题[M].3版.柯森,等译.南京:江苏教育出版社,2002.

[2][美]巴格莱.教育与新人[M].袁桂林,译.北京:人民教育出版社,1996.

[3][英]彼得斯.道德发展与道德教育[M].邬冬星,译.杭州:浙江教育出版社,2000.

[4][英]波普尔.客观知识:一个进化论的研究[M].舒伟光,等译.上海:上海译文出版社,2001.

[5][美]布鲁纳.布鲁纳教育论著选[M].邵瑞珍,等译.北京:人民教育出版社,1989.

[6]曹明海,陈秀春.语文教育文化学[M].济南:山东教育出版社,2005.

[7]陈伯璋.意识形态与教育[M].台北:师大书苑有限公司,1988.

[8]陈桂生."教育学视界"辨析[M].上海:华东师范大学出版社,1997.

[9]陈侠.课程论[M].北京:人民教育出版社,1989.

[10]成有信.教育政治学[M].南京:江苏教育出版社,2000.

[11][美]杜威.道德教育原理[M].王承绪,等译.杭州:浙江教育出版社,2003.

[12]冯建军.生命与教育[M].北京:教育科学出版社,2004.

[13]高恒天.道德与人的幸福[M].北京:中国社会科学出版社,2004.

[14]龚群.道德哲学的思考[M].郑州:河南人民出版社,2003.

[15]顾黄初,顾振彪.语文课程与语文教材[M].北京:社会科学文献出版社,2001.

[16]顾之川.顾之川语文教育论[M].福州:福建教育出版社,2013.

[17]郭晓明.课程知识与个体精神自由:课程知识问题的哲学审思[M].北京:教育科学出版社,2005.

[18]韩立群.中国语文革命:现代语文观及其实践[M].北京:中央编译出版社,2003.

[19]韩雪屏.语文课程知识初论[M].南京:江苏教育出版社,2011.

[20]郝德永.课程研制方法论[M].北京:教育科学出版社,2000.

[21]洪宗礼,柳士镇,倪文锦.母语教材研究:4,5,6,7,8[M].南京:江苏教育出版社,2007.

[22]黄济.教育哲学通论[M].太原:山西教育出版社,1998.

[23]蒋济永.文本解读与意义生成[M].武汉:华中科技大学出版社,2007.

[24]蒋建华.知识·权力·课程:政策视野中的课程研究[M].北京:教育科学出版社,2010.

[25]金生鈜.德性与教化——从苏格拉底到尼采:西方道德教育哲学思想研究[M].长沙:湖南大学出版社,2003.

[26]靳玉乐.探寻课程世界的意义:课程理论的建构与课程实践的慎思[M].北京:北京师范大学出版社,2014.

[27]靳玉乐.课程论[M].2版.北京:人民教育出版社,2015.

[28][德]恩斯特·卡西尔.人论[M].甘阳,译.上海:上海译文出版社,1985.

[29][美]拉尔夫·泰勒.课程与教学的基本原理[M].施良方,译.北京:人民教育出版社,1994.

[30]冷天吉.知识与道德:对儒家格物致知思想的考察[M].北京:中国社会科学出版社,2009.

[31]李德顺,孙伟平.道德价值论[M].昆明:云南人民出版社,2005.

[32]李德顺.价值论:一种主体性的研究[M].3版.北京:中国人民大学出版社,2013.

[33]李海林.语文教育研究大系(1978—2005)·理论卷[M].上海:上海教育出版社,2005.

[34]李红亚.教育意义的寻觅:知识、道德与课程[M].北京:知识产权出版社,2007.

[35]李杏保,顾黄初.中国现代语文教育史[M].成都:四川教育出版社,1997.

[36]李召存.课程知识论[M].上海:华东师范大学出版社,2009.

[37]廖哲勋,田慧生.课程新论[M].北京:教育科学出版社,2003.

[38]刘良华.西方哲学[M].上海:华东师范大学出版社,2015.

[39]刘铁芳.生命与教化:现代性道德教化问题审理[M].长沙:湖南大学出版社,2004.

[40]刘正伟.国际语文课程与教学比较[M].杭州:浙江大学出版社,2008.

[41]鲁洁,王逢贤.德育新论[M].南京:江苏教育出版社,2002.

[42]鲁洁.道德教育的当代论域[M].北京:人民出版社,2005.

[43]陆有铨.躁动的百年——20世纪的教育历程[M].济南:山东教育出版社,1997.

[44][美]罗蒂.后哲学文化[M].黄勇,编译.上海:上海译文出版社,2004.

[45][美]罗尔斯.道德哲学史讲义[M].张国清,译.上海:上海三联书店,2003.

[46]吕达.课程史论[M].北京:人民教育出版社,1999.

[47][美]迈克尔·W.阿普尔.意识形态与课程[M].上海:华东师范大学出版社,2001.

[48][英]迈克尔·波兰尼.个人知识——迈向后批判哲学[M].许泽民,译.贵阳:贵州人民出版社,2000.

[49][美]莫里斯.开放的自我[M].定扬,译.上海:上海人民出版社,1965.

[50]牟宗三.中国哲学的特质[M].上海:上海古籍出版社,2007.

[51]倪文锦.文化强国与语文教材改革[M].北京:语文出版社,2015.

[52]欧阳康.社会认识论导论[M].北京:中国社会科学出版社,1990.

[53]瞿葆奎.美国教育改革[M].北京:人民教育出版社,1990.

[54]饶杰腾.语文学科教育学探索[M].北京:首都师范大学出版社,2000.

[55]单中惠,杨汉麟.西方教育学名著提要[M].2版.南昌:江西教育出版社,2004.

[56][德]马克斯·舍勒.知识社会学问题[M].艾彦,译.北京:华夏出版社,2000.

[57]施良方.课程理论:课程的基础、原理与问题[M].北京:教育科学出版社,1996.

[58]石鸥.百年中国教科书论[M].长沙:湖南师范大学出版社,2013.

[59]石中英.知识转型与教育改革[M].北京:教育科学出版社,2001.

[60]司马云杰.价值实现论:关于人的文化主体性及其价值实现的研究[M].西安:陕西人民出版社,2003.

[61][苏]B.A.苏霍姆林斯基.帕夫雷什中学[M].赵玮,等译.北京:教育科学出版社,1983:206.

[62]檀传宝.美学是未来的教育学:德育世界的探寻[M].上海:华东师范大学出版社,2015.

[63][法]涂尔干.道德教育[M].陈光金,等译.上海:上海人民出版社,2001.

[64]王荣生.语文科课程论基础[M].北京:教育科学出版社,2014.

[65][英]威尔逊.道德教育新论[M].蒋一之,译.杭州:浙江教育出版社,2003.

[66]吴刚.知识演化与社会控制:中国教育知识史的比较社会学分析[M].北京:教育科学出版社,2002.

[67]吴瑾菁.道德认识论[M].北京:社会科学文献出版社,2011.

[68]吴康宁.课程社会学研究[M].南京:江苏教育出版社,2004.

[69]吴永军.课程社会学[M].南京:南京师范大学出版社,1999.

[70]夏伟东.道德本质论[M].北京:中国人民大学出版社,1991.

[71]肖川.主体性道德人格教育[M].北京:北京师范大学出版社,2002.

[72][英]休谟.人性论[M].关文运,译.北京:商务印书馆,1996.

[73]徐宗良.道德问题的思与辨[M].上海:复旦大学出版社,2011.

[74]杨国荣.伦理与存在:道德哲学研究[M].上海:华东师范大学出版社,2009.

[75]张岱年.文化与价值[M].北京:新华出版社,2004.

[76]张鸿苓.新中国中学语文教育大典[M].北京:语文出版社,2001.

[77]张隆华.中国语文教育史纲[M].长沙:湖南师范大学出版社,1991.

[78]赵馥洁.中国传统哲学价值论[M].北京:人民出版社,2009.

[79]郑国民.从文言文教学到白话文教学:我国近现代语文教育的变革历程[M].北京:北京师范大学出版社,2000.

[80]钟启泉.现代课程论[M].上海:上海教育出版社,2003.

[81]周庆元.语文教育研究概论[M].长沙:湖南人民出版社,2005.

[82][日]佐藤学.课程与教师[M].钟启泉,译.北京:教育科学出版社,2003.

二、学位论文类

[1]曹建召.学校语文知识生产方式研究[D].上海:上海师范大学,2008.

[2]陈铁成.现代课程知识价值观的反思与重构[D].长春:东北师范大学,2013.

[3]胡绪阳.语文德性论[D].长沙:湖南师范大学,2006.

[4]刘先义.德育价值论——道德教育中的价值问题研究[D].济南:山东师范大学,2008.

[5]赵一强.知识社会价值的道德分析[D].苏州:苏州大学,2010.

三、期刊类

[1]曹明海.语文教育目标和任务的探讨[J].课程·教材·教法,2014(10).

[2]崔允漷.课程实施的新取向:基于课程标准的教学[J].教育研究,2009(1).

[3]陈微."知识道德"新论[J].社会科学,2000(5).

[4]陈晓端,龙宝新.中、英、美、加四国基础教育课程改革比较[J].外国教育研究,2006(7).

[5]陈佑清.对知识学习与学生发展关系的重新审视[J].湖北大学学报(哲学社会科学版),2011(5).

[6]董蓓菲.语文课程标准的文化回归与超越[J].课程·教材·教法,2013(6).

[7]范蔚.小学语文教科书的基本结构及其教育功能负载[J].课程·教材·教法,2005(7).

[8]方朝晖.知识、道德与传统儒学的现代方向[J].中国社会科学,2005(3).

[9]高楠.文学的道德价值[J].文学评论,2009(1).

[10]高盼望,于洪波.知识与美德之间——西方道德的理性追求及其反叛[J].国家教育行政学院学报,2014(5).

[11]高兆明.论主体的道德价值[J].道德与文明,1989(4).

[12]葛春,李会松.当代课程知识观的演进与社会控制[J].上海教育科研,2006(5).

[13]葛春,夏正宝.课程知识社会学分析范式述评[J].全球教育展望,2007(4).

[14]龚群.关于道德价值的概念及其层次[J].哲学动态,1998(1).

[15]龚群.论道德价值与功利价值[J].哲学动态,2014(8).

[16]顾振彪.关于语文教科书的选文问题[J].语文建设,2007(7-8).

[17]顾之川.高中语文课程：内容的分量与难度[J].课程·教材·教法,2013(5).

[18]郭华."教与学永远统一"再认识——教学认识论的视角[J].四川师范大学学报(社会科学版),2017(1).

[19]郭晓明.论中国课程知识供应制度的调整[J].华东师范大学学报(教育科学版),2005(2).

[20]郭元祥.知识的教育学立场[J].教育研究与实验,2009(5).

[21]郝德永.知识与课程："支点"的困境与超越[J].全球教育展望,2008(10).

[22]郝亿春.道德价值：从遮蔽到销匿[J].中山大学学报(社会科学版),2002(1).

[23]何文胜.两岸三地初中语文课程改革与教材建设总论[J].全球教育展望,2009(9).

[24]何杨勇.知识与道德关系的探讨[J].浙江学刊,2008(3).

[25]和学新,金红霞.课程知识的社会谋划——课程设计的社会学分析[J].全球教育展望,2013(6).

[26]胡惠闵,周坤亮.关注高中课程改革的根本性问题——钟启泉教授访谈[J].全球教育展望,2012(11).

[27]胡永辉,洪修平.仁义的道德价值与工具价值[J].哲学研究,2015(8).

[28]黄甫全.师生主体、知识价值与整体方法——文化教学认识论纲[J].教育发展研究,2010(22).

[29]黄伟.语文知识刍论及吁求[J].课程·教材·教法,2014(5).

[30]黄忠敬.我们应当确立什么样的课程知识观？[J].南京师大学报(社会科学版),2002(6).

[31]靳健.我国古代语文课程的性质、特征及其教育功能[J].教育研究,2006(2).

[32]靳玉军,张家军.论课程知识的意识形态性质[J].课程·教材·教法,2008(5).

[33]靳玉乐,罗生全.课程理论的文化自觉[J].教育研究,2008(6).

[34]李宝庆,靳玉乐.协商课程及其后现代本质[J].高等教育研究,2009(2).

[35]李殿森,靳玉乐.课程知识与社会意识形式[J].教育研究,2006(6).

[36]李广,马云鹏.我国基础教育课程价值取向的特征及其文化阐释[J].东北师大学报(哲学社会科学版),2012(1).

[37]李孔文.社会主义核心价值观有机融入语文课程设计[J].课程·教材·教法,2014(12).

[38]李兰芬.试论知识与道德的交互作用[J].苏州大学学报(哲学社会科学版),1983(3).

[39]刘良华.什么知识最有力量[J].全球教育展望,2004(10).

[40]刘仁增."言""意"兼得:语文教育的价值取向[J].课程·教材·教法,2008(6).

[41]刘铁芳.重申知识即美德:古典主义教育的蕴含[J].南京师大学报(社会科学版),2009(4).

[42]刘艳春,庄忠正."美德即知识"命题新探[J].中北大学学报(社会科学版),2011(2).

[43]刘正伟.现代性:语文教育的百年价值诉求[J].教育研究,2008(1).

[44]罗生全,靳玉乐.课程作为文化资本的话语构建机制探讨[J].教育研究与实验,2007(1).

[45]倪文锦.关于语文课程性质之我见[J].课程·教材·教法,2013(1).

[46]潘洪建.知识形式:基本蕴涵、教育价值与教学策略[J].课程·教材·教法,2014(11).

[47]潘立勇.朱熹对文道观的本体论发展及其内在矛盾[J].学术月刊,2001(5).

[48]潘庆玉.试论语文教育的存在论方式[J].教育研究,2008(1).

[49]钱广荣.道德价值实现:假设、悖论与智慧[J].安徽师范大学学报(人文社会科学版),2005(5).

[50]商戈令.道德价值的结构系统[J].哲学研究,1986(5).

[51]石鸥,石玉.论教科书的基本特征[J].教育研究,2012(4).

[52]孙彩平.知识·道德·生活——道德教育的知识论基础[J].教育研究与实验,2012(3).

[53]屠友祥.语文教育与人文浸润[J].中国教育学刊,2004(4).

[54]王鉴,安富海.知识的普适性与境域性:课程的视角[J].教育研究,2007(8).

[55]王牧华,靳玉乐.当代西方课程理论的主要特点及其发展趋向[J].教育研究,2013(11).

[56]王荣生.评我国近百年来对语文教材问题的思考路向[J].教育研究,2002(3).

[57]王元华.语文课程诸标准的基本标准[J].教育学报,2011(2).

[58]王志刚.论道德价值及其评价[J].陕西师范大学学报(哲学社会科学版),2003(4).

[59]辛继湘.知识教学与生命关怀[J].湖南师范大学教育科学学报,2011(1).

[60]辛治洋.什么知识最有价值——追问中的问题与教育启示[J].西南大学学报(社会科学版),2008(5).

[61]徐林祥,杨九俊.关于语文课程目标百年嬗变的反思[J].课程·教材·教法,2012(2).

[62]徐继存.课程理解的意义之维[J].教育研究,2012(12).

[63]薛晓阳.知识社会的知识观——关于教育如何应对知识的讨论[J].教育研究,2001(10).

[64]阎立钦.我国语文教育与近代以来社会变迁的关系及启示[J].教育研究,1998(3).

[65]杨澄宇.语文教育中的"文"与"道"[J].华东师范大学学报(教育科学版),2014(1).

[66]杨国荣.论意义世界[J].中国社会科学,2009(4).

[67]杨启亮.与语文教学研究相关的几个问题[J].课程·教材·教法,2015(2).

[68]张传燧,赵荷花.教育到底应如何面对生活[J].教育研究,2007(8).

[69]张华.关于教科书内容变革的思考[J].教育发展研究,2011(10).

[70]张铭凯,范蔚.回视与审视:课程文件中的小学语文能力目标嬗变研究[J].教育科学研究,2016(2).

[71]张铭凯,靳玉乐.基于核心素养的课程创新动因、本质与路向[J].中国教育学刊,2016(5).

[72]张铭凯.文道关系的语文学科视界及其反思[J].河北师范大学学报(教育科学版),2017(2).

[73]张祥云.人文知识的特性及其教育意蕴[J].教育研究,2004(6).

[74]张心科.语文课程性质新论[J].福建师范大学学报(哲学社会科学版),2013(4).

[75]郑国民,张心科.百年语文教育史研究的回顾与前瞻[J].河北师范大学学报(教育科学版),2011(10).

[76]郑维铭.道德价值选择的多元性与道德建设途径探索[J].华南师范大学学报(社会科学版),1996(3).

[77]周晓静,朱小蔓.知识与道德教育[J].全球教育展望,2006(6).

[78]周勇.现代社会中的知识与教育冲突[J].教育研究,2003(3).

后　记

　　立德树人是教育的根本任务,如何落实好这一任务,既需要进行理论的澄明,也需要探索实践的方略。课程作为最重要的育人载体,在落实立德树人教育根本任务中责无旁贷,这是业已形成的共识。问题在于,究竟如何准确认识并有效助推课程立德树人价值的实现,似乎众说纷纭,又似乎语焉不详,大有"犹抱琵琶半遮面"的朦胧之感。

　　正是对课程究竟何以真正立德树人的疑惑,恩师靳玉乐教授指点我就"文道关系"这一经典论题作为我读博期间探究的方向,在我看来,这是恩师送给我的一份特殊而珍贵的礼物,我深信它具有重要的价值。查阅相关资料后发现文道统一论已然被视为理所当然的"公理",似乎已经失去了继续讨论的意义,这种自以为是的认知惰性直接导致了实践中课程立德树人的价值难以真正落实。特别是对于语文学科而言,由于其本身的特殊性,语文课程论域中文道关系的长期"钟摆"尴尬,在根本上致使作为母语的语文迷失了方向、忘却了自我。那么,语文课程视界中的文道关系到底该如何诠释,文道关系的重新定位对于语文课程价值的实现有什么样的重要意义,语文课程的未来发展应该如何审视其中的文道关系,语文课程究竟如何才能更好彰显其作为母语的立德树人价值,等等,这些问题一时间弥漫脑际。循着这样的疑惑,在恩师多次悉心指导下,最终将文道关系的探究定格在"语文课程知识的道德价值"这一具体问题上,并以此作为我的博士学位论文选题。

　　然而,关于知识与道德的关系,古今中外早已有论述。那课程知识作为一种特定的知识类型,其与道德有什么样的关系;具体到本论文研究的语文课程知识,其负载着何种道德价值,又该如何去理解这种道德价值实践;立德树人作为教育的根本任务,作为母语的语文究竟应该如何承担育人使命特别是培育道德之人;语文课程知识在语文立德树人的实践中应该发挥什么作用;应该如何更有效推进语文课程知识的道德价值实现;等等。这一系列问题伴随着研究论域的确定接踵而至,而这些问题本身成为研究需要重点攻克的难题。论文写作过程中,这些问题既影响着我的思维展开,也屡屡成为我思维的"障碍",正是在这种不断碰撞中,论文才得以顺利完成。

　　博士论文的形成与其说是博士阶段的个人成果,倒不如说是集体智慧的凝结。在这个集体中,不可或缺诸多良师,在此用只言片语表达由衷感谢:特别感谢范蔚教授对我学术上的启蒙和生活上的关照,也特别感谢朱德全教授对我学术的指导和未来发展的无私帮助。徐学福教授、刘义兵教授、于泽元教授、罗生全教授、王牧华教授、张家军教授等老师曾为我授课或间接对我进行指导、帮助，潜移默化地影响了我的学术发展和人生道路，向他们表达我真诚的感激。当然，衷心感谢学位论文的评审专家和出席指导我论文答辩的各位专家，他们的包容和关爱为我继续走好学术这条路注入了动力，本书的成型当然也汲取了他们的宝贵智慧！

"父母之爱子，则为之计深远。"作为一个出生西北贫困地区的农村娃，没有亲人的理解、关心和支持，我不可能读完博士，因此，在本书出版之时，我还想表达对他们的感激。如果说天底下有什么爱是无私的，那一定是至亲之爱。父母为我的成长倾注了全部心血，每次回家看到他们因为操劳而疲惫的身影、斑白的两鬓、深陷的皱纹，我都甚感愧疚。父母没读过多少书，但一句朴素的"好好学习"内含着他们对我满满的爱与满满的期待。哥哥和嫂嫂、姐姐和姐夫对我生活上的关心和叮嘱让身处异地的我每每都感到温暖，他们说得最多的一句话是"照顾好自己"，我知道这里面凝结着多少亲人的爱。他们的无私付出和默默支持，对我来说是最大的安慰也是最强的动力。

本书是在我博士学位论文的基础上修改完善而成的，在修改完善的过程中，我愈加感觉"文道关系"这一论题之深邃，也愈加坚定落实立德树人教育根本任务之紧要。而本书所探讨的"语文课程知识的道德价值"问题，对于语文学科立德树人任务的落实和语文课程育人价值的实现而言，还只是一种基础性探索。由于水平和能力有限，一些观点可能并不成熟甚至存在差池，好在我还有兴趣对这个问题进行持续探究。

在即将付梓出版之际，衷心感谢为本书顺利出版付出辛劳和智慧的编辑老师，正是他们的匠心独运和一丝不苟使得本书以更加精致的姿态面世。

每个人心中都有一个理想的自己！过往，已在身后；未来，就在眼前。唯愿不忘初心、继续前行，去相遇那个更好的自己！

是为记！

张铭凯

二〇二二年十二月于西南大学